두루마리 성경 ③

성문서

성문서 (두루마리 성경 3)

2013년 6월 10일 초판 1쇄 인쇄
2013년 6월 15일 초판 1쇄 발행

저 자 • 김 인 철
발행인 • 조 경 혜
발행처 • 도서출판 그리심
156-763 서울시 동작구 사당5동 인정apt. b-01
등록번호 • 제 7-258호(1998. 4. 23)
출 판 사 • 전화 523-7589 팩스 523-7590
홈페이지 • http://grisim.biz
전자우편 • grisimcho@hanmail.net

값 : 책 뒷면에

ISBN 978-89-5799-330-9 (94230)
ISBN 978-89-5799-309-5 (세트)

두루마리 성경

성문서

머리말

지인들에게서 "성경을 사랑하는 사람" "성경에 열심이 특심한 사람" "열공하는 목사"라는 칭찬을 들을 때 기분이 좋아진다. 나의 정체성을 인정받는 느낌이 들기 때문이다. 사실 나는 가르치는 것보다 배우는 것을 더 좋아한다. 지난 수년간 강의보다 교안 작성에 더 힘을 쏟았던 이유이기도 하다. 글을 써가면서 내가 무엇을 더 알아야 하는지, 알고 있는 것을 어떤 책임감으로 전달해야 하는지 배우게 된다. 그러나 두루마리 성경 시리즈를 시작하면서 갖는 느낌은 솔직히 '아는 것이 별로 없다'는 것이다. 바닷가에서 모래 한 줌을 움켜쥐고 있는 기분이라고나 할까.

나는 성서학 연구에 있어서 전문가specialist가 아니라 수집가generalist이다. 성서학의 핵심 분야인 언어학(히브리어, 헬라어, 수메르어, 아카드어, 우가릿어, 아람어, 고대 페르시아어)만 하더라도 입문조차 하지 못한 언어가 대부분이다. 따라서 고대 문헌 자료를 접할 때 그 분야의 전문가들이 집필한 이차 자료에 의존할 수밖에 없다. 문헌학, 역사학, 고고학, 문화인류학은 두말할 나위도 없다. 오직 가진 것은 성경을 사랑하고 배우려는 마음뿐이다. 그리고 근거가 희박한 이야기를 무분별하게 확산시키는 배포자distributor가 되지 않으려 깨어있는 마음이다. 그래서 배움이 있는 곳이면, 근거 있는 자료를 얻을 수 있는 곳이면 어디든 찾아가려고 애쓴다. 이 책에서 사용한 대부분의 사진 자료나 그림 자료는 직접 촬영했거나 수집한 것이다.

이 책을 쓰는 나의 바람은 교회마다 성경 학교가 다시 세워지는 것이다. 어렸을 적 교회에서는 아동부와 청소년부뿐 아니라 청장년부까지 계단 공과를 교재로 성경을 가르쳤다. 성경 교육이 교회의 주된 사명이 아니라 하더라도, 오늘날 교회에서 성경 교육 기관이 사라진 것은 기독교 신앙의 근간을 흔드는 현상이 아닐 수 없다. 한국 교회가 감당해왔던 시대적 사명을 부정하고 싶은 마음은 추호도 없다. '70년대의 심령부흥운동, '80년대의 제자훈련운동, '90년대의 세계선교운동, 2000년대의 내적 치유운동은 모두 한국 교회의 역량을 시대적 요청에 쏟아 부은 결과이다. 그러나 66권 성경을 통전적으로 가르치지 않는다면, 한국 교회의 미래가 어떻게 될 지 염려스럽다. 더구나 이단의 위험 때문에 대부분의 교회는 교인들이 외부에서 성경 공부하는 것을 금지하고 있다. 가장 바람직한 것은 교회가 직접 나서는 것이다. 물론 담임 목회자가 성경 교육을 위해 따로 시간을 내기도 어렵고, 역량 있는 교사가 하루아침에 확보되는 것도 아니다. 그러나 교회가 뜻을 세우고, 지원자들을 성경 교육기관에 위탁 육성한다면 불가능한 일도 아니다.

모든 것은 지나간다. 개인이나 교회가 싱경을 배우고 가르칠 기회도 지나갈 것이다. 세월이 지난 후에는 평가만이 남게 될 것이다. 기회를 선용한 자에게는 감사가, 놓쳐버린 자에게는 후회만이 남을 것이다. 가진 자는 더 가지게 되고, 없는 자는 있는 것마저 빼앗기는 원리가 성경 공부에도 적용된다. 성경 공부가 단번에 성취될 수 있는 것이 아니기에, 꾸준히 매진하는 자에게는 더욱 풍성한 열매가, 더 이상 배울 필요가 없다고 자만하는 자에게는 있는 것마저 잃어버리는 결과가 있을 것이다. 모쪼록 한국 교회와 그리스도인들이 시냇가에 심은 나무들처럼 되어 말씀의 풍성한 열매가 있기를 기원한다.

2013. 3. 20.
송라산 기슭에서
김 인 철 목사

이 책의 특징과 사용법

이 책은 성경 각 권을 원 독자(Original Readers)의 입장에서 읽고 연구할 수 있도록 만들어졌다. 따라서 성경이 씌어진 시대의 역사와 문화적 배경을 이해하는데 먼저 초점을 맞춘다. 그런 다음 각 권의 구조를 살피고, 단락과 주요 단어의 의미를 파악해 나간다. 산을 오르기 전 멀리서 산의 모습을 보고, 가까이 다가가 숲을 보고, 등산하면서 나무와 돌을 보는 것과 같다. 이 책이 한 절 한 절에 주석적 의미를 가하고 있지는 않다. 하지만 잘 알려진 난제, 널리 퍼진 해석적 오류, 번역상의 문제와 관련된 이슈는 가급적 다루려고 했다. 그러면서 특정한 성경 신학적 관점들을 약방의 감초처럼 사용하지 않으려 했다. 자칫 현대 독자들의 관심을 고대의 성경 저자들에게 강요하는 오류를 범할 수 있기 때문이었다. 하지만 성서 시대를 살았던 원 독자들에게 언약, 하나님의 나라, 하나님의 왕 되심과 같은 개념이 무엇을 의미했는지 충분히 다루었다. 이 책은 성경 각 권을 <배경>과 <내용>이라는 두 개의 큰 범주에서 소개하고 있다. 그 범주를 세분하면 아래의 항목들과 같다.

도입부

본격적으로 연구하기 전 각 권의 전체적인 윤곽을 살펴본다.

1. 배경

<지리와 역사>

영원한 진리가 묻혀 있는 시대적 배경을 살핀다.

<문화>

영원한 진리가 형상화 되어 있는 풍습과 제도를 살핀다.

<문학 양식>
영원한 진리를 표현한 문학 양식과 그 의의를 살핀다.

<원 청중과 원 독자>
성경 각 권의 일차 수신인이었던 주인공들의 입장을 이해한다.

<주제와 관점>
저자가 말하려고 했던 핵심 메시지와 관점을 요약한다.

<기록 목적>
원 독자에 대한 저자의 저술 의도를 정리한다. 이것은 문맥의 의미를 파악하는데 결정적이다.

<특징>
다른 성경과 구분되는 특징을 살펴 각 권의 정체성을 밝힌다.

2. 내용

<구조와 요절>
저자가 메시지를 어떤 분량과 순서로 배열하는지 살피고, 각 권을 대표하는 구절을 찾는다. 구조와 요절은 저자의 의도와 기록 목적을 선명하게 드러낸다.

<해설>
나누어진 문단들을 요약하고, 주요 단어와 구절들을 원 독자 중심으로 해석한다. 본문 좌우 여백에 사진, 그림, 자료출처, 주해가 첨부되어 있다.

<토의 과제>
개인이나 그룹이 복습을 위해 사용할 수 있게 했다.

베트 알파 회당 바닥 모자이크 12황도대

목 차

서론

쿰란 제1동굴

들어가는 말

성경은 하나님의 말씀이며 영원한 진리이다. 그러나 그 진리는 해석을 요한다. 성경이 기록되었을 당시의 역사, 문화, 언어와 현대 독자들 사이에는 커다란 간격이 있기 때문이다. 그 간격을 좁히려는 노력이 성경 연구이다. 아는 만큼 보인다는 말처럼, 성서 시대의 배경을 알수록 원 독자(Original Readers)들이 이해했던 원 의미에 한 걸음 더 다가서게 되는 것이다. 수많은 성경학자들이 생애를 바쳐 연구해 왔지만 아직도 성경에는 알기 어려운 부분들이 많이 남아 있다. 심지어 잘 안다고 생각되는 본문들도 어쩌면 피상적 의미만을 파악하고 있을지도 모른다.

첫째 마당 오해와 선입견

성경 연구의 가장 큰 걸림돌은 오해와 선입견이다. 그것을 벗어나지 못한 사람은 언제나 자신이 내려놓은 결론만을 되풀이 하게 된다. 성경에 대한 오해와 선입견은 아래와 같이 다양하다.

- 성경기록에 사용된 히브리어와 헬라어는 거룩하고 완전한 언어이다.
- 성경의 저자들은 오직 하나님이 주시는 말씀만을 기록했다.
- 성경은 최초에 기록된 그대로 보존되어 왔다.
- 한글성경은 원문을 완벽하게 번역한 것이다.
- 성경은 직접적으로 나를 향해(towards me) 기록된 것이다.
- 성경에는 삶의 심오한 질문에 대한 답이 모두 다 들어 있다.
- 성경 66권은 한꺼번에 주어진 것이다.
- 하나의 구절 혹은 단락에는 오직 하나의 진리만이 들어 있을 뿐이다.
- 성경은 그 자체로서 뜻을 밝혀주기 때문에 배경을 알아야 할 필요가

없다.

- 성경이 기록될 때 저자들의 경험과 의도는 반영되지 않았다.
- 저자들은 무엇을 기록하고 있는지 잘 몰랐다.
- 성경의 모든 단어, 구절, 단락이 그리스도를 말하고 있다.
- 성경에 나오는 동물, 식물, 지명, 인명은 모두 영적인 의미를 가지고 있다.
- 성경에 나오는 모든 단어와 구절들을 문자 그대로 믿어야 한다.
- 성경에 나오는 명령들을 모두 문자적으로 실천해야 한다.
- 성경을 성서라고 부르면 안 되며, 성경은 믿음의 표준이지 연구의 대상이 아니다.

이런 생각들에 동의하는 부분이 많을수록 성경연구는 답보상태를 면하기 어려울 것이다. 위의 오해와 선입견들에 대해 좀더 검토해본다.

- 히브리어와 헬라어가 거룩하고 완전한 언어이기 때문에 성경 기록에 사용된 것이 아니다. 성경이 거룩하다는 것은 거룩하신 하나님 때문이지 언어 때문이 아니다. 히브리어는 구약 성서가 주어진 이스라엘 민족이 사용하던 언어일 뿐이며, 코이네 헬라어 또한 헬라화된 세계에서 가장 보편적으로 사용된 언어였을 뿐이다. 히브리어는 북서 셈어 가운데 하나로서 가나안 방언이 많이 들어 있는 언어이다. 더구나 히브리어는 구약성서가 기록되는 1000년의 기간 중에도 변천 과정을 겪었다.

- 코이네 헬라어는 알렉산더가 세계를 정복하고 헬라화 시키는 과정에서 그의 부하들에 의해 고전 헬라어를 모르는 비 헬라인들과의 의사소통을 위해 만들어졌다. 한마디로 코이네 헬라어는 비 헬라인 대중들이 쓰던 언어였을 뿐이다. 1897년 이집트 카이로 남쪽 160km 떨어진 옥시린쿠스(Oxyrhynchus)의 쓰레기 더미에서 코이네 헬라어로 씌어진 문서 조각들이 발견되기까지 신약 성경 이외에 이 언어로 된 문헌은 발견되지 않았다. 왜냐하면 대부분의 헬라 저술들은 아티카 헬라어로 씌어졌기 때문이다. 따라서 코이네 헬라어는 신약 성경을 기록할 만큼 신성한 언어로 간주되었다. 그리고 신약 성서에 한 두 번 나오는 단어

들에 대해 온갖 주관적 해석을 가해왔다. 그러나 옥시린쿠스 파피루스의 발견으로 코이네 헬라어는 더 이상 신비한 언어가 될 수 없었으며, 영적 해석이 더 이상 발 붙일 곳도 없게 되었다.

- 하나님의 거룩한 말씀이 거룩한 언어에 담긴다는 생각은 라틴어를 사용하던 로마인들도 예외가 아니었다. 로마가 그리스도교를 공인한 이후 로마 가톨릭 교회는 라틴어로 된 성경을 고집해왔으며, 1000년 이란 세월이 흐른 뒤에도 종교개혁가들의 자국어 성경번역을 단죄했다. 그들은 기득권과 우월감을 유지하기 원했던 것이다. 한국 교회의 성경번역에 대한 태도에도 유사한 부분이 발견된다. "하나님이 가라사대"라고 하면 성스럽게 들리고 "하나님이 말씀하시되"라고 하면 왠지 허전한 느낌을 받는 사람들이 많다. 이 또한 자신에게 익숙한 언어를 거룩한 언어라고 과대 포장하는 착각에 지나지 않는다.

- 성경의 저자들은 하나님이 주시는 말씀만을 기록하지 않았다. 성경에서 "하나님이 가라사대" "하나님의 말씀이 내게 임하니라"고 직접적으로 언급한 부분은 일부에 지나지 않는다. 신약의 저자들은 구약을 즐겨 인용했으며, 구약의 저자들도 동시대 혹은 선대의 작품들을 즐겨 인용했다(수 10:13, 왕상 14:9, 15:7, 대하 36:22-23과 스 1:1-3). 누가는 서문에서 다른 사람들의 작품을 참고 했음을 밝히고 있다(1:1-2). 잠 22:17-24:22는 애굽 중왕국 시대 교과서 <아멘-엠-오페>와 매우 흡사하다. 바울은 자신의 생각과 그리스도의 명령을 구분해서 기록하고 있다(고전 7:10,12,25-26).

- 성경이 최초에 기록된 그대로 보존되어 온 것이 아니다. 성경을 베껴 쓰는 과정에서 수많은 이문들이 생겨났으며, 사본들도 계속 수정되어 왔다. 현대인들이 보는 성경은 사본들을 편집해서 만든 것이다. 가장 오래된 구약 성서의 사본인 쿰란 사본도 주전 1-2세기의 것이다.

- 한글 성경뿐 아니라 어떤 번역본도 완벽하게 원문의 뜻을 살릴 수 없다. 예를 들어 한글 성경에서 '떡'으로 번역된 단어를 직역하면 '빵'에

가깝고, 의역하면 '밥'이 된다. 한국 사람에게 주식은 빵이 아니라 밥이며, 원문의 빵은 유대인들의 주식이기 때문이다. 다시 말해서 '떡' '빵' '밥' 어느 쪽도 완벽한 번역이 될 수 없는 것이다. 그뿐 아니라 숙어들을 직역하면 의미가 제대로 전달되지 않고, 의역하면 원문에 없는 말을 지어내야 한다. 그런가 하면 영어 성경과 한글 성경에서 셀롯인 시몬(눅 6:15)을 가나안인 시몬(마 10:2,4, 막 3:18-19)으로 번역한 것은 대표적인 오역에 속한다. 어떤 사람들은 KJV 성경이 '보존된 성경'이고 다른 번역본은 '변개된 성경' 혹은 '마귀의 책'으로 매도하기도 한다. 그런데 KJV가 번역한 TR 사본이야말로 고대 헬라어 사본 어디에도 없는 라틴어 사본을 헬라어로 번역한 것이어서 더 큰 문제를 안고 있다.

- 성경은 나를 향해(towards me) 기록된 것이 아니라 나를 위해(for me) 기록된 것이다. 성경은 일차적으로 저자와 같은 시대를 살아가는 원 독자들을 향해(towards original readers) 기록되었다. 저자는 원 독자들의 사정과 필요를 잘 알고 있었으며, 그들에게 맞는 메시지를 전한 것이다. 따라서 성경을 읽을 때는 먼저 본문이 원 독자들에게 무슨 의미가 있었는지 살펴보아야 한다. 그 다음으로 그 메시지가 시대와 문화를 뛰어 넘어 현대 독자들에게 어떤 진리가 될 것인지 생각해야 한다.

- 성경에는 삶의 심오한 질문에 대한 답이 다 들어 있지 않다. 예를 들어 창세기의 저자는 진화론에 맞서 싸우는데 필요한 자료를 제공하지 않았다. 성경 어디에도 악의 기원에 대한 설명이 없으며, 삶의 부조리에 대해서 속 시원한 해결책을 제시하지 않고, 죽음 너머의 세계에 대해 알고 싶은 만큼의 자세한 정보를 제공하고 있지도 않다. 다만 비슷한 진리들을 가지고 유추해 볼 수 있을 뿐이다. 성경이 21세기 사람들을 위해 기록되었기 때문에, 저자들이 미처 그 뜻을 알 지 못했을 것이라는 생각은 아집과 편견에 불과하다. 우리는 성경 저자들이 우리보다 더 하나님의 영으로 충만했었다는 사실을 인정해야 한다. 만약 성경이 21세기 사람들을 위해 기록된 것이라면, 몇 세기 뒤의 사람들은 어떻게 해석해야 하는가?

- 성경 66권은 1500여 년의 세월을 통해 조금씩 기록되었다. 예언서 중에는 적어도 십 수년이 걸려 기록된 것들도 있다. 예언의 내용이 막중해서가 아니라 예언자로 활동한 기간이 길었기 때문이다. 처음에 말로 선포되었던 것을 글로 옮겨 적어 예언 모음집을 만든 것이 대부분이다. 여러 예언자들이 앞선 예언자들의 글을 직접 혹은 간접적으로 인용했으며, 표현 방식을 빌려 쓰기도 했다.

- 한 성경구절 혹은 한 단락에 하나의 의미만이 들어있는 것은 아니다. 하나의 의미만이 있을 뿐이라는 생각은 다르게 해석하는 사람들을 적대시하는 오만에 빠지기 쉽다. 성경의 많은 구절 혹은 단락이 단답형의 결론으로 인도될 수 있지 않다. 빛이 스펙트럼을 통과할 때 무지개 색깔이 나오는 것처럼 다양한 해석이 나올 수 있는 것이다.

- 성경에는 주전 2000년에서 주후 1세기까지 이집트 및 고대 근동과 헬라화 된 세계의 역사와 문화가 들어 있다. 배경을 알지 않고도 성경의 의미를 알 수 있다는 사람은, 고고학 발굴 현장에서 땅을 파보거나 위성 촬영을 하지 않고도 무엇이 들어 있는지 알 수 있다는 사람과 같다. 종교개혁가들이 "성경은 누가 읽더라도 명백히 뜻을 알 수 있는 책이라"고 한 것은 구원과 도덕적 삶에 관한 기본 진리들을 가리킨 것이다. 그들은 누구보다 열심히 성경의 배경을 연구한 사람들이다. 사도행전에 나오는 헬라파 유대인과 히브리파 유대인의 개념을 아는데 있어서 신구약 중간사를 몰라도 좋은가? 복음서에서 바리새인들이 그리스도와 제자들을 공격했던 원인을 분석하는데 있어서 유대인의 정결규례를 몰라도 좋은가? 요한 계시록을 이해하는데 있어서 종말론적 묵시문학의 특징을 몰라도 좋은가?

- 성경에는 저자의 의도(authors' intention)가 들어 있다. 많은 사람들은 성경의 저자들이 자기도 모르는 말을 기록했을 것이라고 생각한다. 그렇게 생각하는 이유는 성경이 현대 독자들을 향해 기록되었을 것이라는 선입견 때문이다. 따라서 성경에서 저자의 의도를 찾지 않고 숨겨진 하나님의 의도(divine intention)를 찾으려고만 한다. 사도 요한은 즐겨 자

신의 저술 의도를 표현했던 사람이다(요 20:30-31, 요일 1:4, 2:12-14,21,26, 5:13). 누가는 데오빌로의 믿음을 북돋워주기 위해 두 권의 책을 썼다(눅 1:3-4, 행 1:1). 구약 성서의 저자들은 헬라화 된 신약 시대의 저자들과 달리 저술 의도를 직접적으로 표현하지 않았지만 자료의 선별과 편집을 통해 자신들의 의도를 밝히고 있다(수 24:31, 왕하 17:7-20).

- 구약 성경이 예수 그리스도를 가리키고 있음이 틀림 없지만(요 5:39) 모든 단어, 구절, 단락이 그리스도를 직접적으로 말하고 있지는 않다. 예컨대 잠언의 대부분은 삶에 필요한 실용적 지혜를 말하고 있다. 구약 성경을 그리스도 중심으로 해석하려고 할 때는 신약의 저자들이 예수 그리스도에게 적용했거나, 본문 자체가 메시아 예언일 때로 한정하는 것이 좋다. 예를 들어 성막의 구조와 기구들을 일일이 그리스도 중심으로 해석하는 것은 해석자 자신의 주관적 상상력에 기초한 것이다.

- 성경에 나오는 동물, 식물, 지명, 인명이 모두 영적인 의미를 가지고 있지는 않다. 성경의 저자들이 종종 이런 것들을 상징화하여 영적 도덕적 의미를 전달하기는 하지만, 언제나 그런 것은 아니다. 따라서 상징(symbolism)은 성경의 저자들이 그것들을 상징화하는 한도 내에서 해석해야 한다.

- 성경에 나오는 모든 단어와 구절이 문자적 의미를 가지는 것만은 아니다. 때때로 저자들은 숫자를 과장하기도 하며, 상징적 의미로 사용할 때가 많다. 예를 들어서 열왕기 저자는 북 이스라엘 지파 모두가 포로로 끌려간 것으로 묘사하지만(왕하 17:18), 역대기 저자는 북 이스라엘 패망 이후에도 여전히 에브라임, 므낫세, 스불론, 아셀 지파들이 남아 있었음을 보여준다(대하 30:1-12). 앗수르 왕 사르곤은 자신의 비석에 이스라엘 포로를 27,290명 잡아 왔다고 기록했다. 다윗 왕 시절 조사 이후 인구가 전혀 늘지 않았다고 해도 북 이스라엘이 패망할 때 적어도 500,000명은 살고 있었을 것이다. 그렇다고 해서 열왕기 저자가 거짓말을 했다고 할 필요는 없다. 그는 자신의 신학적 경향(bias)에 따라 패망의 원인과 결과를 강조했을 뿐이다. 중요한 점은 어떤 구절

을 어떤 이유로 상징적 혹은 문자적으로 해석할 것이냐에 대해 분명한 기준을 가지고 우리가 결정하는 일이다.

- 성경에 나오는 모든 명령들을 문자적으로 실천할 수는 없다. 예를 들어 신명기에는 계대결혼(levirate marriage)의 명령이 나온다. 그렇다면 자녀를 낳지 못하고 세상을 떠난 형을 위해 형수를 임신시켜야 하는가? 민수기에는 순결을 의심받는 아내를 성막에 데려와 저주의식을 치러 재판을 받도록 명령하고 있다. 만약 이 계명을 문자 대로 지키려면 어떻게 해야 하는가? 그런 점에서 피째 먹지 말라는 계명을 지키기 위해 수혈을 거부하고 죽음을 택하는 사람들은 오히려 하나님의 명령을 부분적으로만 지키는 자들이라고 할 수 있다.

- 성경과 성서는 모두 영어로 Bible(바이블)이다. 바이블을 '성경'으로 부르기만을 고집하는 이유는 경전으로서의 의미를 강조하기 위한 것이다. 구약 성경이 경전이 된 것은 모세 오경이 최초로 기록된 이후 적어도 1,000년이 지나서였다. 신약 성경 또한 기록 당시부터 경전은 아니었다. 신구약 모두 정경화(canonization) 작업이 끝나기 전에는 성스러운 문헌에 지나지 않았다. 성경 연구를 반대하는 사람들은 경전의 권위가 손상될까 염려한다. 그러나 믿기 위해서 연구할 필요가 있고, 믿기 때문에 연구할 필요가 있는 것이다(행 17:11). 성경 연구를 통해 경전의 권위가 손상될까 염려하는 사람들은 '성경의 무오성'을 오해하는 사람들이다. 그들은 혹시라도 성경에서 오류가 발견될까 염려한다. 그러나 성경의 수많은 곳에서 서로 상반되는 진술, 베껴 쓰는 과정에서 발생한 오류, 후대의 첨가 혹은 수정 등이 발견된다. 한마디로 성경은 불완전한 인간들에 의해 불완전한 언어로 씌어지고, 불완전한 방식으로 전수되고, 상대적인 외국어로 번역된 것이다. 그렇다고 해서 하나님의 말씀으로서 성경의 권위가 떨어지는 것이 아니다. 하나님은 불완전한 사람들과 언어를 사용하셔서 완전한 당신의 뜻을 전하셨다. 예수 그리스도는 구약을 성취하기 위해 오셨고, 신약은 오신 그리스도를 증거하고 있다.

둘째 마당 성경연구의 순서

성경 읽기 - 떡잎

성경 연구를 식물의 성장에 비유한다면, 읽기는 떡잎에 해당된다. 될 성부른 나무는 떡잎부터 알아본다는 속담이 성경연구에도 적용된다. 성경을 읽는 것은 고전을 읽는 것과 같다. 왜냐하면 성경은 지금으로부터 2,000년에서 3,500년 전 이집트 및 지중해 일대와 고대 근동의 역사와 문화를 배경으로 하고 있기 때문이다. 그런데 성경의 배경을 잘 모르면서도 낯설게 느껴지지 않을 수 있다. 첫째 이유는 읽고 있는 본문에 대한 선 지식 때문이다. 설교나 성경공부를 통해 얻은 제 3자의 해석을 색안경 삼아 본문을 대하기 때문에 편안하게 느끼는 것이다. 마치 사파리 공원을 사동차로 여행하는 사람이 옆에 맹수가 있는데도 겁을 먹지 않은 것과 같다. 정말로 야생을 경험해보고 싶다면 차에서 내려야 할 것이다.

성경을 읽을 때 낯설게 느껴지지 않는 둘째 이유는 본문을 21세기에 사는 자신의 관점으로 해석하기 때문이다. 번역본을 사용하기 때문에 지금 읽고 있는 내용들이 마치 이웃에서 일어난 일상사처럼 느껴지는 것이다. 마치 성우들이 우리말로 더빙한 외화를 보는 것과 같다. 그러나 그 영화의 배경이 된 문화를 실감나게 체험해보고 싶다면 더빙과 자막이 없는 필름으로 보는 것이 좋을 것이다.

본문이 낯설지 않는 세 번째 이유는 성경 읽기를 통해 얻으려는 내용을 이미 정해놓았기 때문이다. 마치 서둘러 쇼핑을 마쳐야 하는 사람이 주변 상품을 거들떠 보지 않는 것과 같다. 예를 들어 역사적 사건들에 관심이 있는 사람은 구약에 자주 나오는 긴 족보에 별 흥미를 느끼지 못할 것이다. 그러나 정말로 성경 연구에 진전을 보기 원한다면 특정한 내용에 대한 기대감을 내려놓아야 한다. 이처럼 선 지식과 21세기 문화와 제한적 기대를 내려놓고 성경을 읽으면, 비로소 성경이 낯설게 다가올 것이다. 그것이 성경 연구의 시작이다. 시간적 여유를 가지고 읽으면서 어떤 장르의 글인지, 단어와 구절의 의미가 무엇인지, 주제가 무엇인지, 무슨 일이 벌어지고 있는지 살펴본다.

원 독자 중심 해석 – 줄기

성경 읽기의 다음 단계는 원 독자 중심으로 해석하는 것이다. 원 독자란 성경이 기록되었을 때 최초로 읽었던 사람들을 가리킨다. 이처럼 원 독자 중심으로 본문을 해석하는 것은, 식물의 성장에 있어서 줄기와 같다. 많은 사람이 오해하는 것처럼 성경이 불특정 다수를 향해 기록된 책은 아니다. 성경은 저자가 명백한 의도를 가지고 동시대의 공동체 구성원들-원 독자들을 염두에 두고 기록한 책들이다. 여호수아서는 가나안 원주민들을 두려워하는 세대의 이스라엘 백성들을 위해 기록되었다. 열왕기서는 유다 왕국의 패망 원인이 하나님과의 언약을 어겼음에 있었음을 알아야 하는 바벨론 거주 유대인들을 위해 기록되었다. 역대기는 유다 본토로의 귀환이 예언의 성취였음을 알아야 하는 유대인들을 위해 기록되었다. 그런데 성경을 해석할 때 피상적으로 드러난 의미를 추구하는 것과 그 의미를 원 독자에게 맞추어 해석하는 것은 완전히 다르다.

예를 들어 사무엘서에 나오는 다윗과 요나단 이야기가 갖는 피상적 의미는 신앙인의 우정에 대한 교훈이다. 그러나 그 이야기를 분열 왕국 초기의 원 독자들에게 맞추어 해석하면 전혀 다르다. 즉, 요나단은 다윗 왕국을 위해 기득권을 포기할 수 있어야 하는 북 이스라엘 왕들의 모범이 된다. 따라서 핵심 단어와 주제파악 등을 통해 일차적으로 드러나는 의미가 원 독자들에게 어떤 의의가 있었는지 생각해야 한다. 그렇게 하려면 먼저 원 독자가 누구였으며, 어떤 역사적 문화적 상황에 있었는지, 당면 과제가 무엇이었는지 알아야 한다. 원 독자들에 대한 정보는 먼저 성경 자체의 내부증거(internal evidences)를 통해서 얻을 수 있고, 더 풍부한 자료는 관련 참고도서들을 통해서 얻을 수 있다(참고서적을 읽지 않고 직감만으로 홀연히 깨닫기만을 바라지 말라).

영원한 진리(timeless truth) 발견 – 꽃

성경 연구의 꽃은 영원한 진리를 발견하는 것이다. 다시 말해 원 독자들과 21세기 현대 독자들에게 함께 적용되는 진리를 발견하는데 있다. 그렇지 않다면 성경 연구가 한낱 고전 연구에 지나지 않을 것이다. 그런 점에서 영원한 진리는 시대를 초월하여 적용되는 진리이다. 성경이 하나님의 말씀이라는 선언도 그런 의미로 받아들여져야 한다. 그런데 성경의 영원한 진리는 역사적 배경 속에 문화의 옷을 입고 문학적으로 묘사되어 있다. 21세기 현대독자들이 해야 할 과제는 그 영원한 진리를 성서 시대의 역사와 문화와 문학의 틀에서 끄집어 내는 것이다. 그렇게 하려면 성경 본문에서 어디까지가 성서 시대에 국한 되는 한시적인 진리인지 아니면 영원한 진리에 포함되는 것인지 구분할 수 있어야 한다. 예를 들어 구약 성서에는 할례의 중요성이 강조되어 있다. 그것이 신약 시대에도 적용될 수 있는 영원한 진리인가, 아니면 구약 시대에만 적용되는 한시적 진리인가 하는 것이다. 그리고 레위기에는 성 밖의 경작지를 영원히 팔 수 없다는 명령이 나온다. 그 속에 들어 있는 영원한 진리가 무엇인지 알아내는 것은 성경을 연구하는 사람의 몫이다.

진리의 적용(실천) - 열매

성경연구의 최종 목적은 진리의 실천에 있다. 영원한 진리를 발견하기 위해 역사적 문화적 문학적 껍질을 벗겨냈다면, 그것을 실천하기 위해서 다시 우리 시대의 상황과 문화와 문학의 옷을 입혀야 한다. 무엇보다 성경을 읽는 독자 자신의 현재 상황에 맞게, 영원한 진리를 구체적이고도 가능한 방법으로 실천 계획을 작성해야 한다. 유추적으로 표현하자면 말씀이 육신이 되는 단계라고 할 수 있다. 성서 시대의 독자들이 하나님의 말씀을 실천하는데 갈등을 겪은 것처럼, 현대독자들 역시 영원한 진리를 발견할 때 당혹감을 느낀다. 바울은 로마 교회에 보낸 편지에서 그런 자신을 곤고한 사람이라고 고백했다.

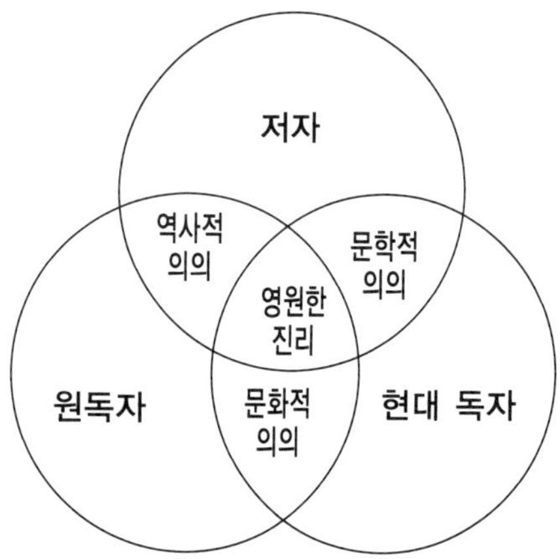

영원한 진리가 들어 있는 성경의 배경 도식

셋째 마당 헤브라이즘

성서는 이스라엘의 민족정신이 담겨 있는 책이다. '책의 민족'이라는 별명이 말해주듯 그들은 기록을 소중히 여겼으며, 다음 세대로 전달하는데 실패하지 않았다. 그들은 메소포타미아의 제국들이나 이집트처럼 큰 나라가 아니었고, 고대 문명을 주도해본 적도 없었다. 오히려 언제나 강대국들의 틈바구니에서 생존을 모색해야 했고, 주요 문명의 교량적 위치에 있으면서 정체성 확보에 급급했다. 그러나 역사 속에서 세계 3대 종교-그리스도교, 이슬람교, 유대교의 뿌리가 되는 구약 성서를 탄생시킨 민족이 되었다. 다시 말해 세계인들의 정신을 지배하는 3대 종교의 경전에는 이스라엘의 민족정신-헤브라이즘(Hebraism)이 들어 있는 것이다. 따라서 성서를 이해한다는 것은 헤브라이즘을 이해한다는 말과도 같다. 헤브라이즘을 몇 마디로 정의하기란 어렵다. 성서 시대 헤브라이즘만 하더라도 2,000년의 역사를 통해 만들어진 것이고, 단순한 종교 영역만이 아니라 삶의 전반에 관한 것이기 때문이다.

성서 시대 헤브라이즘의 특성

1. 기원

헤브라이즘의 출발점이 되는 히브리 민족의 기원을 역사적으로 찾아내기란 쉽지 않다. 성서에 기록된 최초의 히브리인은 아브람이다(창 14:13). 그런데 '히브리'라는 단어의 의미는 학자들마다 다르다. 그 중에서 가장 보편적으로 받아들여지는 것은 '건너다'는 의미의 동사 עבר(아바르)에서 עברי(이브리)가 왔다고 추정하는 것이다. 이때 히브리는 '강을 건너온 자'라는 의미가 된다. 같은 맥락에서 창 10:21, 24, 25에 나오는 셈의 자손 셀라의 아들 עבר(에베르)를 히브리 민족의 조상으로 보기도 한다. 히브리어 또한 기원을 찾기가 쉽지 않다. 야곱이 외삼촌과 협정을 맺으며 쌓은 돌무더기를 히브리어로 '갈르엣' 이라고 부르고, 라반이 아람어로 '여갈사하두다' 로 부르고 있는 점을 주목할 필요가 있다(창 31:47). 아마도 히브리 민족의 조상 아브라함은 아카드어를 썼을 것이고, 이삭은 아카드어와 가나안 방언을 혼용해서 사용했을 것이며, 야곱은 그것과 함께 어머니와 외삼촌이 사용하던 아람어로부터 파생된 독특한 언어-히브리어를 구사했던 것으로 보인다. 구약 시대에 사용된 선형 히브리어 철자는 페니키아어에서 파생된 것으로서, 포로기를 거치면서 아람어와 같은 정방형이 되었다(헬라어 또한 페니키아어에 기원을 두고 있다).

2. 고대 근동 문화의 일부

지정학적으로 이스라엘 민족은 대륙과 문화의 교량적 위치에서 살았다. 따라서 구약 시대의 헤브라이즘은 고대 근동 문화의 일부이기도 했다. 그런 이유로 성서에는 주변 민족들의 깃과 풍습이 같거나 비슷한 예가 많이 발견된다. 예를 들어 자식을 낳지 못하던 사래가 아브람에게 자신의 여종을 씨받이로 내어준 것은 근동의 흔한 풍속이었으며, 아브람이 사래를 누이라고 속인 것도 누이를 아내로 맞아들이던 풍속을 보여준다. 그리고 오경에 나와 있는 민법과 형법은 함무라비 법전의 규정들과 유사하며, 상법은 히타이트의 법을 따르고 있다. 잠언의 일부는 이집트로부터 수입한 것을 통째로 인용한 것이다. 창세기의 창조 이야기는 창조 신을 찬양하던 고대 근동 문헌들에 나오는 우주관과 맥을 같이 한다.

이집트화 된
근동의 신 레세프

욥기(7:12), 시편(시 74:13, 14), 예언서(사 27:1)들에 나오는 용과 바다 괴물 이야기는 에누마 엘리쉬와 바알 신화집에 나오는 등장 인물들이다. "사람은 고생을 위하여 났나니 불꽃이 위로 날아가는 것 같으니라"(5:6)는 표현도 근동 신화의 잔재를 보여준다. 여기서 '불꽃' 을 직역하면 '레셉의 아들들' 이다. 레셉은 북서 셈 족의 '질병의 신' 으로 지하에서 살며, '레셉의 자녀들' 이 인간세계에 질병을 가져온다고 믿어졌다. 그리고 아가서는 근동에서 발견되는 사랑 노래와 주제가 같다. 이스라엘 민족이 사용하던 달력은 처음에는 이집트의 것을, 나중에는 바벨론의 것을 차용했다. 한때 이스라엘 민족은 일신론마저 포기하고 다신교적 세계관을 받아들이기까지 했다. 그리고 그 결과는 언제나 정체성과 주권의 상실로 끝났다. 그럼에도 불구하고 성서 시대 헤브라이즘은 역사를 통해 지속적으로 외국 문화를 수용하며 발전했다. 고대 근동의 신들은 모두 단순히 천사와 같은 영적 존재들로 바뀌어 소개된다(창 6:2,4 욥 1:6, 2:1, 38:7). 히브리 문화에 대한 편견 가운데 하나는 이와 같은 특성을 보지 못하는 데서 비롯된 것이다.

3. 배타성

헤브라이즘이 근동 문화의 일부이기는 하지만 주변 민족들에서 유를 찾아볼 수 없는 독특한 부분이 있다. 대부분 민족의 수호신(patron deities)이었던 근동의 신들과 달리 야훼 하나님은 자기 백성과의 전쟁도 불사했다. 그런가 하면 예언자들이 왕의 신하였던 근동 문화와 대조적으로, 이스라엘에서는 예언자들이 왕의 견제 세력이었다. 유일신관, 형상 없는 신, 안식일, 안식년, 희년, 할례의식, 고엘 제도, 시오니즘 등은 헤브라이즘의 대표적 배타성을 보여준다. 이처럼 타민족과 동화될 수 없는 배타성은 이방인들로부터 반 유대주의(anti Semitism)라는 저항을 불러왔다.

4. 시대에 따른 변화

헤브라이즘이 시간의 흐름을 따라 처음의 모습과 달리 아주 변했을 것이라거나 또는 전혀 변하지 않았다고 생각하는 것 모두 편견이다. 성서 시대 헤브라이즘은 일관성과 변화성을 동시에 지니고 있다. 예를 들어 모세오경에 나와 있는 계대 결혼과 구속자 제도는 사사 시대에 벌써 제대로 지켜지지 않는다. 예를 들어 룻과 결혼한 보아스는 칭찬을 받으며, 룻의 아들을 자기 족보에 올릴 수 있는 특전을 얻는다. 우림과 둠밈을 통한 신탁은 다윗 시대 이후 거의 자취를 감춘다(스 2:59-63). 포로 이전 시대 성전의 개념은 야훼 하나님이 임재하시는 장소였다. 그러나 포로 이후 하나님의 거처는 하늘로 바꾸어지고, 성전은 하나님의 이름을 두시는 곳으로 바뀐다. 모세의 성막과 솔로몬의 성전은 구조, 치수, 기구의 위치와 숫자에서도 다르다. 부모의 죄 때문에 자손들이 벌을 받는다는 모세 시대의 신학은 에스겔 시대에 이르러 각자가 자신의 죄 때문에만 벌을 받는다는 관점으로 바뀌어졌다. 모세 오경의 토지제도는 아합 왕 시절부터 무너지기 시작해서 신약 시대에 이르러는 거의 지켜지지 않았다. 그리고 시대마다 새로운 문화가 만들어지고 공동체에 의해 수용되었다. 부림절이나 수전절 같은 절기는 포로기 이후 생겨난 것이다. 다윗이 성전에 성가대를 창설한 것, 시편을 비롯한 성문서와 예언서들이 시대를 따라 거룩한 경전의 일부로 추가되는 것도 변화의 또 다른 예라고 할 수 있다. 메시아가 와서 곤경에 처한 이스라엘을 구원해줄 것이라는 예언은 아무리 빨리 잡아도 이사야 시대 이후에 구체화되고 있다. 그럼에도 불구하고 제사 제도, 절기, 정결규례 같은 것은 신약시대에까지 일관되게 지켜지고 있다.

수전절 (하누카) 촛대

5. 다양성

게셀의 주상들

헤브라이즘의 가장 큰 특징 중의 하나는 다양성이다. 예를 들어 신약 시대 4대 종파-바리새파, 사두개파, 에세네파, 셀롯파는 신학적 관점이 크게 다르지만 모두 유대교로 인정되었다. 구약 시대에는 서로 보순되는 두 개의 법이 융통성 있게 운영되었다. 예를 들어 형제의 아내와 동침하지 말라는 규정과 자식이 없이 죽은 형제의 아내와 동침하여 후사를 이어주게 하는 규정이 융통성 있게 시행된 것이다. 사무엘과 다윗 시대에는 성막이 아닌 산당에서의 제사도 용인되었다. 예언자들이 비난해 마지 않았던 주상(마체바)이 족장들의 시대부터 이사야의 활동 시대까지 용인되었었다(창 28:18, 출 24:4, 사 19:9). 그리고 헤브라이즘에는 유목문화와 농경문화가 혼합되어 있다. 사실상 유목문화와 농경문화는 상충되는 것이다. 그럼에도 불구하고 두 개의 문화가 공존한다. 왜냐하면 원래 그들의 조상은 반유목민이었으나 가나안 정착 이후 농경을 겸하게 되었기 때문이다(신 26:5-10). 인종적으로도 히브리 민족은 출애굽시절부터 다양한 민족을 포용하고 있었다. 예를 들면 유다 지파에 속한 갈렙은 원래 그니스 족속이었다(수 14:6). 다윗 자신도 모압 여인 룻의 후손이었고, 다윗의 부하들 중에는 헷 사람이 있었으며(삼하 11:3), 사울의 부하들 중에는 에돔 사람도 있었다(삼상 22:18). 뿐 아니라 예레미야 시대 하나님이 칭찬해마지 않았던 레갑 족속은 겐 족속이었다(렘 35장).

6. 실천 중심

헤브라이즘은 교리나 철학이 아니라 실천 중심적이다. 다른 종교들이 교리(doctrine)나 신조(creed)를 출발점으로 삼는 것과 사뭇 대조적이다. 따라서 교리적 정통(orthodoxy)이 아니라 실천적 정통(orthopraxis)이 중요시된다. 예컨대 할례를 행하고, 안식일을 지키고, 절기와 의식을 준수하고, 우상숭배와 음행과 부정한 음식을 피하고, 공동체 구성원들에게 자비와 선행을 베푸는 것이 토라에 대한 철학적 해석보다 더 강조되는 것이다. 흔히들 이스라엘 민족은 혈통적 순수성을 중요하게 여길 것처럼 생각하지만 그렇지 않다. 출애굽 시대부터 이방인들에게 유월절을 지킬 수 있도록 개방되었으며(출 12:48-49), 에스라 느헤미야 시대에 이르러 일반 백성들 뿐 아니라 제사장도 율법을 어긴 자들은 강력하게 처벌했다(느 13:15-31). 유대인들이 계명을 613 조항으로 세분하여 철저히 지키려 하는 것도 실천을 강조하는 헤브라이즘의 전통을 따르기 때문이다.

성서 시대 헤브라이즘의 요점

1. 하나님은 한 분이시며, 형상화 될 수 없다.

헤브라이즘의 기초는 유일신 야훼에 대한 신앙과 신상 없는 예배에 있고(출 20:22-23), 십계명의 첫째와 둘째에 명시되어 있다(출 20:3-5). 유일신관은 다신론(polytheism)을 배격할 뿐 아니라, 야훼 하나님이 지역신(local god)이 아니라 세상 어디에나 계시는 통치자임을 말해준다. 이런 신관은 아브라함 때부터 시작된 것이다. 신상 없는 예배는 우상숭배를 반대할 뿐 아니라 야훼 하나님에 대한 형상화도 금지한다. 오늘날 세계 3대 종교의 기초가 된 이 개념은 신들을 형상화하던 다신교적 고대 세계에서는 이해될 수 없는 것이었다. 야훼 하나님의 이름은 바알이나 벨 등 다른 어떤 신의 이름으로도 대치될 수 없었고(호 2:16-17), 금송아지와 같은 형상으로 만들어져서는 안 되었다(출 32:1-6, 왕상 12:25-30). 하나님을 형상화하는 것이 금지되었던 이유는 영이시기 때문이며 아무도 그를 본 자가 없었기 때문이다(출 33:20-23, 신 4:15-28, 삿 13:22). 하지만 하나님을 문학적으로는 마음껏 형상화할 수 있었다. 하나님은 사람처럼 손(출 9:3, 수 4:24, 시 102:25), 발(출 24:10, 시 18:9, 사 60:13, 대상 28:2, 시 132:7), 얼굴(출 33:20, 민 6:25)이 있으며 코에서 연기가 오르고 입에서 불이 나오며(시 18:8), 구름으로 수레를 삼고 바람 날개를 타고 날아다니는 분(시 104:3)으로 묘사되었다. 어쨌거나 이스라엘 민족은 오랜 세월 다신교적 이방문화와 투쟁하면서 유일신론을 지켜냈다(왕상 18:39-40, 왕하 10:18-29, 23:1-14). 이 유일신론을 성서적으로 표현하자면, 토라(모세오경)는 형상 없는 유일신 야훼 하나님에 대해 가르치며, 성문서는 그 하나님을 노래하고, 예언서는 우상 숭배와 다신교적 신앙을 버리고 야훼 하나님께로 돌아갈 것을 촉구한다고 할 수 있다. 이것을 가장 잘 표현하는 것이 쉐마이다.

> "이스라엘아 들으라 우리 하나님 여호와는 오직 유일한 여호와이시니 너는 마음을 다하고 뜻을 다하고 힘을 나하여 네 하나님 여호와를 사랑하라"(신 6:4-5)

2. 하나님은 이스라엘 민족을 선택하시고 땅을 주셨다.

야훼 하나님이 이스라엘 민족을 선택하시고 땅을 주셨다는 것은 하나님과 이스라엘 사이의 특수한 관계를 말해준다. 이스라엘을 향한 하나님의 선택과 땅의 수여는 아브라함을 부르시므로 시작되었고(창 12:1-3, 13:14-17), 출애굽 사건을 통해 구체화 되었다(출 19:5-6, 레 20:24). 하나님과 이스라엘의 관계는 언약이라는 개념을 통해 묶어진다. 즉, 아브라함과 언약을 맺으신 야훼 하나님은(창 17:1-14) 이스라엘을 이집트에서 구원하신 다음 언약을 통해 그 민족의 통치자가 되신다(출 19:4-5). 이 언약은 세월이 흘러가도 변하지 않으며, 이스라엘의 자손 대대로 성취된다. 따라서 후손들이 하나님과 맺은 언약의 백성이라는 것을 잊지 않도록, 지도자들은 시대마다 언약에로의 헌신을 강조했다. 시내산 아래에서 출애굽 1세대들과 언약 비준식을 치른 모세는(출 24:3-8), 광야 40년의 방황을 끝내고 요단 동편 모압 평지에 이르렀을 때 출애굽 2세대들을 다시 언약에 헌신시켰다(신 5:1-33). 가나안에 들어간 후 여호수아는 에발산에서 백성들을 언약에 재 헌신 시켰으며(수 8:30-35), 12지파에게 땅을 분배한 후 다시 세겜으로 백성들을 모아 언약에 다시 한 번 헌신 시켰다(수 24:1-28). 사무엘은 백성들을 미스바로 불러 모으고 우상숭배를 버리고 하나님께로 돌아오게 했다(삼상 7:3-6). 솔로몬이 성전 낙성식 때 드린 기도는 신명기의 언약에 기초한 것이며, 백성들과 함께 지킨 절기는 다름 아닌 언약 갱신 축제였다(왕상 8:1-66). 이스라엘의 왕들 중 선한 왕은 백성들을 언약에로 돌아오게 했으며, 악한 왕들은 언약 준수에 무관심했다. 예를 들어 대제사장 여호야다는 요아스 왕을 옹립할 때 언약 갱신을 주도했으며(왕하 12:17), 히스기야는 솔선수범하여 언약을 지켰고(대하 29:1-31:21), 요시야는 언약 갱신을 주도한 마지막 왕이었다(대하 34:1-35:19). 대부분의 왕들이 야훼 하나님과의 언약을 한낮 과거의 사건으로 생각했던 반면, 예언자들은 언제나 출애굽 사건을 들어 이스라엘이 하나님과의 언약 관계에 있음을 상기시켰다. 이스라엘이 이방에 포로 되어 갈 것을 예언한 것은 전적으로 언약에 기초한 것이다(레 18:25-28). 즉, 하나님이 약속의 땅을 주신 이유는 언약을 지키게 하기 위해서였다는 것이다. 그리고 하나님이 이스라엘을 선택하시고 복 주신 것은 다른 민족들을 하나님께로 인도하기 위해서라는 것이다.

> "내가 너로 큰 민족을 이루고 네게 복을 주어 네 이름을 창대하게 하리니 너는 복이 될지라 너를 축복하는 자에게는 내가 복을 내리고 너를 저주하는 자에게는 내가 저주하리니 땅의 모든 족속이 너로 말미암아 복을 얻을 것이라 하신지라"(창 12:3).

> "세계가 다 내게 속하였나니 너희가 내 말을 잘 듣고 내 언약을 지키면 너희는 모든 민족 중에서 내 소유가 되겠고 너희가 내게 대하여 제사장 나라가 되며 거룩한 백성이 되리라"(출 19:5-6상).

이처럼 하나님의 큰 섭리를 위해 선택된 이스라엘 민족이 동족을 이방인에게 팔아 넘기는 것은 용서받을 수 없는 죄악으로 간주되었다(신 24:7).

3. 하나님은 신앙과 삶의 원리로서 토라를 주셨다.

이마에 성구함을 달고 기도하는 유대인

모세 오경을 가리키는 토라는 '가르치다' '안내하다'는 단어에서 유래한 것이다. 토라는 하나님이 누구이신가에 대해 말해줄 뿐 아니라, 인간이 살아가는 원리를 말해준다. 따라서 토라에는 단순히 종교적 계명만 들어있지 않고, 민법, 상법, 형법 등 삶의 전반에 관한 법률이 들어 있으며, 초기 이스라엘의 역사가 기록되어 있다. 토라는 예언서와 성문서의 근간이며, 미쉬나와 탈무드를 통해 재해석되었다.

이스라엘 민족은 하나님이 모세를 통해 토라를 주셨음을 받아들인다. 토라에 관한 가장 기본적인 생각은 생명을 주는 책이라는 것이다. 종종 토라가 에덴 동산에 있었던 생명나무에 비유되는 이유가 거기에 있다. 그리고 생명을 얻는 비결은 토라의 가르침을 실천하는 것이다. 이것을 잘 보여주는 것이 "너희는 내 규례와 법도를 지키라 사람이 이를 행하면 그로 말미암아 살리라 나는 여호와이니라"(레 18:5)와 예수 그리스도가 영생 얻는 방법을 물어온 청년에게 "네가 생명에 들어가려면 계명들을 지키라"(마 19:17하)라고 한 것이다. 그런데 토라를 실천하려면 먼저 배우고 익혀야 한다. 그것을 잘 보여주는 말씀이 "오늘 내가 네게 명하는 이 말씀을 너는 마음에 새기고 네 자녀에게 부지런히 가르치며 집에 앉았을 때에든지 길을 갈 때에든지 누워 있을 때든지 일어날 때에든지 이 말씀을 강론할 것이며 너는 또 그것을 네 손목에 매어 기호를 삼으며 네 미간에 붙여 표로 삼고 또 네 집 문설주와 바깥 문에 기록할 지니라"(신 6:6-9)이다.

이스라엘 민족은 남자 아이가 태어난 지 8일 만에 할례를 주어 정체성을 부여하지만, 스스로 토라를 읽을 수 있게 되었을 때 성인 식을 거행한다. 토라에 대한 관점에서 볼 때 이방인은 모두 죽은 자들이다. 왜냐하면 토라로부터 생명을 얻지 못하고 있기 때문이다. "그는 허물과 죄로 죽었던 너희를 살리셨도다"(엡 2:1)라는 바울의 선언도 그것을 말해준다. 정통 유대인들이 이방인과 함께 식사하지 않는 이유도 부정한 음식을 먹을 수 없다는 관념을 넘어 시신과 접촉하는 것과 같은 불결에 오염된다고 생각하기 때문이다. 그것은 토라의 가르침을 실천하지 않는 유대인에 대해서도 마찬가지이다. 야고보는 자선에 관한 토라를 실천하지 않는 유대인들을 향해 "영혼 없는 몸이 죽은 것같이 행함이 없는 믿음은 죽은 것이니라"(약 2:26)고 했다.

4. 하나님은 선악간에 심판하신다.

토라에 의하면 하나님은 창조주이자 재판관이다. 그는 이스라엘의 하나님이지만 계율을 어긴 백성들을 예외 없이 심판하신다. 그리고 계율을 지킨 자들에게 보상을 내린다. 유대인들은 하나님의 계명 지키는 것을 품삯이 보장된 노동으로 보았다. "일하는 자에게는 그 삯이 은혜로 여겨지지 아니하고 보수로 여겨지거니와"(롬 4:4)라고 한 바울의 말이 그것을 보여준다. 그런데 구약 시대 유대인들의 보상과 심판 개념은 철저히 현세적이다. 신구약 중간기를 거치면서 그것은 내세와 전 인류적 종말 개념으로 확대된다. 1세기 많은 유대인들은 하나님이 창조하신 세상이 곧 끝나고 심판의 날이 올 것으로 기대했다. 그들은 세상이 6,000년의 역사로 마감되며, 하나님의 심판이 있은 후에 1,000년 동안의 안식 기간을 누릴 것으로 보았다. 그것은 "주의 목전에는 천 년이 지나간 어제 같으며 밤의 한 순간 같을 뿐임이니이다"(시 90:4)라는 구절을 창조의 6일에 비추어 연대기적으로 해석한 결과이다. 즉, 하나님이 6일 동안 세상을 창조하셨으므로 인류 역사는 6,000년으로 마감될 것이며, 7일째 안식하셨으므로 1,000년의 안식 기간이 온다는 것이다. 베드로도 그와 같이 해석하여 "사랑하는 자들아 주께는 하루가 천 년 같고 천 년이 하루 같다는 이 한 가지를 잊지 말라"(벧후 3:8)고 당부했다. 그리고 신약 시대에 이르러 가장 큰 보상은 선행하는 자에게 주어지는 것으로 보았다. 심지어 자기를 희생해서 다른 사람을 돕는 선행(제쿠트)은 하나님의 심판 때 자비를 덧입을 수 있는 것으로 여겨졌다. 야고보는 이 선행에 대해 "긍휼을 행하지 아니하는 자에게는 긍휼 없는 심판이 있으리라 긍휼은 심판을 이기고 자랑하느니라"(약 2:13)고 말했다.

5. 성전은 유일한 예배 장소이며, 정결한 자만이 하나님께 나아갈 수 있다.

성전 모형(1:50), 이스라엘 박물관

비록 신약 시대에 이르러 회당 예배가 보편화 되었지만 제사는 여전히 성전에서만 드려질 수 있었다. 하물며 회당이 없던 구약 시대에 성전은 유일한 예배 처소였다. 개인적인 이유에서 제물을 바치러 오는 일 외에도 모든 이스라엘 남자들은 일 년에 세 번 무교절, 오순절, 초막절에 성막(성전)에 와서 예물을 바치게 되어 있었다(신 16:16). 포로기 이후 전 세계에 유대인 디아스포라가 생겨나면서 성전은 국내외 유대인들의 순례지이자 정신적 중심축이 되었다. 성전의 전신인 성막은 이스라엘 민족이 이집트에서 나올 때부터 만들어진 것이며, 다윗이 왕권을 잡은 후 정통성을 입증하는 증거로 사용되었다.

신명기에는 '자기 이름을 두시려고 하나님의 택하신 곳' 이라는 표현을 통해 합법적인 종교 처소로서의 중앙 성소(central sanctuary)가 강조되고 있다(12:5, 11, 14, 18, 21, 26, 14:2, 23, 24, 25, 15:20, 16:2, 6, 7, 11, 15, 16, 17:8, 10, 15, 18:6, 26:2). '하나님이 자기 이름을 두시려고 택하신 곳' 으로서의 중앙 성소는 법궤가 안치된 성막이 세워질 곳을 가리키며, 일체의 제사행위가 그곳에서만 이루어져야 할 것을 의미한다. 같은 의미로 이것은 중앙 성소가 아닌 지방 성소(산당)를 파괴해야 할 것을 암시하는 것이다. 그러나 '택하신 곳' 의 지명은 구체적으로 밝히지 않고 있다. 이미 축복과 저주를 선포할 장소로서 그리심 산과 에발 산을 지정하고 있는 것에 비해 이례적이라고 할 수 있다(11:29). 그 이유는 간단하다. 땅 위에 세워진 야훼의 장막은 단지 이름을 두실 상징적 처소에 불과하며, 하늘이 진정한 야훼의 거처이기 때문이다(신 26:15). 이것은 솔로몬의 예루살렘 성전 낙성식 기도에서 여실히 드러난다(왕상 8:30, 32, 34, 36, 39, 43, 45, 49). 그러니까 야훼 하나님은 이방 신들처럼 신전을 거처로 삼지 않는다. 따라서 신전이 이전 혹은 파괴되어도 야훼 하나님의 영광이 훼방을 받지 않는다. 이 같은 중앙 성소 개념은 이스라엘 역사에서 권력의 향배, 예언자들의 활동과 밀접한 관계가 있었다.

성전과 함께 성서 시대 헤브라이즘에서 강조되었던 것은 의식상의 정결(ritual cleanness)이다. 출산, 부부관계, 식 재료, 질병, 식수, 전쟁, 장례, 가옥 등 일상 생활 전반에 걸쳐 정결이 강조되었다. 동물 식재료와 관계해서 많이 알려진 히브리어 단어는 카세르(כּוֹר)이다. 영어권에서 코셔(kosher)라고 부르는 이 단어는 합법적이라는 뜻의 형용사이다. 이 단어로부터 '합법적인 음식' 이라는 의미의 케셔룻(כַּשְׁרוּת)이 나왔다. 음식 규정(레10:10)에서 사용된 '부정한(unclean) 것' 과 '정한(clean) 것' 의 히브리어 단어는 '타메(טָמֵא)' 와 '타홀(טָהוֹר)' 이다. 다니엘과 세 친구들이 바벨론 왕궁 음식을 거절하고 채식을 했던 것도 바로 정결 이유 때문이었다. 이때 다니엘과 세 친구가 먹은 채식은 씨앗류로서 제라임(זֵרְעִים)이라고 한다. 음식 규정에 있어서 씨앗은 부정하지 않은 것으로 간주되었기 때문이다. 중요한 것은 네 발 짐승, 물고기, 새, 곤충, 파충류를 막론하고 식 재료로 사용할 수 없는 것들의 목록이 분명히 나와 있다는 점이다. 다시 말해서 식 재료 취사선택의 기준만 제시한 것이 아니라 구체적 이름까지 명시되어 있어서 실천하기 어렵지 않았다.

신약 시대에 들어 와서 정결 규례는 한층 더 강화되었다. 바리새인들은 소위 구전 율법(oral Torah)의 세부 규칙을 지키는 자들만이 하나님의 백성인 것처럼 가르쳤다. 그들은 정결상의 이유로 바리새인 이외 그룹의 사람들과 식탁교제를 하지 않았다. 그들이 그처럼 정결 규례를 강조한 것은 거룩한 하나님의 백성으로서 정결한 자만이 하나님께 나아갈 수 있다는 생각 때문이었다. 그런 생각은 에스겔의 새 성전과 거룩한 구역에 관한 환상에서, 쿰란 공동체의 정결 사상이 담긴 <성전 두루마리>에서도 발견된다. 바리새인들이 예수 그리스도와 제자들을 자주 비난했던 이유도 자신들의 기준에서 볼 때 정결 규정을 어겼다고 판단했기 때문이다. 흥미로운 것은 예수 그리스도를 믿는 유대인 신자들도 예외가 아니었는데, 베드로가 안디옥에서 이방인 신자들과 함께 식사하고 있다가 예루살렘에서 유대인 신자들(Jewish Christian)이 내려왔다는 말을 듣고 황급히 자리를 피하자 바나바도 같이 피한 것이 좋은 예가 된다(갈 2:11-14)

〈토의 과제〉

1. 성경공부의 실패담들을 간단히 나누어 보십시오.

2. 성경에 대한 선입견들 중 공감이 가는 부분을 나누어봅니다.

3. 성경연구의 순서와 방법론을 정리하고 이해가 잘 되지 않은 부분이 무엇입니까?

4. 헤브라이즘의 특성을 정리하고 이해가 잘 되지 않는 부분을 나누어봅시다

5. 헤브라이즘의 요점을 정리하고 가장 인상 깊었던 것을 나누어 봅시다

6. 헤브라이즘을 아는 것이 성서 연구에 어떤 도움이 된다고 생각합니까?

성문서 개론

전도서 구절들이 기록된 쿰란 양피지

성문서 개론

성문서는 히브리 민족의 개인과 공동체적 경험을 문학적 방법으로 표현하고 해석한 작품들이다. 70인역의 분류를 따르는 그리스도교에서 성문서(하기오그라파)는 욥기, 시편, 잠언, 전도서, 아가를 가리키며, 유대교에서는 이 다섯 권외에 룻기, 예레미야 애가, 에스더, 다니엘, 에스라, 느헤미야, 역대 상, 역대기가 '성문서(크투빔 כתבים)' 에 속한다. 유대인들은 이 중에서 특별히 룻기, 아가, 전도서, 예레미야 애가, 에스더를 다섯 두루마리(하메쉬 메길로트 חמש מגלות)로 분류하여 절기 때에 읽는다. 즉, 룻기는 칠칠절(오순절) 아침에, 아가는 유월절 안식일에, 전도서는 초막절 안식일에, 예레미야 애가는 아브(5)월 제 9일(성전패망일)에, 에스더는 부림절 전야와 아침에 두 번 읽는다. 그런데 성문서는 시가문학(Poetry literature), 지혜문학(Wisdom literature), 묵시문학(Apocalyptic literature)으로 나누어진다.[1] 묵시 문학에는 정경에 들지 못한 책들-시락의 집회서, 에스드라 I서, 에녹서 등 신구약 중간기의 작품들도 포함이 된다. 그런데 그리스도교의 구약성서 분류 기준에 따르면 시가문학에 속하는 작품은 시편, 아가이며, 지혜문학은 욥기, 잠언, 전도서이고, 묵시문학의 대표적인 저술은 다니엘이다. 그러나 편의상 다니엘서는 예언서에서 취급하기로 한다.

성문서가 개인과 공동체적 경험을 소재로 하고 있다는 점에서 고대 근동의 문학과 다르지 않다. 시가 문학을 예로 들자면 신의 성품을 찬양하는 '찬양 시' 나 신에게 탄원을 올리는 '탄원 시' 는 히브리 시가와 고대 근동의 나라들에서 함께 발견되는 장르이다. 그리고 남녀의 사랑을 노래한 '아가' 는 사랑하는 연인의 신체를 자세히 묘사하는 아랍의 전형적인 와습(wasf) 시의 형태를 띠고 있다. 그리고 지혜문학의 경우 구약 성서 잠언에는 이집트의 아멘 엠 오페(Amen-em-ope)의 교훈이 그대로 인용된 것이 있으며, 욥기는 '바벨론 신정론' 과 주제와 형식에 있어서 닮았고, 전

1) 시가문학과 지혜 문학은 작품에 따른 분류일 뿐이다. 시편에도 지혜 문학에 속하는 시들이 있으며, 욥기, 잠언, 아가, 전도서는 히브리 시가 형태로 기록되어 있다.

도서는 서로 반대되는 주장을 대화체로 엮어간 '허무주의에 관한 대화'와 닮았다. 따라서 현존하는 형태의 성문서는 고대 근동과 이집트의 문학들과 서로 얽혀 있다는 사실을 알 수 있다. 그럼에도 불구하고 성문서와 고대 근동의 문학은 일신교적(monotheistic) 세계관과 다신교적(polytheistic) 세계관에 각각 뿌리를 두고 있다는 점에서 다르다.

성문서가 인간의 경험을 출발점으로 하고 있다는 점에서 오경(토라 תורה)이나 예언서(느비임 נבאים)와 사뭇 다르다. 예를 들어 시편에는 개인적인 원한에 대한 호소 혹은 용과 같은 신화적 동물에 관한 묘사가 들어 있고, 잠언에는 처세에 관한 상대적이고도 주관적인 충고가 있으며, 욥기에는 인간의 불행에 관한 하나님의 역할이 다루어지고 있고, 전도서에는 삶의 모순이 회의적으로 묘사되고 있다. 그리고 아가에는 하나님이라는 단어가 직접적으로 한 번도 언급되지 않은 채 남녀의 노골적인 사랑 묘사가 잔뜩 나온다. 성경이 하나님의 계시라는 관점으로 볼 때, 성문서가 성서의 한 부분을 차지하고 있다는 것이 의심스러울 정도이다. 그럼에도 불구하고 성문서는 인간의 다양한 경험을 야훼 하나님에 대한 신앙 혹은 히브리 민족의 정체성과 연관 지어 묘사하고 해석했다는 점에서, 오경이나 예언서와 맥을 같이 한다. 즉, 히브리 문학에서 하나님은 창조주로서 전지전능하며, 초월적이고도 내재적이며, 도덕적이면서 역설적이고, 드러난 동시에 불가해한 존재이다. 그는 히브리 민족의 언약 관계에서 영원한 왕이시다. 오경이나 예언서가 하나님으로부터 인간에게 선포된 계시라고 한다면, 성문서는 인간 편에서 하나님을 향해 고백한 계시라고 할 수 있다. 다시 말해 오경과 예언서의 계시가 보편적이고 선언적인 데 비해 성문서의 계시는 주관적이고 고백적이다.

1. 시가 문학

구약 성경의 1/3이 시로 되어 있다. 욥기, 시편, 잠언처럼 독특한 악센트 체계를 통해 표시하지 않더라도, 예언서의 대부분과 역사서와 오경 가운데는 운문 시들이 다수 들어 있다. 예레미야 애가, 오바댜, 미가, 나훔, 하박국, 스바냐도 문체에 있어서 시에 가깝다. 그리고 예레미야의 삼분의 일, 욥기, 이사야, 호세아, 요엘, 아모스의 일부도 시로 되어있다. 뿐만 아니라 창세기, 출애굽기, 레위기, 민수기, 신명기, 여호수아, 사사기, 사무엘 상, 룻기, 에스라, 에스더, 학개, 말라기 등도 시를 포함하고 있다. 예를 들어 아담의 노래(창 2:23), 라멕의 노래(창 4:23-24), 모세의 노래(출 15:1-18, 신 32:1-43), 드보라의 노래(삿 5:1-31), 한나의 노래(삼상 2:1-10), 다윗의 노래(삼하 22:2-51), 히스기야의 노래(사 38:9-20), 하박국의 기도(합 3:2-19), 요나의 기도(욘 2:1-9), 이사야의 찬양(사 42:10-12, 52:9-10), 욥의 찬양(욥 5:8-16, 9:4-10, 12:7-10, 12;13-25), 욥의 탄원(3:3-12,13-26, 7:1-10, 7:12-21, 9:25-31, 10:1-22), 예레미야의 탄원(렘 15:15-18, 17:14-18, 18:19-20)는 전형적인 시들이다.

히브리 운문은 대개 한 절이 3-4 단어로 구성된다. 때로 시적 간결함을 유지하기 위해 정관사 하(ה), 목적 전치사 에트(את), 관계대명사 아셰르(אשׁר)를 생략하기도 한다. 히브리 시가를 구성하는 최소 단위는 반구(hemistich)이며, 두 개의 반구가 모여서 행(colon)을 이룬다. 행은 단행(mono-colon) 이행(bi-colon), 삼행(tri-colon)으로 구성되며, 몇 개의 행이 모여서 절(strophe)이 된다. 그리고 몇 개의 절이 모여서 연(stanza)을 이루며, 몇 개의 연이 모여서 하나의 시가 된다.

A. 대구법

히브리 시가의 가장 큰 특징은 대구법(Parallelism) 혹은 평행법이다. 다시 말해서 히브리 시가에는 생각과 생각, 단어와 단어, 행과 행을 대치시켜 마치 대화하듯 주제를 힘 있게 표현하는 대구법이 가장 많이 사용된다. 이처럼 대구법을 사용하는 이유는 청중들의 이해와 기억을 돕기 위한 것이다. 대구법은 동사나 형용사 같은 품사를 중심으로 만들기도 하고, 비슷한 발음끼리 음운을 중심으로 만들기도 한다. 그러나 가장 보편적인 것은 같거나, 다른 의미를 중심으로 만드는 대구법일 것이다.

1) **동의 대구법**(Synonymous Parallelism) : 첫 번째 행의 개념을 두 번째 행에서 다른 단어를 사용하여 반복한다. 두 행이 동일한 의미이기 때문에 당연히 해석도 같아야한다.

예: 하늘이 하나님의 영광을 선포하고
궁창이 그 손으로 하는 일을 나타내는도다 (시 19:1)

만민들아 이를 들으라
세상의 거민들아 귀를 기울이라 (시 49:1)

2) 반의 대구법(Antithetic Parallelism) : 두 번째 행이 첫째 행과 대조를 이룬다.

예: 풀은 아침에 꽃이 피어 자라다가
저녁에는 벤 바 되어 마르나이다 (시 90:6)

유순한 대답은 분노를 쉬게 하여도
과격한 말은 노를 격동하느니라 (잠 15:1)

3) 종합 대구법(Synthetic Parallelism) : 두 번째 행이 첫째 행에 새로운 개념을 더해 논리적인 결론을 이끌어낸다. 대개 '왜' 라는 질문을 제기할 수 있고, 두 번째 행이 개념을 완성한다.

예: 여호와께 감사하라
그는 선하시며 그 인자하심이 영원함이로다 (시 107:1)

세상의 군왕들이 나서며 관원들이 서로 꾀하여
여호와와 그 기름 받은 자를 대적하며 (시 2:2)

그들이 호렙에서 송아지를 만들고 부어 만든 우상을 경배하며
자기 영광을 풀 먹는 소의 형상으로 바꾸었도다(시 106-19-20)

4) 상징적 대구법(Emblematic Parallelism) : 한 행은 직설적인 서술이고, 다른 행은 수사법적 표현이며, 직유와 은유를 많이 쓴다.

예: 이는 하늘이 땅에서 높음같이
그를 경외하는 자에게 그 인자하심이 크심이로다 (시 103:11)
사람의 영혼은 여호와의 등불이라
사람의 깊은 속을 살피느니라 (잠 20:27)

5) **점층 대구법**(Climatic Parallelism) : 동의 대구법과 종합 대구법을 합친 것이다. 개념이 반복되면서 점점 심화된다.

예: 너희 권능 있는 자들아
영광과 능력을 여호와께 돌리고 돌릴지어다
여호와의 이름에 합당한 영광을 돌리며
거룩한 옷을 입고 여호와께 경배할지어다 (시 29:1-2)

나를 책망한 자가 원수가 아니라
원수일진대 내가 참았으리라
나를 대하여 자기를 높이는 자가 나를 미워하는 자가 아니라
미워하는 자일진대 내가 그를 피하여 숨었으리라
그가 곧 너로다 나의 동류
나의 동무요 나의 가까운 친우로다 (시 55:12,13)

6) **교차 대구법**(Chiastic Parallelism) : 4개의 행, 또는 부분으로 구성되어 첫 행의 개념이 4행과 비슷하고, 2행의 개념은 3행과 연관되는 ABBA의 대칭구조이다. 이 구조는 여호수아, 사사기, 룻기에서 설화들의 배치에서 흔히 발견된다.

예) 여호와여 내가 주께 부르짖고 A
여호와께 간구하기를
내가 무덤에 내려갈 때에 B
나의 피가 내게 무슨 유익이 있으리요
어찌 진토가 주를 찬송하며 B
주의 진리를 선포하리이까
여호와여 들으시고 나를 긍휼히 여기소서 A
여호와여 나의 돕는 자가 되소서 하였나이다 (시 30:8-10)

B. 답관체(Acrostic)

히브리 시가의 한 기법으로, 첫 행이나 연의 첫 단어가 히브리 알파벳

의 첫 글자로 시작하고, 두 번째 행이나 연의 첫 단어가 알파벳의 두 번째 단어로 시작하는 형식이다. 대표적인 시는 119편과 34편인데 모두 알렢(א)에서 타브(ת)까지 22글자를 바탕으로 하고 있다. 때로는 3 행마다 알파벳 순서대로 짓기도 한다. 시 9-10, 25, 34, 37, 111, 112, 119, 145, 잠 31:10-31, 애 1-4, 나 1:2-8 등이 전형적 답관체 시에 속한다.

C. 반복법

1) 반복(Refrain) : 하나의 시 안에서 같은 단어나 후렴구가 반복되는 경우이다. 시 136에서 반복되는 "........께 감사하라, 그 인자하심이 영원함이로다"가 대표적인 경우이다.

2) 수미상관(Inclusio) : 같은 구절이나 문장을 앞과 뒤에 놓아서 강조하는 반복법이다. 절 전체나 부분을 반복하거나 구나 단어를 반복하는 방법으로서 시를 강렬하게 마무리 짓기 위해서 사용된다.

예) 여호와 우리 주여 주의 이름이 온 땅에 어찌 그리 아름다운지요
여호와 우리 주여 주의 이름이 온 땅에 어찌 그리 아름다운지요
(시 8:1, 9)

내 영혼아 여호와를 송축하라
내 영혼아 여호와를 송축하라(시 103:1,22)

3) 음운반복(Phonetic Repetition) : 유사한 소리의 단어를 반복하거나 같은 자음이 들어간 단어를 반복하는 것이다. 이런 경우 특정한 자음을 반복하는 두운(alliteration), 마지막 음절을 반복하는 각운(rhyme), 유사음을 반복하는 모음압운(assonance) 등의 언어유희(word play)가 이루어진다. 그리고 문장의 구조에 있어서 첫 자음이나 음을 반복하는 두음반복(initial repetition), 끝을 반복하는 말음반복(end repetition), 동일 단어와 구를 연속해서 반복하는 연속반복(immediate repetition)을 사용하기도 한다. 이때 반복되는 단어가 시의 핵심단어(key word)이

다. 시 121, 122에서 이런 반복법을 찾아볼 수 있다.

4) 중언(hendiadys) : 두 개의 단어를 사용하여 하나의 복합적인 의미를 나타내는 방법이다. 고대 히브리 시가에서 많이 발견되는 기법이다.

예) 나는 말하기를 만일 내게 비둘기 같이 날개(אבר)가 있다면
날아가서(אעופה) 편히 쉬리로다(시 55:6)

하늘이여 들으라
땅이여 귀를 기울이라

D. 기타 기법들

1) 생략(ellipse) : 시나 문법적인 단위의 한 부분을 생략하는 기법을 말한다. 아래의 예문 가운데 ( )은 원문에 없는 단어이다.

예) 너희가 기브아에서 뿔 나팔을 불며 라마에서 나팔을 (불며)
벧아웬에서 외치기를 베냐민아 네 뒤를 (쫓는다) 할지어다(호 5:8)

2) 소멸(extinction) : 마치 시가 중간에 잘려나간 것 같은 느낌을 주어 애절한 느낌을 더하게 하는 기법이다. 사람이 제 수명을 다하지 못하고 일찍 죽은 것을 애도하는 기법으로서 애가에 자주 사용된다. 아래의 예문에서 첫 절이 3 단어로 되어 있는 데 비해 둘째 절은 2 단어로 되어 있다. 이와 같은 소멸 기법은 예레미야 애가 전체를 구성하는 기초이다.[2)]

2) 김영진, 크투빔, 한들출판사, p. 171.

예) 나의 살과 가죽을 쇠하게 하시며
나의 뼈들을 꺾으셨고(애 3:4)

3) 분할(Merismus)[3)] : 전체를 묘사하기 위해 두 개 이상의 단어를 사용하는 기법이다. 하나님의 완전한 성품을 말하기 위해 '인자와 진실' 로 묘사하거나 우주를 나타내기 위해 '하늘과 땅' 으로 표현하는

3) 김영진, 위의 책, p. 52.

것이다.

예) 나의 도움은 천지(하늘과 땅)를 지으신 여호와에게서로다(시 121:2)

여호와여 영광을 우리에게 돌리지 마옵소서 우리에게 돌리지 마옵소서
오직 주는 인자하시고 진실하시므로 주의 이름에만 영광을 돌리소서 (시 115:1)

2. 지혜문학

구약 성서에서 지혜문학은 욥기, 잠언, 전도서를 가리키며, 외경으로는 주전 1세기에 알렉산드리아에서 헬라어로 기록된 솔로몬의 지혜서와 벤 시락의 집회서가 있다. 그런데 지혜 문학은 시편과 하박국에서도 일부 발견되며, 외경 가운데 토빗, 바룩, 에스드라 I 에도 들어있다. 그런데 지혜 문학이란 현자들(하카밈 חכמים)의 지혜운동의 결과로 기록된 작품들이나. 고대 이스라엘에서 지혜(호크마 חכמה)는 명철함(왕상 2:6), 도덕적 분별력(왕상 3:9), 백과사전적 지식(왕상 4:29, 32), 통치능력(왕상 5:7), 단순한 정보(욥 39:16-17) 등을 가리키는 말이었다. 제임스 크렌쇼에 의하면 지혜란 '하나님과 인간과 세계를 향한 관계를 원만하게 하는 기술' 이다. 따라서 지혜는 경험적이고 이성적이고 세계지향적인 특징을 갖는다. 그런 의미에서 지혜를 추구했던 현자들은 농부나 목수들처럼 직업과 관계된 기술적 지식을 가진 사람들이 아니라, 학문적인 활동에 전념하는 사람들을 가리켰을 것이다. 예레미야 18:18에나오는 "제사장에게서 율법이, 지혜로운 자에게서 책략이, 선지자에게서 말씀이 끊어지지 아니할 것이니"라는 표현을 볼 때 전문적인 현자 집단이 있었던 것으로 보는 것이다. 벤 시락의 집회서 38:21에 나오는 다음의 구절도 현자 집단이 독립적으로 존재했음을 짐작하게 해준다. "학자가 지혜를 쌓으려면 여가를 가져야 한다. 사람은 하는 일이 적어야 현명해진다" 그런데 고대 근동에서 현자들의 지혜운동이 일어나게 되었던 배경은 주전 3000년대부터 물질적인 풍요로 인

해 시간과 정신의 여유가 생겨났기 때문이다. 따라서 창조적인 예술 활동과 학문 활동이 가능하게 되었던 것이다. 고대 근동 세계에서 경제는 왕실과 신전에 집중되었고, 학문 활동도 왕실과 고위관리를 양성하는 학교들을 중심으로 일어났던 것이다. 이스라엘에서 지혜운동이 활발하게 일어나게 된 것은 솔로몬 때부터로 보인다.

A. 이스라엘과 근동의 지혜문학

솔로몬은 홍해를 통해 이집트와 페르시아와 교역하기 위해 에시온게벨 항구 도시를 건설했고, 직접 배를 건조해서 운영했다. 그 결과 각 나라의 문물이 이스라엘로 쏟아져 들어왔던 것이다(왕상 10:1-29). 특히 스바(오늘날의 예멘) 여왕이 솔로몬의 지혜를 시험하러 왔다는 기록(1절)은 왕실 간에 지혜운동의 교류가 활발하게 이루어졌음을 보여준다. 솔로몬은 지혜문학에 적극적으로 참여하여 잠언 3000을 지었고, 자연과학적인 발견에도 업적을 남겼다(왕상 4:32-33). 그의 학문이 예스라 사람 에단과 마홀의 아들 헤만과 갈골과 다르다보다 뛰어났으며, 다른 나라의 현자들이 솔로몬을 찾아왔다고 한다. 이것은 당시의 지혜운동이 국경을 초월하여 활발하게 이루어졌음을 보여주는 것이다(왕상 4:31, 34). 특히 그의 지혜가 애굽의 모든 지혜보다 뛰어났다는 기록은 많은 것을 시사해준다(왕상 4:30). 솔로몬이 바로의 딸과 결혼했으므로 애굽의 학문을 자연스럽게 접하게 되었을 것이다. 하급 관리의 식사예법을 가르치고 있는 잠언 23:1-3은 애굽의 지혜문학을 그대로 인용한 것이며, 잠언 22:17-24:22까지의 70절이 모두 애굽의 아멘 엠 오페의 교훈 일부가 그대로 인용된 것이다.

> "네가 통치자와 함께 식사하러 앉았을 때 네 앞에 있는 자를 잘 깨달아서 만일 네가 대식가이면 네 목구멍에 칼을 두어라 그의 요리들을 탐하지 마라 이는 그것이 거짓 빵이기 때문이다"(잠 23:1-3).[4]

4) 허성갑, 히브리어 직역성경, 말씀의 집, p. 1175.

뿐 만 아니라 잠언 30장과 31장도 외국에서 수입된 것으로 보인다. '이 말씀은 야게의 아들, 아굴의 잠언이라' (잠 30:1)와 '르무엘 왕의 말씀한 바 곧 그 어머니가 그를 훈계한 잠언이니라' (잠 31:1)에서 '잠언' 이라는 단어는 히브리어 '마사(מַשָּׂא)' 를 번역한 것이다. 그런데 대부분의 학자들은 '마싸' 를 '잠언' 으로 번역하기보다 '메사(Messa)' 라는 나라로 번역한다. 메사는 아라비아 반도 북서쪽에 있던 부족국가 이름이다. 그렇게 볼 때 위의 구절들은 '이것은 메사 사람 야게의 아들 아굴의 말이다' 와 '메사의 왕 르무엘이 그의 어머니에게서 배운 교훈이다' 가 된다. 결국 주변 국가들의 잠언이 그대로 구약에 수록된 것으로 이해될 수 있다.

그럼에도 불구하고 고대 근동의 지혜문학과 성서의 지혜문학은 여러 면에서 다르다. 첫째로, 고대 근동의 지혜는 인간의 이성적 활동의 결과로 얻어진 것이다. 따라서 인간의 이성이 지혜의 근원이며, 최종 권위를 가진다. 그러나 이스라엘의 지혜문학은 이성과 이성의 산물에 한계를 고백한다. 인간은 스스로의 힘으로 세상의 이치를 제대로 파악할 수 없다는 것이다. 왜냐하면 세상은 하나님이 주관하고 있기 때문이다. 따라서 그가 하는 일을 제대로 알지 못하는 인간의 지혜는 제한적이며 상대적이다. 심지어 스스로 지혜 있다고 생각하는 사람은 가장 어리석은 사람으로 간주된다(잠언 26:12).

> "또 내가 하나님의 모든 행사를 살펴보니 해 아래에서 행해지는 일을 사람이 능히 알아낼 수 없도다 사람이 애써 알아보려고 할지라도 능히 알지 못하나니 비록 지혜자가 아노라 할지라도 능히 알아내지 못하리로다"(전 8:17)

둘째로, 고대 근동의 지혜는 인간의 이성적 활동을 통해 얻어진 것이었지만, 이스라엘의 지혜는 하나님의 선물이었다. 그렇기에 솔로몬은 기브온 산당으로 올라가 하나님의 지혜를 구하며 기도했다. 이처럼 지혜의 근원이신 하나님을 경외하는 것이 지혜롭게 되는 첩경으로 간주되었다(잠 1:7).

흥미로운 것은 지혜가 인격적인 존재로 비유되었고, 인격화된 지혜가 사람들을 어리석은 길에서 돌이키도록 초대하는 것으로 묘사되었다는 점이다(잠 1:20-33, 8:1-21, 9:1-6). 그리고 그 지혜는 점점 신격화 되어 창조사역의 조력자로 이해되었다(잠 8:22-30). 이것은 나중에 요한을 통해 예수 그리스도에게로 적용되었다(요 1:1-3, 17:5).

결국 이스라엘 민족은 고대 근동의 지혜를 야훼 신앙의 체계에 맞도록 변용시켰다. 마치 오경이 고대 근동의 신화적 요소들을 변용하여 야훼 신앙과 조화를 이루도록 만든 것과 같았다. 그리하여 신앙과 이성이 조화와 균형을 이루는 이스라엘의 지혜문학을 탄생시켰던 것이다.

B. 성서와 지혜문학

구약 성서에 있는 지혜문학은 욥기, 시편, 잠언, 전도서 애가이다. 이 중에서 욥기, 잠언, 전도서는 이스라엘 민족이라는 울타리를 넘어 인류의 보편적 가치에 초점을 맞춘 저술들이다. 이스라엘의 지혜문학은 신학적이고도 보수적인 기초 위에 세워져 있는 동시에, 삶의 불가해한 일들에 대해 급진적이고도 변혁적인 토론을 담고 있다. 기성세대의 가치관을 다음 세대의 인물들에게 주입시키는 동시에, 그들 스스로 지혜를 발견할 수 있도록 토론의 장을 제공해준다. 따라서 명령, 훈계, 설득, 권고, 속담, 수수께끼, 풍자, 수사적 질문 등의 다양한 기법이 동원되고 있다.

1) 문학 양식

***금언(Proverb)**

성경에서 가장 일반적으로 사용된 양식으로서, 시적 운율을 가진 짧은 문장으로 되어 있다. 따라서 기억하기에 좋아 다양한 주제의 지혜를 전달하는데 효과적이었다(삼상 10:12, 삼하 20:18)

"악은 악인에게서 난다"(삼상 24:13)
"갑옷 입는 자가 갑옷 벗는 자 같이 자랑하지 못할 것이라"(왕상 20:11)

***강화(Discourse)**

스승이 제자 혹은 청중들에게 어떤 주제에 관해 형식에 매이지 않고 자유롭게 가르침을 주는 스타일로서 전도서의 본론과 복음서의 산상보훈 등이 그 예가 된다.

"내 아들아 나의 법을 잊어버리지 말고 네 마음으로 나의 명령을 지키라"(잠 3:1)
"내 아들아 네가 만일 이웃을 위하여 담보하며 타인을 위하여 보증하였으면"(잠 6:1)

***시(Poetry)**

대구법(Parallelism)과 수사법(Rhetoric)을 동원하여 전달하고자 하는 주제를 강렬한 이미지와 힘찬 운율로 전달하는 방식이며 시 1, 19, 32, 34, 37, 49, 78, 112, 119, 127, 128, 133편 등이 그 예가 된다.

***기타**

우화(Allegory) - 삿 9:7-15, 잠 5:15-23, 눅 10:25-37
수수께끼(Riddle) - 시 49:4, 잠 1:6
예화(Illustration) - 잠 7:6-23, 마 24:37-39, 눅 4:25-27, 히 11:4-32
간증(Personal Testimony) - 잠 4:3-9, 전 1:12-2:26, 고후 12:1-10, 갈 1:11-24

2) 두 가지 유형의 지혜

a 현실적 지혜 - 잠언

<잠언>

이 책은 성공적인 일상생활을 위한 경험 혹은 실용적인 지침을 주는 짧고 강력한 격언들로서, 자연과 인간 행동의 일정한 법칙을 보여주고 있다. 잠언은 인생에 대한 관찰과 지식일 뿐 성공의 비법은 아니다. 왜냐하면 성공과 실패는 하나님의 손에 달려있기 때문이다. 잠언은 아버지가 아들에게 어리석은 행동을 버리고 지혜를 구하도록 충고하는 형식으로 되어있으며, 기본적으로 "무엇을" 그리고 "어떻게"에 관한 질문을 던지고 있다. 잠언은 기억할 수 있도록 단순한 형태로 기록되었으며, 잠언 하나

하나가 완전한 진리를 제공하고 있지는 않다.

b. 사색적 지혜 - 욥기, 전도서, 애가

잠언처럼 평범한 수준에서는 해결하기 어려운 인간 실존의 복잡한 문제들을 보다 깊은 수준에서 관찰한다. 이러한 유형의 지혜문학은 대체로 "왜"라는 질문을 제기하며 인간의 의미와 고난에 대해 다룬다.

<욥기>

이 책은 고난과 불행에 관한 긴 논쟁으로 구성되어 있다. 욥의 친구들은 욥이 죄에 대한 벌을 받고 있다고 말하는 반면, 욥은 자신이 의롭다고 반박하며 자신이 받는 불행의 의미를 알 수 없다고 논쟁을 벌인다. 마지막에 가서 하나님이 욥의 정직함을 인정하며 친구들의 상투적인 논리를 꺾으신다. 그리고 욥은 자신이 무지함에도 불구하고 하나님의 하시는 일을 아는 것처럼 변론한 것에 대해 회개한다. 욥기에서 말하는 지혜는 결국 하나님의 임재를 통해 삶의 해답을 얻는 것이다. 이 책에서는 고난 받는 사람을 어떻게 도울 것인가에 대하여 많은 교훈을 얻을 수 있다.

<전도서>

자전적 독백 형식으로 된 이 책은 인생의 의미를 찾는 한 사람에 관한 이야기이다. 그는 모든 일을 시도하고 성취해 보았지만 진정한 만족을 얻을 수 없었다. 그는 욥처럼 하나님의 임재를 통해 삶의 불행에 대해 해답을 얻는 지혜를 추구하지 않는다. 그는 인생이 겪는 반대적이고 모순적인 일들을 통해 삶의 의미를 찾는 지혜를 추구한다. 그는 결국 하나님의 뜻을 행하는 것에서 삶의 의미를 찾게 된다. " 일의 결국을 다 들었으니 하나님을 경외하고 그 명령을 지킬지어다 이것이 사람의 본분이니라"(12:13).

<애가>

애가는 단순히 재난을 당한 자에게 주는 조가가 아니다. 애가는 슬픔을 겪는 자에게 다시 일어설 수 있는 지혜를 제공한다. 고통의 의미에 대해 지혜문학의 이론을 따르고 있다. 고통이 사람에게 유익을 가져다준다는 것이다. 특히 3:25-36에 나와 있는 이론은 시편, 잠언, 벤시라서, 욥기에서 발견된다.

> "내 아들아 여호와의 징계를 경히 여기지 말라 그 꾸지람을 싫어하지 말라 대저 여호와께서 그 사랑하시는 자를 징계하시기를 마치 아비가 그 기뻐하는 아들을 징계함같이 하시느니라"(잠 3:11-12, 히 12:5-11 참조).

> "고난당하기 전에는 내가 그릇 행하였더니 이제는 주의 말씀을 지키나이다…고난당한 것이 내게 유익이라 이로 말미암아 내가 주의 율례를 배우게 되었나이다"(시 119:67, 71).

> "볼지어다 하나님께 징계 받는 자에게는 복이 있나니 그런즉 너는 전능자의 징계를 업신여기지 말지니라"(욥 5:17).

◆ 지혜 문학과 그리스도

지혜 문학이 직접적으로 그리스도를 가리켜 말하고 있지는 않다 하더라도, 잠언에서 지혜를 의인화 한 것에 유의할 필요가 있으며, 신약의 저자들이 한 결 같이 예수 그리스도를 하나님의 지혜라고 말하고 있는 것에 주목할 필요가 있다.

1. 그는 자신을 지혜로 비유하셨다(눅 7:35).
2. 그의 지혜의 탁월함은 어릴 때부터 증명되었다(눅 2:40, 47, 52).
3. 그의 신성(요 1:3, 17:5)이 잠언에서 말하는 지혜와 일치한다(잠 8:22-31).
4. 그가 진리를 전달하는 방식은 주로 비유였으며, 잠언의 대왕 솔로몬보다 위대한 스승이셨다(마 12:42, 13:34, 35).
5. 그는 육신을 입고 오신 지혜였다(골 2:3, 고전 1:24, 30).

◈ 적용을 위한 묵상

성서의 지혜 문학에 들어있는 실용적 지혜와 사색적 지혜는 우리로 하여금 사고의 폭을 넓히도록 요청한다. 이것은 마치 외국어 문법을 배울 때 규칙 변화와 불규칙 변화 단어들을 모두 알아야 되는 것과 같다. 그러니까 잠언적인 지혜는 규칙 변화에 속한 단어들일 것이고, 사색적 지혜는 불규칙 변화에 속한 단어들일 것이다. 언어를 배울 때 규칙 변화만 알아 가지고는 능숙한 경지에 이르지 못하는 것처럼, 인생에서도 실용적 지혜만 가지고는 변화무쌍한 현상들에 효과적으로 대처하지 못한다. 왜냐하면 언어이든 인생이든 법칙의 산물이 아니라 현상 그 자체이기 때문이다. 그런 점에서 실용적 지혜와 사색적 지혜는 상호보완적이라고 할 수 있다.

그런데 실용적 지혜로든 사색적 지혜로든 인간은 현재 자신에게 일어나고 있는 일을 정확히 알 수 없으며, 앞날을 예측할 수도 없다. 하나님이 하시는 일을 인간의 지혜로 모두 파악할 수 없다는 것이다. 우리는 주어진 형편에서 그의 계명들을 지키며 살도록 노력할 뿐, 그 결과를 장담할 수 없다. 그럼에도 불구하고 우리에게는 잠언적인 지혜가 필요하다. 비록 상대적인 진리이기는 하지만 실용가치가 증명되었기 때문이다. 사색적 지혜 또한 필요하다. 왜냐하면 인생에서 실용적인 지혜만으로 해결할 수 없는 일들이 너무 많기 때문이다. 예를 들어 욥의 친구들은 잠언적인 지혜에만 의지했기 때문에 욥을 돕는데 실패했다. 많은 사역자들이 어려움에 처한 사람들을 도와주기는커녕 더 고통스럽게 만드는 원인도 거기에 있다. 외눈으로는 물체를 정확히 바라보기 어렵다.

시편

시편은 곡조 붙은 기도

시 편

히브리 문학의 꽃이라고 할 수 있는 시편의 히브리어 이름은 찬양이라는 의미의 '테힐림(תהלים)'이다. 시편은 주전 1400년대 모세의 시로부터 주전 400년대 포로 귀환 이후의 작품에 이르기까지, 약 1000년에 걸쳐 이스라엘 민족의 애환이 담긴 일종의 시문선집과 같은 것이다. 따라서 시편에는 하나님의 창조로부터 족장들의 시대, 사사들의 시대, 왕정 시대, 포로 시대와 귀환 이후 시대에 이르기까지 격변하는 역사 속에서 겪는 개인과 민족의 정서가 통해 히브리 시가의 형태로 묘사되어 있다. 시편에 수록된 시들은 원래 민간에서 개별적으로 애송되던 것이며, 오늘날과 같은 형태의 150편으로 묶어지기까지 크게 세 번의 편집과정을 거쳤다고 생각된다. 그 첫째는 주전 1000년경 다윗에 의해서, 둘째는 주전 700년을 전후해서 히스기야 혹은 주전 640년 이후 요시야에 의해서, 셋째는 주전 400년대 에스라 혹은 느헤미야에 의해 최종적으로 완성되었던 것으로 보인다.

시편은 성전에서 하나님을 찬양할 때 사용하던 노랫말이었을 뿐 아니라, 각종 절기 때와 안식일 때 가정과 회당에서 읽는 기도문이기도 했고, 개인 기도와 남을 교훈할 때 사용하는 삶의 지침서와도 같은 책이었다. 다시 말해서 오늘날 그리스도인들에게 찬송가책과 같은 것이었다. 그런데 대부분의 시편이 기록될 당시에 회당이 아직 없었으며, 성전 또한 매 안식일마다 방문해서 예배드리는 장소가 아니었다. 따라서 시편이 일차적으로는 개인적인 예배에 사용되었을 것이다. 제사 드리러 성전에 특별히 올라갈 일이 없는 일반 백성들이 평소에 하나님을 경배하거나 기도하고 싶을 때, 혹은 절기를 지키기 위해 예루살렘으로 올라갈 때 시편만큼 유용한 것도 없었을 것이다. 그럼에도 불구하고 시편에는 성전에서 찬양하는 레위인들을 위해 만들어진 것들이 들어있다. 다윗은 최초로 성전에 찬양대를 두었을 뿐 아니라 직접 노랫말을 지어주기도 했다(대상 16:4-37).

시편에는 고대 근동의 시와 비슷한 주제가 들어 있다. 즉, 신의 성품 찬양, 간구, 탄원, 공동체의 관심사 등이다. 고대 근동의 모든 나라들은 정의를 유지해야 할 책임이 신들에게 있다고 생각하였으며, 신들은 인간 세계의 정의에 관여하고 있다고 생각했기 때문이다. 따라서 질병, 억압, 고난 같은 일반적인 불행에서 벗어나기를 바라는 탄원의 기도를 신들에게 올렸고, 이스라엘도 예외가 아니었다. 그럼에도 불구하고 시편에 나오는 탄원 시들이 근동의 탄원 시들과 근본적으로 다른 것은, 불행의 원인으로 간주되는 인간의 잘못에 대한 태도이다. 근동의 민족들은 불행의 원인이 신에 대한 제의적 실수-정성의 부족이나 서원의 불이행 등에 있다고 생각한 나머지 무조건 자신의 잘못을 용서해달라고 빌었다. 그러나 이스라엘 민족은 윤리 도덕적 잘못에 대해 용서를 구하거나 무죄를 호소하는 기도를 올렸던 것이다. 그런가 하면 교훈을 목적으로 하는 지혜 시도 들어 있다. 시 1, 19, 37, 49, 73, 112, 119, 127, 135, 139편과 같은 교훈적 지혜 시는 토라의 가르침에 기초한 것들이다.

시편 연구의 역사는 1928년에 최초로 발견되어 50년간 발굴 작업이 진행되었던 고대 우가릿 문헌이 결정적 전기를 마련해주었다. 그 이전까지 시편은 바벨론과 이집트 문헌과의 비교연구에 그쳤다. 그런데 시리아의 지중해 해변에 위치한 라타키아에서, 주전 2000년대로 추정된 무덤으로부터 옛 시집을 포함한 우가릿의 공문서들이 대거 출토되었다. 주전 14-13세기에 황금기를 이룬 우가릿 도시에서 사용하던 우가릿 어는 성서에 사용된 히브리어와 언어학적으로 가장 가깝다. 따라서 시편 연구의 중심축은 바벨론 문헌과 이집트 문헌과의 비교에서 우가릿 문헌과의 비교연구로 옮겨졌다. 긴스버그는 '히브리어 성경과 우가릿 문헌은 같은 문학작품으로 볼 수 있으며, 이 중 어느 하나의 독법은 다른 자료 속에 포함되어 있는 병행구절에 입각하여 교정할 수도 있다' 고 주장했다 우가릿 시와 시편의 비교 연구에서 가장 탁월한 학자는 다후드(Dahood. M.)이다. 100여편의 논문과 시편 주석을 통해 다후드는 시편 연구에 지대한 공헌을 했다. 그러나 히브리어와 우가릿어가 언어학적으로 관련이 있다 하더라도, 우가릿 문헌이 기록된 주전 14-13세기와 시편이 기록된 주전 10-6세기 사이에는 시간적 간격이 있다. 따라서 히브리어 어휘에 우가릿 단어의 의미를 전이시키는 일은 주의를 요한다(H. L. Ginsberg, *The Ugaritic Texts and Textual Criticism*, JBL 62, 1943).

1. 배경

저자들

시편은 다음과 같이 이름이 밝혀진 7명과 다수의 이름이 밝혀져 있지 않은 작가들의 시로 구성되어 있다.

1. 다윗의 시(73편) : 3-32, 34-41, 51-65, 68-70, 86, 101, 103, 108-110, 122, 124, 131, 138-145
2. 고라 자손의 시(12편) : 42-49, 84-85, 87-88
3. 아삽의 시(12편) : 50, 73-83
4. 에스라인 에단(여두둔)의 시 : 89
5. 에스라인 헤만의 시 : 88
6. 솔로몬의 시 : 72, 127
7. 모세의 시 : 90
8. 곤고한 자의 시 : 102
9. 저자 미상(48편) : 1, 2, 33, 66, 67, 71, 91-100, 104-107, 111-121, 123, 125, 126, 128-130, 132-137, 146-150(시 2, 95, 105-106은 다윗의 것으로 추정된다. 행4:25, 히4:7, 대상16:8-36 참조)

분류

시편은 연대기적 순서, 주제별, 저자별로 편집되어 있지 않다. 그럼에도 불구하고 전체 5권으로 나누어진 150편은 비슷한 분위기의 시들로 함께 묶어져 있다. 시편의 최종 편집자가 시편을 전체 5권으로 구성하면서 각 권을 모세 오경의 주제에 맞춘 것만 보아도, 얼마나 토라를 중요시했

는지 알 수 있다. 즉, 제 1권은 창세기 주제, 제 2권은 출애굽기 주제 이런 식이다

1. 권별 분류 : 각권의 마지막 시가 모두 "찬송할지로다" "아멘"으로 끝나고 있다.

제 1 권 : 시 1-41편. 주로 다윗의 시편이며, 야훼 하나님의 이름이 압도적으로 많이 나온다(야훼 272, 엘로힘 15). 창조주 하나님과 관련된 시를 많이 수록하여 창세기의 분위기를 느끼게 해준다.

제 2 권 : 시 42-72편. 주로 다윗과 고라 자손의 시편이며, 엘로힘 하나님의 이름이 압도적으로 많이 나온다(엘로힘 207, 야훼 74). 택한 백성을 구원하시는 하나님의 역사를 많이 수록하여 출애굽기의 분위기를 느끼게 해준다.

제 3 권 : 시 73-89편. 주로 아삽과 고라 자손의 시편이며, 엘로힘 하나님의 이름이 조금 더 나온다(엘로힘 36, 야훼 13). 대부분 민족의 고난과 관계된 주제들을 통해 신실하지 못한 당신의 백성을 향한 하나님의 신실하심을 강조했다. 성전 예배와 찬양, 기도를 강조하여 레위기의 분위기를 느끼게 해준다.

제 4 권 : 시 90-106편. 주로 저자 미상의 시들이며 다윗의 시도 들어 있다. 야훼 하나님의 이름이 압도적으로 많이 나오며(야훼 104, 엘로힘 3), 하나님을 왕이시며 구원자로 묘사한다. 그 옛날 광야에서 하나님을 신뢰하지 않고 불평했던 민수기 역사를 상기시켜준다.

제 5 권 : 시 107-150편. 주로 다윗과 저자 미상의 시들이며, 야훼 하나님의 이름이 압도적으로 많이 나온다(야훼 235, 엘로힘 4). 찬양과 기도가 강조되어있고, 신명기의 분위기를 느끼게 해준다.

〈시편 구조〉

권	편수	저자	모세5경과의 유사점	편집자	저작 기간
제1권 (1–41)	41	다윗	창세기 (창조주 하나님)	다윗	약 1000년 간 (B.C. 1400–400년)
제2권 (42–72)	31	다윗과 고라 자손	출애굽기 (구원자 하나님)	히스기야 혹은 요시야	
제3권 (73–89)	17	아삽과 고라 자손	레위기 (경배받으실 하나님)		
제4권 (90–106)	17	다윗과 저자 미상	민수기 (왕이신 하나님)	에스라 혹은 느헤미야	
제5권 (107–150)	44	다윗과 저자 미상	신명기 (은혜의 하나님)		

2. 주제별 분류

1) 찬송 시: 자연과 하나님의 성품을 주로 묘사했다. 할렐루야로 시작하여 할렐루야로 끝나고 있다. 시 146-150편
2) 탄원 시: 슬픔과 고민을 표현하며, 하나님께 대한 탄원과 신뢰의 고백이 들어 있다. 시 44, 74, 79, 80, 137편
3) 참회 시: 자신의 불의와 과실에 대한 용서를 구하고 있다.
   시 6, 32, 38, 51, 102, 130, 143편
4) 메시아 시: 하나님의 아들 되심과, 고난 받고 죽으실 것과, 대제사장 되심과, 영광중에 오실 것이 직접 혹은 간접적으로 예언되어 있다. 시 2, 8, 16, 22, 31, 34, 40, 41, 45, 68, 69, 72, 89, 102, 109, 110, 118, 132편
5) 지혜 시: 기도와 찬양으로 하나님께 나아가며, 율법을 준행하여 믿음으로 살 것을 가르친다. 시 1, 19, 37, 49, 73, 112, 119, 127, 135, 139편
6) 간증 시: 주로 다윗의 생애 가운데 일어났던 사건을 배경으로 기록된 시들이다. 시 3, 7, 18, 30, 34, 51, 52, 54, 56, 57, 59, 60, 63, 142편
7) 역사 시: 주로 이스라엘의 역사와 개인의 존재 이유 등을 소재로 하여 결국 하나님께 대한 감사가 주제가 된다.
   - 시 78, 81, 105, 106편(포로기 이전)
   - 시 74, 85, 106, 126, 129, 137편(포로기 이후)
8) 저주 시: 다른 사람들의 불의를 심판해주실 것을 하나님께 호소하거나, 악인의 멸망을 간구한다. 시 35, 59, 69, 109편

3. 머리말에 의한 분류

모든 히브리어 고대 사본에 달려있는 시편의 머리말은 본문의 일부이며, 성령의 영감을 받은 것으로 간주되어야한다. 대개 머리말에서는 곡조, 저자, 시작동기, 시의 종류, 연주 방식, 목적 등을 밝히고 있다.

1) 미즈몰(찬양) : 악기 반주를 통해 잘 알려진 음률에 맞춰 부른다. 특별한 행사나 기원을 가진다. 시 3-6, 8-10, 12 ,13,15, 18-32, 34-41 ,46-51 ,61-70, 72, 73, 75-77, 79-85 ,87 ,88, 92, 98 ,100, 101, 103, 108-110, 138-141 ,143, 144편. 시편에서 57회 등장하며 전체 시편 중 1/3의 분량을 차지하고 있다.

2) 쉬르(시) : 반드시 악기 반주가 필요하지 않은 노래들이다. 시 18, 30 ,46, 48, 65-68, 75, 76, 83 87, 88, 92, 108편

3) 쉬르 하 마알롯(성전에 올라가는 노래) : 예루살렘 축제에 올라가면서 불렀던 노래. '하 마알로트'가 계단의 의미를 가지고 있다. 시 120-134편

4) 마스길(지혜) : 교훈 혹은 명상적이며, 교육용이다. 히브리어로 이해하다는 의미의 '샤칼'에서 마스길이라는 단어가 유래했다. 고무적인 언어로 사람들에게 하나님을 찬양하라고 권고하는 것이다(대하 30:22). 시 32, 42, 44, 45, 52-55, 74, 78, 88, 89, 142편

5) 믹담(황금 시편) : 죄 용서를 간구하는 침묵의 기도이며, 모두 탄식 시들이다. 항상 '다윗의 ~'라는 표현이 함께 붙어있다. 시 16, 56-60편

6) 테필라(기도) : 사람들에게 하나님의 죄 용서를 구하도록 요청하는 시편이다(왕상 8:38). 하나님은 백성을 징벌할 권리가 있으므로, 죄를 슬퍼하며 금식하면서 기도하라는 것이다. 시 17, 86, 90, 102, 142편

7) 테힐라(찬송) : 시 145편

8) 에둣(간증) : 시 80편

9) 식가욘(슬픔) : 히브리어로 '방황하다'의 뜻을 가지고 있으며, '탄식하다' 울부짖다'는 의미의 아카드어 '셰구'에 비교해 볼 때 슬픔을 노래하는 시로 보인다. 합 3:1에 나오는 시기오놋은 식가욘의 복수형태일 것이다. 시 7편

10) 미분류 : 시 1, 2, 11, 14, 33, 71, 91, 93-97, 99, 104-107, 111-119, 135-136, 146-150편

4. 곡조에 의한 분류

1) 알다스헷 : '파괴하지 말라'는 의미(NIV)의 이 곡이 성전 찬송가용

의 선율을 가리키는 것은 확실하지만, 구체적인 것은 알려져 있지 않다. 아마도 제목이나 첫 단어를 파괴하지 말라는 의미일 수도 있다. 시 57-59, 75편

2) 아앨렛샤할 : '새벽의 사슴' 이란 뜻으로, 경쾌하면서도 강약이 뚜렷한 곡조를 가리키는 것으로 추정된다. 시 22편
3) 소산님 : '백합의 들' 이란 뜻으로, 아마도 여섯 개의 현이 있는 백합화 모양의 악기에서 따온 곡조 명으로 보인다. 시 45, 69, 80편
4) 수산에듯 : '증인의 백합들' 이란 뜻으로 '소산님에듯' 과 같은 뜻으로 보인다. 시 60편
5) 요낫 엘렘 르호김 : '멀리 있는 침묵의 비둘기' 라는 뜻으로, 비장하고도 절제된 기본 선율을 지시하는 용어인 것 같다. 시 56편
6) 뭇랍벤 : '아들의 죽음' 이란 뜻으로, 시의 제목으로 보는 견해도 있다. 시 9편

5. 연주 방식에 의한 분류

1) 람낫체아흐 : '영장으로' 라는 뜻으로, 성가 지휘자나 선창자를 따라 노래할 것을 지시하는 용어이다. 시 11편등 총 55회나 사용되었다.
2) 느기노트 : '현악들에 맞춘' 이란 뜻으로, 수금이나 비파 등의 현악기의 반주에 맞추어 노래할 것을 지시하는 용어이다. 시 4, 6, 55, 61, 67, 76편
3) 느힐로트 : '관악들에 맞춘' 이란 뜻으로, 피리와 같은 관악기의 반주에 맞추어 노래할 것을 지시하는 용어이다. 시 5편
4) 스미닛 : '여덟 번째' 라는 뜻으로, 8 현의 음계를 가리키거나 남성합창을 가리키는 것일 수 있다.
5) 알라못 : '처녀들' 이란 뜻으로, 여성합창단에 의해 불러진 노래들이다. 그러나 여성합창단이 성전에 있었는지 의문을 제기하는 사람도 있다. 시 46편
6) 깃딧 : 반주용 악기나 특정 리듬을 지시하는 용어로 보이는데, 본래 블레셋의 가드에서 사용되던 악기 혹은 가드 풍의 군대행진곡이라는 견해와, 포도주 틀 모양의 악기 혹은 포도주 틀을 밟을 때 부르

던 노래라는 두 가지 견해가 있다. 시 8, 81, 84편

7) 마할랏: 왕상 1:40을 볼 때 '춤을 추면서' 로 번역될 수 있어 축하 행진에 사용되던 관악기를 가리킬 수 있다. 그러나 왕상 8:37에 근거하여 '질병 때문에' 로 번역될 수 있어 질병의 치유를 위한 예배에 사용되었을 수도 있다. 시 53편
8) 마할랏느안놋 : '고통스러운 병에 대한 노래' 라는 뜻으로, 고통당하는 자의 심정을 이해하는 곡조로 연주할 것을 지시하는 용어이다. 시 88편
9) 셀라 : 주로 절의 끝에 나오는 이것의 정확한 역할을 알 수 없다. 아마도 흥을 돋우는 기능을 했을 것으로 보인다. 전체 시편에서 71회 등장하며, 엘로힘 시편에 31번 사용되었다.

시편에 나타난 하나님의 이미지

고대 근동의 시들을 보면 은유적 표현이나 서술적 어구를 사용해서 신의 호칭을 여러 개 만드는 것을 알 수 있다. 예를 들어 <에누마 엘리쉬>에는 마르둑 신의 50개나 되는 이름이 선포되어 찬양을 받는다. 그런데 시편에 나타난 하나님의 이미지는 다음과 같다.

창조자

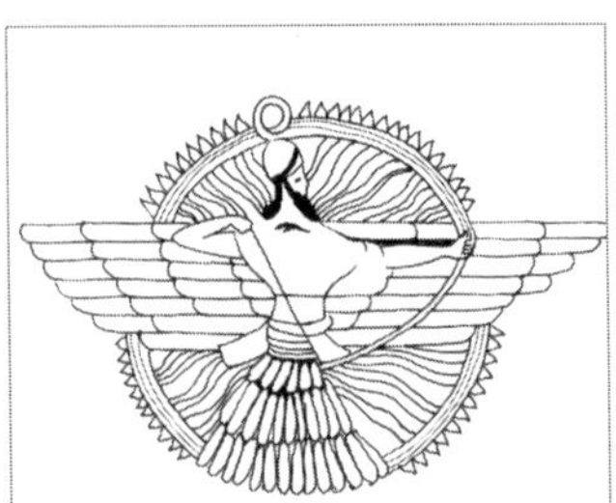

번개화살을 쏘시는 하나님 (144:6)

시편에서 야훼 하나님은 창조자이며 만물의 주관자이다. 하늘과 땅, 바다와 강, 일월성신, 우레와 번개, 짐승과 식물을 다스리는 하나님이다. 시 8편에서 하나님은 손가락으로 하늘과 일월성신을 만드신 분이며, 24편에서 세계는 창조주 하나님의 소유이고, 104편에서 하나님은 바람과 불을 다스리며 만물과 절기의 운행을 주관하는 분이다. 이런 창조주의 이미지는 얼핏 근동의 창조신화와 비슷해 보이지만 다른 신들의 개입여지가 전혀 없다는 점에서 구별된다(시 8:3, 24:2, 33:6, 15, 78:69, 86:9, 94:9, 95:5, 96:5, 100:3, 102:25, 103:22, 104;1-32, 115:15, 119:73, 121:1, 124:8, 134:3, 136:5,7, 138:8, 139:13, 146:6, 148:5).

"그것들이 여호와의 이름을 찬양함은 그가 명령하시므로 지음을 받았음이로다"(시 148:5).

"주여 주께서 지으신 모든 민족이 와서 주의 앞에 경배하며 주의 이름에 영광을 돌리리이다"(시 86:9).

구속자

구속자(가알 גּאל)는 인명이나 재산상의 손실을 회복시켜 주는 친척을 가리켰다. 그런데 시편에서는 하나님이 이스라엘의 침해된 이익을 회복시켜주는 대리자로 묘사되고 있다.

"나의 반석이시오 나의 구속자이신 여호와여 내 입의 말과 마음의 묵상이 주님 앞에 열납되기를 원하나이다"(시 19:14).

"하나님이 그들의 반석이시며 지존하신 하나님이 그들의 구속자이심을 기억하였도다"(시 78:35).

목자

고대 근동에서는 왕과 신이 목자로 묘사되었다. 마치 양의 생존이 목자에게 달려있듯이 백성들도 신과 왕에게 의존하였다. 메소포타미아의 태양 신 샤마쉬는 태양 아래 있는 생명체들의 목자로 높임 받았다. 애굽의 태양 신 라몬은 양떼를 푸른 초장으로 인도하며, 굶주린 백성들에게 양식을 주는 목자로 묘사되었다.

"여호와는 나의 목자시니 내가 부족함이 없으리로다"(시 23:1).

"주의 백성을 구원하시며 주의 산업에 복을 주시고 또 그들의 목자가 되시어 영원토록 그들을 인도하소서"(시 28:9).

반석

고대 근동에는 신을 반석으로 묘사한 시가 없었다. 반석은 집을 지을 때 기초로 사용되며, 높은 곳의 반석은 요새와 피난처가 되며, 움직여지거나 파괴되지 않아서 하나님에게 사용되는 이미지로 모세 시절부터 사용되었다(시 18:2,31, 19:14, 28:1, 32:2, 42:9, 62:2, 71:3, 78:35, 89:26, 95:15, 94:22, 95:1, 144:1).

"너를 낳은 반석을 네가 상관하지 아니하고 너를 내신 하나님을 네가 잊었도다"(신 32:18).

"나의 반석이신 여호와를 찬송하리로다 그가 내 손을 가르쳐 싸우게 하시며 손가락을 가르쳐 전쟁하게 하시는도다"(144:1).

방패

전쟁에서 방패는 적의 공격으로부터 자신을 지키기 위해 절대적으로 필요한 것이었다. 앗수르 왕 에살핫돈이 받은 신탁에는 이쉬타르 여신이 그의 방패가 되어주겠다고 약속한 것이 나온다. 전쟁의 여신 이쉬타르는 흔히 방패의 여신으로 불린다(시 3:3, 5:12, 7:10, 18:2,30, 28:7, 59:11 84:11, 144:2).

"여호와여 주는 나의 방패시요 나의 영광이시요 나의 머리를 드시는 자이시니이다"(시 3:3).

"나의 방패는 마음이 정직한 자를 구원하시는 하나님께 있도다"(시 7:10).

뿔

뿔은 권력 혹은 권위를 상징하는 것으로서 종종 광채와 함께 쓰인다.[5] 신의 형상에서 머리의 광채나 뿔은 거룩한 영광과 관계있다. 메소포타미아에서 왕이나 신의 왕관에 뿔이 여러 겹 달려있는 것도 이 때문이다. 시편에도 뿔이 권력과 영광을 상징하는 단어로 사용되었지만 하나님께는 한 번만 적용되었다(시 18:2, 75:10, 89:17, 92:10, 112:9, 132:17, 148:14).

"여호와는 나의 반석이시요…나의 구원의 뿔이시요 나의 산성이시로다"(시 18:2)

5) 뿔은 히브리어로 케렌이며, 광채는 카렌이다. 모음만 다를 뿐 어근은 같다.

성과 요새

성과 요새는 바위나 동굴 등으로 된 천연 요새, 군사들의 주둔지, 방어용 축대를 쌓은 도시 등 다양한 구조물을 가리킨다. 앗수르에서는 왕을 백성의 요새로 묘사했으나, 애굽과 아카드 문헌에는 신을 성과 요새의 이미지로 묘사한 적이 없다(시 9:9, 18:2, 27:1, 31:2, 37:39, 43:2, 46:7, 48:3, 52:7, 59:9,16,17, 62:2, 6, 7, 8, 71:3, 91:2, 94:22, 144:2).

> "내게 귀를 기울여 속히 건지시고 내게 견고한 바위와 구원하는 산성이 되소서"(시 31:2).

> "여호와는 나의 요새이시요 나의 하나님은 내가 피할 반석이시라"(시 94:22).

왕

고대 근동에서는 만신전의 주신에게 왕의 역할이 돌아갔다. 다시 말해서 가나안의 엘, 바알, 바벨론의 마르둑, 모압의 그모스, 암몬의 밀곰, 앗수르의 아슈르, 블레셋의다곤, 애굽의 라, 에돔의 코스, 아람의 하다드가 주신으로서 지역 신들에게 영향력을 행사했다. 이런 주신들은 인간의 영역에서도 왕이 하는 일-전쟁, 건축에 관여했으므로, 왕은 신의 대리자였다. 앗수르의 산헤립이 자신에게 항복한 다른 민족들의 신을 나열하면서 야훼를 지역 신의 하나로 간주한 것(대하 32:11), 느부갓네살이 황금신상을 세워 백성들로 절하게 한 것(단 3:8-18)이 그 예가 된다(시 5:2, 10:16, 20:9, 24:7, 44:4, 84:3, 95:3, 98:6, 145:1).

> "여호와는 크신 하나님이시요 모든 신들보다 크신 왕이시기 때문이로다"(시 95:3)

> "나팔과 호각 소리로 왕이신 여호와 앞에 즐겁게 소리칠 지어다"(시 98:6).

재판관

고대 근동에서 권력자는 법정 소송에서 판결을 내려야 했다. 그러나 때때로 증거가 불충분한 이유 등으로 확실한 결정을 내리기 어려운 경우가 많았다. 이런 경우 송사는 자연스럽게 신의 법정으로 옮겨가게 되고 제사장들이 대리인이 되었다. 신에 의한 판결은 맹세, 신탁, 시죄법(ordeal)의 형식으로 성립되었다. 맹세는 신을 증인으로 삼아 소송의 판결을 신의 뜻에 맡기는 것이다. 신탁은 이스라엘의 경우 우림과 둠밈이 사용되었다. 시죄법은 피고를 불이나 독극물 등 위험에 노출시킴으로써 유죄 여부를 판별하는 것이다. 이스라엘에서는 의심을 받는 여인의 소제(민 5:14-29)가 그 예이다. 야훼 하나님이 종종 고아와 과부와 나그네의 하나님으로 묘사되는 이유가 바로 재판관의 이미지를 나타낸다.

전사

나르메르 화장판
(110:5)

고대 근동의 신들은 모두 전사의 이미지를 가지고 있다. 앗수르의 네르갈은 전쟁의 왕이었고, 이쉬타르는 전쟁의 여신이었다. 가나안의 바알과 바벨론의 마르둑 신도 전사였다. 이스라엘의 역사에서 야훼 하나님이 전사의 이미지로 묘사되는 것은 너무도 흔한 일이었다. 야훼 하나님은 당신의 백성을 위해 싸우는 전사이시다. 예를 들어 애굽의 전차부대를 홍해에 수장시킨 전사이시며(출 14:14), 골리앗을 쓰러뜨리는 전사이시다(삼상 17:47). 출애굽 당시 언약궤를 백성 앞에 행진시키는 것은 그룹 사이에 좌정하신 야훼 하나님의 전사 모드를 잘 보여준다(민 10:35-36). 종종 이스라엘은 전쟁에 승리하기 위해 언약궤를 전쟁터에 모셔왔다(삿 20:24-27, 삼상 4:3-9).

메시아 시편

신약 성경에서 가장 많이 인용된 구약의 책은 시편이다. 그만큼 시편에 메시아에 대한 소망이 가장 많이 반영되어 있다는 증거이기도 하다. 예를 들어 신약 성경에 인용된 구약의 구절 가운데 1/3이 바울 서신에 나오는데, 바울의 인용 중 1/5은 시편이다.[6] 그처럼 바울은 예수 그리스도를 전하기 위해 메시아 시편을 애용했다. 그리고 직접적으로 신약에서 인용되지 않았더라도, 시편의 메시아사상을 간접적이고도 포괄적으로 사용한 경우도 많다. 그리스도인들이 시편을 사랑해야 할 이유도 거기에 있다.

6) 트램퍼 롱맨 III, 한 화룡, 어떻게 시편을 읽을 것인가? IVP, p. 83.

2편 – 세상의 왕들이 하나님이 세우신 왕을 반대하게 될 것(1-6)
하나님의 아들로서 열방을 얻게 될 것(7-9, 히 1:5)
하나님의 아들을 믿어야 살게 됨(11-12)

8편 – 어린아이와 젖먹이의 입으로 권능을 세우심(2, 마 21:16)

16편 – 주의 거룩한 자의 시체가 썩지 않게 됨(8-11, 행 2:25-28)

22편 – 하나님께 버림받음(1-2, 마 27:46-47)
백성들에게 조롱을 받음(6-8, 마 27:39-44)
목이 마름(15, 요 19:28)
수족이 찔림(16, 요 19:18)
옷을 제비 뽑음(요 19:23-24)

31편 – 십자가에서 영혼을 하나님께 의탁함(5, 눅 23:46)

34편 – 뼈가 꺾이지 않음(19-20, 요 19:20)

40편 – 예언을 성취하러 오심(7-9, 눅 4:16-21)

41편 – 친구에게서 배신당함(9, 마 26:21)

45편 – 하나님의 아들 예수 그리스도의 영원한 통치(6-7, 히 1:8-9)

68편 – 승천을 통해 구원을 완성함(18, 엡 4:8)

69편 – 하나님을 섬기는 열심 때문에 해를 받음(9, 요 2:17)
그리스도를 대적한 자의 후손이 끊어짐(25, 행 1:20)

72편 – 원수들이 굴복하며, 열방이 그를 섬기게 됨(9-11, 마 28:18-20)

89편 – 메시아가 버림받고 훼방 당하게 됨(38-42, 51)

102편 – 메시아의 신성과 그의 사역이 영원함(25-28, 히 1:10-12)

109편 -- 메시아를 대적하는 원수들이 받을 보응(8, 행 1:10)

110편 -- 메시아의 승천과 왕권(1, 히 1:13)

118편 -- 버림받으신 메시아가 구원의 주가 될 것(22-23, 막 12:10-11)

132편 -- 그리스도께서 다윗의 후손으로 올 것(11,17, 마 21:9)

수금을 연주하는 다윗

다윗의 간증 시들

다윗은 어려움에 처했을 때나 형통할 때나, 의롭게 살았을 때나 죄를 범했을 때나 기도의 시와 더불어 하나님께 나아갔다. 그가 지은 시에서 회개, 감사, 찬양, 간구, 탄원 등 기도의 모든 주제가 발견되는 이유가 거기에 있다. 다윗의 체험 시편은 우리들에게 기도로 하나님께 나아가는 법을 가르쳐 준다.

3편 – 압살롬의 난을 피해 도망갈 때 지은 시

7편 – 베냐민인 구시가 박해할 때 지은 시

18편 – 야훼 하나님이 사울과 모든 원수들의 손에서 건지신 때에 지은 시

30편 – 성전 낙성가

34편 – 블레셋 왕 아비멜렉 앞에서 미친 척하다가 쫓겨났을 때 지은 시

51편 – 밧세바와 범죄한 후 나단 선지자가 찾아왔을 때 지은 시

52편 – 에돔인 도엑이 제사장 아히멜렉을 사울에게 고소했을 때 지은 시

54편 – 유다 지파 십 사람들이 다윗을 사울에게 밀고했을 때 지은 시

56편 – 가드에서 블레셋 사람들에게 잡혔을 때 지은 시

57편 – 사울을 피하여 굴에 숨어 있을 때에 지은 시

59편 – 사울이 사람을 보내어 죽이려고 그의 집을 포위했을 때 지은 시

60편 – 요압이 염곡에서 에돔 사람 일만 이천을 죽였을 때 지은 시

63편 – 유다 광야에 있었을 때 지은 시

시편 감상

이끄는 말

시편을 감상하는 방법은 여러 가지이지만 귀납적인 감상법은 관찰과 해석과 적용의 3 단계로 구성된다. 먼저 관찰 단계에서는 시의 구조, 기법, 주요 단어 등 감상할 수 있는 모든 것을 관찰한다. 그 다음으로는 이미 관찰한 것들의 의미를 저자의 저술의도와 신약 저자들의 인용의도에 맞게 해석하며, 적용 단계에서는 관찰과 해석을 통해 얻어진 진리 가운데 하나를 자신의 형편에 맞추어 개인적으로 적용하는 것이다.

1. 관찰 단계

1) 관찰에 포함되어야 할 것

- 대구법(parallelism) ; 대구법이 사용된 모든 절을 찾아 분류한다.
- 표제(title) ; 시의 제목, 주제, 연주기법, 곡의 종류 등을 찾아본다.
- 요약(summary) ; 각 연의 내용을 간략히 요약한다.
- 연의 제목(stanza title) ; 각 연의 내용을 가장 잘 나타낼 수 있는 단어를 본문에서 골라 10자 이내로 만든다. 연 구분은 영어성경 R.S.V.를 참고할 것.
- 핵심단어(key word) ; 시의 주제를 가장 잘 나타내는 단어 하나 혹은 두 개를 찾는다.
- 분위기(atmosphere) ; 감정 상태를 보여주는 단어들을 찾는다.
- 정의(definition) ; 중요한 의미를 가지고 있는 단어를 찾는다.
- 인용(quotation) ; 다른 성경에서 인용되거나 다른 성경으로부터 인용한 구절을 찾는다.
- 인물(person) ; 특정한 인물을 가리키는 단어 혹은 이름을 찾는다.
- 대조(contrast) ; 전체 시에서 대조되고 있는 단어, 인물, 개념 등을 찾

는다.

- 비교(comparison) ; 전체 시에서 비교되고 있는 단어, 인물, 개념 등을 찾는다.
- 반복(repetition) ; 반복된 단어, 개념 등을 찾는다.
- 주제(theme) ; 시의 전체 주제를 자신의 말로 정리한다.
- 논리적 순서(logical order) ; 저자의 논리가 어떻게 발전하고 있는지 찾아본다. (예: 탄원에서 간구로, 회개에서 용서의 확신으로)
- 장소(place) ; 시의 배경이 된 장소를 찾아본다.
- 시간(time) ; 시의 배경이 된 시간을 찾아본다.
- 목록(list) ; 주제와 관련된 목록들을 찾아본다(예: 죄의 목록, 하나님의 일)
- 수사법(figurative speech) ; 직설적인 의미를 담지 않고 이미지를 나타내는데 사용된 표현 양식들을 찾아본다.

2) 수사법(figurative speech)

- 직유(simile) ; 본질적으로 다른 두 가지 사물을 직접 비교하는 것(~은 ~같다).
- 은유(metaphor) ; 두 가지 사물을 간접적으로 비교하는 것(~은 ~이다).
- 우화(allegory) ; 은유가 확장되어 이야기의 형태를 띠는 것.
- 유추(analogy) ; 서로 다른 것 사이의 유사점을 보여주는 것(포도나무와 가지)
- 반어법(irony) ; 유머나 풍자 효과를 위해 진술 내용과 상반되는 것을 표현하는 것.
- 의인화(personification) ; 무생물체에 생명체 혹은 사람의 속성을 부여하는 것.
- 돈호법(apostrophe) ; 사물이나 추상개념에게 이야기하거나 이름을 부르는 것 (예: 사망아 너의 쏘는 것이 어디 있느냐)
- 과장법(hyperbole) ; 강조하기 위한 목적으로 사물이나 사건을 확대 표현하는 것.
- 수사적 의문(rhetorical question) ; 교훈적 의도에서 질문하는 것.

• 곡언법(litotes) ; 사실보다 축소해서 표현하는 것(예: 적지 않은 다툼).
• 환유법(metonymy) ; 전유법이라고도 하며, 사물의 이름을 다른 것으로 대체하는 것. (예: 유대인을 할례자로, 예수를 다윗의 후손으로)
• 제유법(synecdoche) ; 사물의 일부분으로 전체를 의미하는 표현.
(예: 손에 피가 묻었도다)
• 완곡어법(euphemism) ; 신체의 일부분이나 직접적으로 표현하기 껄끄러운 주제를 간접적이고도 모호하게 표현하는 것(남자 생식기를 허리로 표현)
• 신인동형(anthropomorphism) ; 마치 하나님이 사람의 손과 발이 있는 것처럼 표현.
• 신인동정(anthropopathism) ; 마치 하나님이 사람의 감정이 있는 것처럼 표현.

2. 해석 단계

해석 단계에서 유의할 점은 두 가지-시의 배경, 관찰을 통해 밝혀진 단어와 구절의 의미이다. 다시 말해서 저자, 시의 종류, 저술배경의 테두리 내에서와 이미 관찰한 것들의 토대 위에서 해석되어져야 한다. 해석은 단순히 단어와 구절의 의미(meaning)를 밝혀내는데 있지 않고 저자가 왜 그것들을 사용했는지 그 의도(intention)와 의의(significance)를 드러내는데 있다. 만약 제대로 된 해석이라면 관찰을 통해 드러난 단어와 구절의 의미가 일관성과 조화를 이루게 될 것이다.

3. 적용 단계

적용은 해석 단계에서 얻어진 결론을 자신의 삶에 적용하는 것이다. 따라서 개인적이어야(personal)하며, 구체적이어야(practical) 하고, 실천 가능한(possible) 것이어야 한다(나쁜 예: 우리 모두는 세상 모든 사람들을 뜨겁게 사랑해야겠다). 적용문을 작성하는 과정은 다음과 같다.

첫째, 해석을 통해 얻어진 진리 가운데 서너 개 정도 문장으로 정리한다.

둘째, 서너 개의 진리 가운데서 하나를 선택한다.

셋째, 그 진리가 자신의 삶에 어떤 부분과 관계있는지 적어본다.

넷째, 그 진리를 실천하기 위해 변화되어야 할 삶의 태도가 무엇인지 적어본다.

다섯째, 적용의 3원칙(3P)을 따라 검증 가능한 실천 방법을 적는다.

4. 차트 만들기

차트 만들기는 관찰과 해석과 적용을 한 장의 차트로 정리하는 것이다. 처음에는 위의 과정들을 노트에 따로 적었다가 차트에 옮기게 되지만 차트 만들기가 숙달되면서 처음부터 차트 위에 관찰, 해석, 적용 작업을 바로 할 수 있다. 기본적으로 차트는 모눈종이 위에 작성되지만 컴퓨터나 노트북을 이용해서 만들 수도 있다.

1) 전체 박스를 먼저 그린 다음 절수를 계산하여 연 구분에 따라 줄을 나눈다. 이때 절수에 따라 각 박스의 크기가 결정되도록 비율 계산에 주의한다.
2) 전체 박스 중앙 윗부분에 시편의 이름(숫자)을 적은 다음 바로 밑에 표제, 주제와 곡과 연주방식에 따른 종류를 적는다.
3) 전체 박스 왼편 끝부분에 각 절의 대구법을 위에서 아래로 적는다.
4) 전체 박스 바로 왼편에 각 연의 내용을 요약하는 문장을 적는다.
5) 각 박스 안 왼편 상단에 시작하는 절의 숫자를 적고, 마지막 박스 우편 하단에 끝나는 절의 숫자를 적는다.
6) 각 박스 중앙 상단에 각 연의 제목을 본문에 있는 단어를 사용해 10 자 이내로 적는다.
7) 관찰한 단어와 구를 각 박스 안에 적어 넣고, 박스 바깥에 관찰 유형과 함께 깔끔하게 정리한다.
8) 박스 바깥에 정리한 각 관찰 사항 아래 해석을 적는다.
9) 적당한 위치에 본시가 저자에게 어떤 의미가 있었는지 해석문을 적는다.
10) 적당한 위치에 적용문을 간략히 적는다.
11) 시편의 제목을 만들어 시편의 이름(숫자) 밑에 적어 넣는다.

5. 시편 감상의 실제 - 16 편을 중심으로

1. 먼저 차트 그리기를 통해 전체 박스와 연 구분을 시도해보자(절 수 표시). (1-2/3/4/5-6/7-8/9-10/11)
2. 박스 중앙 상단에 시편의 이름을 적고, 그 아래에 저자와 표제, 주제와 연주 방식을 적는다.
3. 박스 왼편 끝부분에 각 절의 대구법을 찾아서 적는다.
4. 대구법의 오른편 즉, 박스 왼편에 각 연의 내용을 요약해서 적는다.
5. 각 연의 제목을 본문의 단어들로써 10 자 이내로 적는다(길지 않아도 좋다).
6. 관찰한 단어와 구를 각 박스에 적고, 전체 박스 오른 편 적당한 위치에 관찰 사항을 표시한다. 이때 해석까지 겸해서 적으면 깔끔하게 정리하는데 도움이 된다.
7. 저자에게 어떤 의미가 있었는지 적는다.
8. 적용문을 작성한다.
9. 시편의 제목을 만들어 시편의 이름(숫자) 밑에 석어 넣는다.

메시아 시편 감상

[시 2편]

이집트 제18왕조 파라오 하트셉수트에게 국가신 아문 레가 왕관을 씌어주고 있다(2:7)

1 어찌하여 이방 나라들이 분노하며 민족들이 헛된 일을 꾸미는가
2 세상의 군왕들이 나서며 관원들이 서로 꾀하여 여호와와 그의 기름 부음 받은 자를 대적하며
3 우리가 그들의 맨 것을 끊고 그의 결박을 벗어 버리자 하는 도다
4 하늘에 계신 이가 웃으심이여 주께서 그들을 비웃으시리로다
5 그 때에 분을 발하며 진노하사 그들을 놀라게 하여 이르시기를
6 내가 나의 왕을 내 거룩한 산 시온에 세웠다 하시리로다
7 내가 여호와의 명령을 전하노라 여호와께서 내게 이르시되 너는 내 아들이라 오늘 내가 너를 낳았도다

8 내게 구하라 내가 이방 나라를 네 유업으로 주리니 네 소유가 땅 끝까지 이르리로다
9 네가 철장으로 그들을 깨뜨림이여 질그릇 같이 부수리라 하시도다
10 그런즉 군왕들아 너희는 지혜를 얻으며 세상의 재판관들아 너희는 교훈을 받을지어다
11 여호와를 경외함으로 섬기고 떨며 즐거워할지어다
12 그의 아들에게 입맞추라 그렇지 아니하면 진노하심으로 너희가 길에서 망하리니 그의 진노가 급하심이라 여호와께 피하는 모든 사람은 다 복이 있도다

투탕카문의 발판에 이집트의 9대 정복 대상국가의 지도자들이 새겨져 있다.

배경

시 2편은 전형적인 '제왕시' 로서 왕의 즉위와 관계된 내용을 골자로 하고 있다. 이 시가 신년 축제와 관계 있다는 학자들은 이스라엘도 바벨론처럼 매년 신의 강림을 환영하는 신년 축제가 있었다는 가설을 펴고 있다. 그러나 문헌 상으로나 고고학적 증거로나 이스라엘에서 신년축제가 행해졌다는 직접적인 증거는 없다. 어쨌거나 본 시의 구조는 새 왕의 등극에 때맞춘 봉신 국가들의 반란(1-3), 새 왕을 세우는 야훼(4-6), 새 왕에게 주는 야훼의 포고령(7-9), 봉신 국가들에게 주는 저자의 충고(10-12)로 구성된다. 학자들은 이 시가 신년에 행해지는 왕의 즉위식과 관련이 있는 것으로 본다. 이집트와 고대 근동의 역사를 보면 새 왕이 등극할 때 신의 아들 혹은 종의 칭호를 얻었다. 이집트에서는 새 왕에게 신성을 부여했으며, 메소포타미아에서는 신의 대리자로 인정되었다. 물론 이스라엘과 유다에서는 왕에게 신성을 부여하지 않았다. 그럼에도 불구하고 왕들, 특히 유다의 왕들은 야훼 하나님의 아들로 인정되었다. 그리고 봉신국가들은 새 왕의 지도력을 시험하기 위해 즉위와 때맞춰 반란을 일으키곤 했다. 유다의 왕들 또한 앗수르나 바벨론 제국의 왕위 계승에 맞춰 반란을 일으키곤 했다.

시 1편이 시내산 언약과 관계 있다면 시 2편은 다윗 언약과 관계있다.[7] 그럼으로써 시 1,2편은 이스라엘이 야훼 하나님의 언약 안에 있을

7) 쿰란 문헌(4QFlorilegium 10-14)에서도 시 2:7을 삼하 7:14에 비추어 다윗의 후손으로 해석한다.

때 형통할 수 있음을 말하고 있다. 시 1편의 배경에서 살펴본 것처럼 두 시는 용어와 대칭적 구조를 통해 상호 연관성을 가진다. 1:1의 '복 있는 사람(아슈레 하이쉬)'은 2:12에서 다시 나온다. 1:6에는 악인들이 길에서 망하는데, 2:12에는 세상의 군왕과 통치자들이 길에서 망한다. 1:2에서는 복 있는 사람이 야훼의 토라를 읊조리는데(하가), 2:1에서는 호전적인 민족이 전쟁 준비로 웅성거린다(하가) 1:5에서는 악인이 심판에 서지 못하는데, 2:9에서는 야훼 하나님과 새 왕을 대적하는 이방 통치자들이 격퇴를 당한다. 1편에서 악인, 죄인, 오만한 자는 2편에서 세상의 왕들과 통치자들과 평행을 이룬다.

시 2편은 아마도 야훼 하나님이 세우신 다윗 왕가의 통치권이 주변 나라들에 의해 도전을 받는 시기에 씌어졌을 것이다. 적어도 이 시의 내용은 아직 다윗 가문의 왕위 계승이 이어지고 있음을 보여준다. 따라서 일부 학자들이 주장하는 것처럼 다윗 왕가의 회복을 바라보며 포로기에 씌어진 시가 아닌 것이다. 그런 해석은 처음부터 이 시가 메시아를 주제로 씌어졌다고 전제하는 데서 비롯한다. 이 시를 메시아에 대한 시편으로 해석하기 시작한 것은 쿰란 문헌에서 살펴본 것처럼 신 구약 중간기 때부터이다. 특히 1세기 신약 성경의 저자들이 예수 그리스도에 대한 신앙 고백을 시 2편에서 찾으면서 최고조에 이르렀다고 할 수 있다.

사도행전의 저자는 2:1-2을 빌라도와 헤롯과 사두개파에게 적용했다(행 4:25-28). 또한 2:7을 부활하신 예수 그리스도에게 적용했다(행 13:33). 히브리서 저자는 2:7을 예수 그리스도에게 적용했다(히 1:5, 5:5). 마태복음의 저자는 예수 그리스도가 세례를 받고 물에서 올라올 때 하늘에서 들려온 소리를 2:7의 성취로 보았다(마 3:17). 요한계시록의 저자는 2:8-9를 장차 오실 예수 그리스도에게 적용했다(계 2:26-27, 19:15).

쿰란 문헌(4QFlorilegium 10-14)에서도 시 2:7을 삼하 7:14에 비추어 다윗의 후손으로 해석한다.

그런데 하나님의 아들로서의 예수 그리스도와 성부와의 관계를 철학적인 개념으로 이해하는 것은 바람직하지 않다. 시 2편이 기록되었을 때 다윗 가문의 왕들을 하나님의 아들로 묘사한 것은 언약 관계 속에서 유업을 상속한다는 의미였기 때문이다. 다윗 가문의 왕들을 통해 하나님은 열방이 그를 알게 되기 원하셨다. 그와 마찬가지로 예수 그리스도를 통해 열방이 하나님께로 돌아오게 되기를 원하신다.

주요 단어와 표현

1 절

- 이방나라들(고임); 일반적으로 백성, 민족을 가리키지만 이방인들을 지칭하는 목적으로 사용된다(출 34:24, 겔 5:6-8).
- 분노하며(라그슈); 소동하다, 야단법석을 떨다는 의미의 동사이다.
- 민족들(레우밈); 히브리 본문과 우가릿 문헌에서 공통적으로 용사들(호전적인 사람들)을 지칭했다.[8]
- 헛된 일(리크); 한글 성경에서 헛된 일(시 4:2), 헛되이(사 49:4), 비어 있는(렘 51:34)으로 번역된 이 단어가 경박한 사람들(삿 9:4), 잡류(삿 11:3)를 가리킬 때도 사용되었다. 따라서 다후드는 '군에 입대한 자들'을 가리킬 수 있다고 해석한다.[9]
- 꾸미는가(예헤구); 시 1:2에서 읊조리다는 의미의 동사 하가(הגה)가 다시 사용되었다. 여기서는 호전적으로 으르렁거리는 상태에 대한 의성어로 보는 것이 좋다

8) Craigie, *ZAW* 90(1978) P. 377.

9) Dahood M. *Psalms I*, Doubleday, 1966, p. 8.

2절

- 나서며(이트야쩨부); 어떤 일을 수행하기 위해 스스로 서는 동작(출 2:4, 삼상 3:10), 대적하는 행위(수 1:5)를 가리킨다.
- 관원들(로즈님); 평범한 관리들이 아니라 재판권을 행사할 수 있는 왕족을 가리킨다. 한글성경 잠 8:15에서는 '방백들'로, 삿 5:3에서는 '통치자들'로 번역했다. 10절의 '세상의 재판관들(쇼페테이 아레쯔)과 평행을 이룬다.
- 꾀하여(나쓰두); 음모를 꾸미는 것을 가리킨다(시 31:13).
- 서로(야하드); 문자 그대로 '한 덩어리' '공동체'를 의미한다.
- 그의 기름부음 받은 자(메시호); 야훼 하나님이 세우신 왕(6), 하나님의 아들(7, 12)을 가리킨다. 이때 기름 부음 받은 자는 일반적인 왕을 가리킨다.

3절

• 그들의 맨 것(모세로테모); 야훼와 그의 기름부음 받은 자에 의해 부과된 봉신으로서의 의무에 대한 은유로서 직역하면 그들의 사슬(their chain)이다. 같은 단어 모세라(מוסרה)를 한글 성경에서는 결박(렘 2:20)으로도 번역했다.

• 그의 결박(아보테모); 그들의 맨 것과 같은 은유로서 직역하면 그들의 밧줄(their rope)이다. 한글성경에서는 노끈으로도 번역했다(출 28:14).

4절

• 주(아도나이); 하늘에 계신 이와 동의 대구를 이룬다.

5절

• 분을 발하며(베아포); 분노 중에(in anger)라는 의미이다. 이때 분노라는 명사 아프(אף)는 코 혹은 콧구멍이라는 의미를 가지고 있다. 따라서 '성 내다'는 의미의 숙어 하라 아프(חרה אף)를 직역하면 '콧구멍에 불을 붙이다'가 된다(창 30:2). 반대로 '분이 풀리다'는 숙어는 슈브 아프(שׁוב אף)로서 직역하면 '코가 돌아오다'이다. 12절의 '그 진노(아포)'와 같은 단어이다.

6절

• 내가 세웠다(나싸크티); 기름이나 포도주 따위를 붓는 행위를 가리키는 동사 나사흐(נסך)를 어근으로 하고 있다. 사람에게 부었다는 것은 왕이나 제사장에게 기름을 부어 세우는 것을 의미한다. 2절의 그의 기름부음 받은 자와 평행을 이룬다.

7절

• 여호와의 명령(호크 야훼); 기름 부음 받은 자를 왕으로 세운다는 포고령이다.

• 너는 내 아들(베니 아타); '내가 너를 낳았다'와 평행을 이루는 구로서 포고령의 중심 내용이다. 이스라엘 왕이 야훼 하나님의 아들이라는 것은 다윗(시 89:20-27), 솔로몬(삼하 7:14, 대상 22:10), 다윗의 후손(사 9:6-7)에 대한 예언에서 확인된다.

8절

• 구하라(셰알); 왕은 신의 명령을 수행하며, 신은 왕의 구하는 것을 허락하는 관계의 단면을 보여준다.

10절

- 그런즉(베아타); 개념적 의미로 직역하면 '그리고 지금'이 된다. 그러나 삼상 19:2에서 사용된 것처럼 이 경우 베아타(ועתה)는 절차적 의미의 담화 표시어로 화용학적 의미를 가진다.[10]
- 교훈을 받을지어다(히바쎄루); '교정하다'는 의미의 동사 야싸르(יסר)를 어근으로 하고 있으며, '교정을 받으라' 혹은 '훈련을 받으라'로 직역할 수 있다.

10) 박대진, 사무엘상에 나타난 담화 표시어 베아타(ועתה)의 의미와 역할, 한국이스라엘학회 제 3차 학술세미나, 2010, p. 48.

12절

- 그의 아들에게 입맞추라(나셰쿠 바르); 여기서 '바르'를 읽는 방법은 세 가지이다. 첫째는 아람어로 '아들'로 읽는 것이다. 둘째는 히브리어로 '순결한'으로 읽는 것이고, 셋째는 '땅'으로 읽는 것이다. 이럴 경우 첫째는 기름 부음 받은 새 왕에게 복종하라는 뜻이고(삼상 10:1), 둘째의 경우 순결하게 복종하라는 뜻이고, 셋째의 경우 겸손하게 복종하라는 의미가 된다(사 49:23). 이것을 '아들'로 읽을 수 있는 첫째, 이유는 주전 9세기에 이미 아람어가 시리아와 팔레스틴에서 보편적으로 사용되었다는 점이다. 둘째 이유는 크레이기의 지적과 같이 7절에서 아들의 의미로 히브리어 '벤'이 사용된 것은 이스라엘 왕과 야훼 사이의 특수한 관계 때문이고, 12절에서 아람어 '바르'가 사용된 것은 이방의 왕들과 통치자들에게 주는 명령의 특수성 때문일지도 모른다.[11]
- 그렇지 않으면(펜); ~하(되)지 않도록 하기 위하여
- 의지하는 자(콜 호쎄); 직역하면 '도피하는 자'로서 '피난처를 찾다'는 의미의 동사 하싸(חסה)를 어근으로 하고 있다.

11) 피터 크레이기, 시편 1-50, 솔로몬 74쪽.

해석

시 2편은 마치 한 편의 드라마처럼, 왕의 즉위와 관계된 장소들이 줄거리와 함께 이어진다. 첫 째 연(1-3)의 무대는 이방 나라들이다. 이방의 왕들과 통치자들이 군대를 모으고 야훼 하나님과 그의 기름 부음 받은 자-다윗 가문의 새 왕과 싸우기 위해 작전을 짜고 있다. 그들은 봉신국가로서의 의무인 맨 것과 결박으로부터 해방되기 원하고 있다. 이것은 하나님이 세우신 왕이 열방으로부터 받는 도전이 만만치 않을 것을 보여준다.

왕은 이방 나라들이 야훼 하나님을 인정하지 않더라도 꿋꿋이 언약 관계 안에 머물러야만 한다. 둘 째 연(4-6)은 하나님의 보좌 – 하늘과 왕의 보좌 – 예루살렘이 무대가 되고 있다. 하나님의 보좌가 하늘이라는 것은 시편의 일관된 묘사이며(11:4, 76:8) 근동 문화와 함께 고대 세계의 우주관의 일부이다(68:33). 하나님은 하늘에서 비와 눈을 내리시며, 번개를 발하고 바람을 보내신다(그림 참조). 하나님은 이방의 반역 모의에 조소를 보내시며, 새 왕을 시온에 세웠다고 선포하신다. 열방들은 마땅히 새 왕에게 복종해야 할 것이다. 시온은 왕도이자 하나님을 섬기는 신전이 있는 장소이다. 셋째 단락(7-8)은 새 왕이 야훼 하나님께로부터 받은 포고령이다. 야훼 하나님은 새 왕을 유업의 당사자로 인정하시며, 반역하는 열방을 쳐부수도록 명령하시고 있다. 넷째 단락은 시편의 저자가 열방의 왕들과 통치자들에게 주는 충고이다. 그들은 야훼 하나님을 인정하고 겸손히 섬겨야 한다(11). 그리고 그가 세우신 아들-왕에게 겸손히 복종해야 한다. 그렇지 않을 경우 야훼 하나님의 급한 진노를 사서 길에서 망할 것이다. 비록 그들이 반역을 획책했다 하더라도 야훼 하나님을 피난처로 삼으면 복 있는 자가 될 것이다.

적용

시 2편의 핵심은 야훼 하나님의 기름 부음 받은 자이다. 그는 즉위식 때 하나님의 아들 칭호를 얻었으며, 열방을 유업으로 약속 받았다. 우리가 이 시에 주목해야 하는 이유 가운데 하나는 그리스도의 대 사명이 시 2편에 뿌리를 두고 있기 때문이다. 예수 그리스도는 승천하기 직전 제자들에게 땅끝까지 이르러 모든 민족을 제자로 삼을 것을 명령했다(행 1:8, 마 28:19). 이때 사용된 '모든 민족'과 '땅끝'은 다름 아닌 시 2편의 '이방 나라'와 '땅끝'이다. 그리스도가 제자들에게 준 사명에서 시 2편을 인용한 것은, 그가 하나님 나라의 왕으로 즉위했음을 의미한다. 하나님께로부터 열방을 유업으로 약속 받은 새 왕 그리스도는 제자들을 사신으로 땅끝까지 파송하시는 것이다. 시 2편의 관점에서 보자면 교회의 선교 사명은 단순히 잃어버린 영혼들을 구원하는 차원을 넘어, 모든 무릎을 예수의 이름에 꿇게 하시고 모든 입으로 예수 그리스도를 주라 시인하여 하나님 아버지께 영광을 돌리게 하는 왕의 복음 선포인 것이다.

이스탄불의 하기아 소피아의 벽화. 그리스도는 전능자(판토 크라토르)로 묘사되고 있다.

히브리어 직역

1 왜 이방나라들이 소동하며 호전적인 사람들이 헛된 일에 웅성거리
는가
2 왜 세상의 왕들이 나서며 통치자들이 야훼와 그의 기름부음 받은 자
를 대적하려고 한데 뭉쳐
3 우리가 그들의 사슬들을 끊고 우리에게서 그들의 밧줄들을 던져버
리자 하는가
4 하늘에 앉으신 분이 웃으시며 주께서 그들을 비웃으실 것이다
5 그때에 그가 그들에게 분노 중에 말씀하시고, 진노하여 겁에 질리게
하실 것이다
6 "내가 나의 왕을 나의 거룩한 산 시온에 세웠다"
7 내가 야훼의 명령을 전한다. 그가 내게 말씀하시기를 "너는 내 아들,
내가 오늘 너를 낳았다
8 내게 구해라 내가 이방나라들을 네 유업으로 주어 네 소유지가 땅끝
까지 이를 것이다
9 네가 철퇴로 저들을 깨뜨리며 토기장이의 그릇같이 조각 낼 것이다"
10 그러므로 왕들아 지혜를 얻으며 세상의 통치자들아 교정을 받아라
11 두려워하며 야훼를 섬기고, 떨며 즐거워해라
12 그 아들에게 입맞추라 그의 노여움을 사서 길에서 망하게 되지 않
도록
실로 그의 타오르는 분노가 급하기 때문이다
그에게 피하는 모든 자는 복 있는 사람들이다

시 8 편

다윗의 시, 인도자를 따라 깃딧에 맞춘 노래

1 여호와 우리 주여 주의 이름이 온 땅에 어찌 그리 아름다운지요 주
의 영광이 하늘을 덮었나이다
2 주의 대적으로 말미암아 어린 아이들과 젖먹이들의 입으로 권능을
세우심이여 이는 원수들과 보복자들을 잠잠하게 하려 하심이니이다
3 주의 손가락으로 만드신 주의 하늘과 주께서 베풀어 두신 달과 별들
을 내가 보오니
4 사람이 무엇이기에 주께서 그를 생각하시며 인자가 무엇이기에 주
께서 그를 돌보시나이까
5 그를 하나님보다 조금 못하게 하시고 영화와 존귀로 관을 씌우셨나
이다
6 주의 손으로 만드신 것을 다스리게 하시고 만물을 그의 발 아래 두
셨으니
7 곧 모든 소와 양과 들짐승이며
8 공중의 새와 바다의 물고기와 바닷길에 다니는 것이니이다
9 여호와 우리 주여 주의 이름이 온 땅에 어찌 그리 아름다운지요

배경

이 시는 창조주 하나님에 대한 찬양과 인간의 왕적 지위를 주제로 하고 있다. 제목(히브리어 성경의 1절)에서 볼 수 있는 것처럼 이 시는 아마도 성전의 공예배시 사용되었을 것이다. 1절과 8절에서 수미상관(inclusio) 형태로 나타나는 "야훼 우리 주여(야훼 아도네누)…."라는 표현은 시편 어디에도 나오지 않는 독특한 것이다. 이 시의 구조를 살펴보면 첫째 연(1-2)에서 야훼 하나님의 창조주 되심과 그의 위엄을 찬양한다. 둘째 연(3-4)에서는 광대한 우주에 비해 연약한 인간이 창조주께로부터 받은 은총에 대해 감사한다. 셋째 연(5-8)에서는 자연과의 관계에 있어서 인간이 하나님께로부터 받은 지위에 대해 감사한다. 넷째 연(9)은 전체 시의 결론이자 요약으로서 다시 한 번 창조주 야훼 하나님의 위엄을 찬양한다.

다윗은 이 시에서 풍부한 문학적 상상력을 동원하고 있다. 예를 들어 마치 하나님이 사람의 신체를 가진 것처럼 '주의 손가락' '주의 손' 이라는 표현을 사용한다(anthropomorphism). 여기서 사용된 '주의 손가락' 이나 '주의 손' 은 하나님의 권능을 가리키는 표현으로서 신약 시대에까지 사용된 숙어이다(출 8:19, 31:18, 눅 1:66, 11:20). 이 시가 아름답게 느껴지는 것은 수많은 대조(contrast)와 비교(comparison)이 동원되었기 때문이다. 하늘과 땅, 어린아이들과 원수들, 손가락과 손, 조류와 포유류와 어류, 하나님과 사람, 달과 별, 권능을 세우심과 잠잠하게 하심, 생각하시며 돌보심, 낮추시고 면류관을 씌우심, 다스리게 하시며 발 아래 두심… 무엇보다 이 시에는 창조의 모티브 가운데 하나인 혼돈의 세력이 암시되어 있다. 성서는 종종 고대 근동의 창조 네러티브에 나오는 적대 세력-바다 혹은 태고의 물을 야훼 하나님이 무찌르셨다고 묘사한다.

> "주께서 바다의 파도를 다스리시며 그 파도가 일어날 때에 잔잔하게 하시나이다 주께서 라합을 죽임 당한 자같이 깨뜨리시고 주의 원수를 주의 능력의 팔로 흩으셨나이다. 하늘이 주의 것이요 땅도 주의 것이라 세계와 그 중에 충만한 것을 주께서 건설하셨나이다"(시 89:9-11)

> "주께서 주의 능력으로 바다를 나누시고 물 가운데 용들의 머리를 깨뜨리셨으며 리워야단의 머리를 부수시고 그것을 사막에 사는 자에게 음식물로 주셨으며"(시 74:13-14)

> "그 날에 여호와께서 그의 견고하고 크고 강한 칼로 날랜 뱀 리워야단 곧 꼬불꼬불한 뱀 리워야단을 벌하시며 바다에 있는 용을 죽이시리라"(사 27:1)

시 8편에서 창조주 하나님의 위엄과 권능을 묘사하면서 '대적' '원수들' '보복자들'[12] 바닷길에 다니는 것' 이라는 용어를 사용한 것은 고대 창조 서사의 모티브를 동원했다고 볼 수 있다.

시 8편은 그리스도인들에게 메시아 시편으로서 의의를 가진다. 마 21:16에는 성전에서 어린 아이들이 예수 그리스도를 향해 "호산나 다윗의 자손이여"라고 외친 사건에 대한 그리스도의 답변으로 실려있다. 즉,

12) 에누마 엘리쉬에서 바다의 여신 티아맛은 살해당한 남편 민물의 신 압수의 보복을 위해 킹구와 같은 바다 괴물을 동원해 전쟁을 일으키지만 말뚝에 의해 죽임 당한다.

그리스도는 시 8:2을 인용하면서 하나님이 어린 아이들의 찬양을 통해 자신을 증거하고 계심을 말했던 것이다.

해석

첫째 연(1-2)은 야훼 하나님의 영광과 위엄에 대한 찬양이다. 하나님의 이름은 하나님의 신분을 상징하며, 하나님의 영광(위엄) 또한 하나님 자신과 분리되어 생각할 수 없다.[13] 따라서 저자는 1절에서 하나님을 네 번 (야훼, 주, 주의 이름, 위엄) 부르며 찬양하고 있는 셈이다. 하나님의 위엄은 전 우주적으로 온 땅과 하늘 위에 미친다. 2절에 나오는 '대적' '원수들' '보복자' 들은 배경 연구에서 살펴본 것처럼, 창조 모티브에서 혼돈의 세력들을 가리킨다. 하나님은 직접 그들을 상대하지 않고, 가장 연약한 자의 입에서 나오는 찬양을 통해 물리치신다.

둘째 연(3-4)은 광대한 우주에 비해 상대적으로 연약한 인간이 하나님께로부터 받은 은총에 대한 감사이다. 고대인들에게 있어서 하늘과 달과 별은 단순한 감상의 대상이 아니라, 삶을 지탱시켜주는 에너지의 원천이었다. 하늘은 비와 바람을 내려주는 곳이며, 달은 생명체의 번식을 주관하고, 별은 때와 기한을 알게 해주는 상징이었다. 그럼에도 불구하고 그것들은 신적 존재가 아니라 하나님의 피조물들일 뿐이며, 그것들이 위대한 힘을 가졌음에도 불구하고 하나님은 사람에게 은총을 베푸신다. 왜냐하면 인간은 자연에 비해 약하고, 유한하기 때문이다. 따라서 시인은 둘째 연에서 마(מָה)라는 의문사를 동원하여 인간이 받은 은총에 대해 놀라움을 금치 못한다.

셋째 연(5-8)은 자연과의 관계에 있어서 인간이 받은 지위에 대한 감사를 표현한 것이다. 5절의 엘로힘을 과거에 '천사들' 로 번역한 것은 70인역, 불가타역, 시리아역, 타르굼의 번역처럼 불경스러움을 피하기 위해서였다. 하나님이 인간에게 관(면류관)을 씌우셨다는 것은 통치자로 세우셨다는 의미이다. 인간이 자연의 통치자로 세워졌다는 것은 6절에서 '다스리게 하시고' '만물을 그의 발 아래 두셨으니' 라는 묘사에서 반복 확인되고 있다. 이 고백은 창 1:26, 28에서 인간으로 하여금 만물을 다스리도록 한 하나님의 계획과 명령에 뿌리를 두고 있다. 7-8은 인간이 다스릴 수 있는 피조세계의 목록이다. 즉, 작은 가축, 큰 가축, 야생동물, 조류,

13) 히브리어로 하솀(그 이름)은 다름 아닌 하나님의 실존 자체를 가리킨다.

어류, 해로를 누비는 것들이다. 여기서 해로를 따라 다니는 것은 창 1:21에서 '큰 바다 짐승(התנינם הגדלים)'을 가리키는 것으로 보이는데, 그 짐승(하타니님)은 한글성경에서 용(시 148:7, 사 27:1) 악어(겔 29:3, 32:2), 뱀(출 7:9, 신 32:33, 시 91:13)으로 번역되었다.

넷째 연은 첫째 연의 첫 행과 수미상관을 이루는 것으로 반복을 통해 낭송의 맛을 더한다.

주요 단어와 표현

1절

- 덮었나이다(테나); '주다'는 의미의 동사 나탄(נתן)을 어근으로 하고 있다. 그러나 '테나' 앞에 있는 관계대명사 '아쉐르'와 붙여 하나의 동사로 읽으면 '섬기다' '예배하다'는 의미의 동사 샤라트(שׁרת)가 된다.

2절

- 주의 대적(쪼르레이카); 문자대로 직역하면 '당신의 적들'이다.
- 권능(오즈); '힘' '능력'이라는 의미의 명사이다. '산성'으로도 번역될 수 있다.
- 원수들과 보복자들(오예브 우미트나켐); 시 44:16에서도 사용된 관용어구이다.
- 잠잠하게 하려(레하슈비트); '멈추다' '끝내다'는 의미의 동사 '샤바트(שׁבת)' 앞에 전치사 '레'가 붙어 있다.

3절

- 주의 손가락으로 만드신(마아쎄 에쯔베오테카); 문자대로 직역하면 '당신의 손가락의 작품'이다.
- 베풀어두신(코난타); 직역하면 '당신이 세우신'이다. 동사 쿤(כון)을 어근으로 하고 있다.

4절

- 사람이 무엇이기에(마 에노쉬); 의문사 마(מה)가 에노쉬 앞에 붙어 의문절을 만든다.
- 생각하시며(티즈크레누); 직역하면 '당신께서 그를 생각하시다'이다. '기억하다'는 의미의 동사 자카르(זכר)가 어근이다.

• 인자가 무엇이기에(벤 아담); 벤 아담 앞에 마(מָה)가 생략되어 있다.
• 돌보시나이까(티페크데누); 직역하면 '당신께서 그를 돌보십니다'이다. '돌보다'는 의미의 동사 파카드(פקד)가 어근이다.

5절

• 못하게 하시고(바테하쎄레후); 직역하면 '당신께서 그를 모자라게 하셨다'이다.
• 조금(메아트); '약간'이라는 의미의 형용사이다.
• 하나님보다(메엘로힘); 엘로힘(אלהים) 앞에 전치사 민(מִן)이 붙어 있다.
• 관을 씌우셨나이다(테아테레후); 직역하면 '당신께서 면류관을 씌우셨습니다'이다. 시 65:11, 103:4, 사 23:8에서 은유적으로 사용되었다.

6절

• 다스리게 하시고(탐쉴레후); 직역하면 '당신께서 그를 다스리게 하신다'로서 마샬(מָשַׁל)이 어근이다.

7절

• 모든 소와 양과(쪼네 바알라핌 쿨람); 직역하면 '모든 양떼와 소떼'이다. '쪼네'는 양과 염소로 구성된 가축을 총칭하며(민 32:24), 양을 가리키는 단어로는 '케세브' 혹은 '세'가 있고, 염소는 '사이르' '에즈'라고 부른다. 소는 엘레프(אֶלֶף)라고 부르며, 천(thousand)을 의미하기도 한다. 따라서 쪼네 바알라핌 쿨람은 작은 가축들과 큰 가축을 망라하는 어구이다.

8절

• 바닷길(오르호트 야밈); 복수형태로서 직역하면 '바닷길들'이다.
• 다니는(오베르); '지나가다' '건너다'는 의미의 동사 아바르(עבר)를 어근으로 하고 있다.

적용

목동 출신이었던 다윗에게는 아마도 자연을 감상할 기회가 많았을 것이다. 달과 별이 운행하는 하늘과 각종 동물들이 뛰노는 들판이 모두 하나님의 위대하심과 아름다움을 드러내고 있다고 느꼈을 법하다. 확실히 사람은 대자연 속에서 자신의 약함과 한계를 깨닫게 되며, 하나님의 위대하심과 인간을 향한 은총을 새삼 느끼게 된다. 바울은 로마 교회에 보낸 편지에서 "창세로부터 그의 보이지 아니하는 것들 곧 그의 영원하신 능력과 신성이 그가 만드신 만물에 분명히 보여 알려졌나니 그러므로 그들이 핑계하지 못할지니라"(롬 1:21)고 했다. 시 8편이 아름다운 것은 비단 자연을 소재로 했기 때문만은 아니다. 다윗은 이 시에서 이스라엘 민족이 하나님과의 관계에서 가장 좋아하는 두 단어를 사용했다. 그것은 하나님의 은총 베푸시는 행위를 묘사하는 '기억하다(자카르)'와 '돌보다(파카드)'이다. 이 두 단어에 대한 성서의 용례를 보면 먼저 하나님은 애굽에서 이스라엘을 구원하실 때 조상들에게 하신 언약을 기억하셨다(출 2:24, 6:5) 시내산 아래에서 이스라엘이 금송아지를 만들어 야훼 하나님의 진노를 샀을 때 모세는 아브라함과 이삭과 이스라엘을 기억해달라고 간청했다(출 33:12-13).

십자가에 달렸던 한 강도는 그리스도의 나라에 임할 때 자신을 기억해 달라고 호소했다(눅 23:42). 세례자 요한의 아버지 사가랴, 이스라엘 왕 스가랴, 요아스 왕 시절의 한 선지자 스가랴, 성전 재건에 앞장 섰던 선지자 스가랴, 느헤미야 시절 성벽 낙성식 때 찬양 지휘자 스가랴 등 성서에만도 수많은 인물들이 '야훼께서 기억하시다'는 이름을 사용했다. '돌보다(파카드)'는 단어도 마찬가지이다. 종종 '방문하다' '권고하다'로 번역된 이 단어는 하나님의 특별한 은총을 설명할 때 사용되었다. 예를 들어 하나님이 방문하시면 불임여성들이 잉태하게 되며(창 21:1, 삼상 2:21), 종살이하던 이스라엘 민족이 이집트에서 탈출하게 되며(출 3:16, 13:19), 흉년으로 굶주린 땅에 양식이 있게 된다(룻 1:6). 예언자들은 이처럼 '구원을 위한 여호와의 방문'에 '날'의 개념을 덧붙여 하나님께로부터 구원이 임하는 때를 '여호와의 날' 혹은 '그 날'로 묘사했다. '그 날'은 대개 이스라엘을 적들로부터 구원하기 위해 여호와가 찾아오시는 날을 의미했다. 이처럼 다윗은 이 시에서 하나님의 기억하심과 돌보심을 받은 인간이 자연계에 대해 다스리는 지위를 얻은 것을 감사했다. 우리 삶에 있어서도 하나님은 가장 연약한 자의 감사 고백을 통해 권능을 세우실 것이다. 목동 다윗이 이스라엘의 왕이 된 것도 우연이 아니라 이미 그의 마음에 자리잡고 있던 신앙 고백이 현실화된 것이 아닐까?

히브리어 직역

지휘자를 따라 깃딧에 맞춘 다윗의 노래

1 야훼 우리 주여, 주의 이름이 온 땅에 어찌 그리 크십니까
하늘 위에 두신 당신의 위엄을 경배합니다
2 어린 아이들과 젖먹이들의 입을 통해 당신께서 권능을 세우셨습니다
당신의 적들 때문에, 원수와 보복자들을 잠잠하게 하시려고.
3 제가 봅니다. 당신 손가락의 작품인 당신의 하늘과
당신께서 세우신 달과 별들을.
4 사람이 무엇이기에 당신께서 그를 기억하시며
사람의 아들이 무엇이기에 당신께서 그를 돌보십니까
5 당신께서 그를 하나님보다 조금 모자라게 하셨고
영광과 아름다움의 면류관을 씌우셨습니다
6 당신 손의 작품을 그로 다스리게 하시고
당신께서 만물을 그의 발 아래 두셨습니다
7 모든 양 염소떼와 소떼와 들짐승들과
8 하늘의 새와 바다의 물고기와 해로에 다니는 것들입니다.
9 야훼 우리 주여, 주의 이름이 온 땅에 어찌 그리 크십니까

시 16 편

다윗의 믹담

1 하나님이여 나를 지켜주소서 내가 주께 피하나이다
2 내가 여호와께 아뢰되 주는 나의 주님이시오니 주 밖에는 나의 복이
없다 하였나이다
3 땅에 있는 성도들은 존귀한 자들이니 나의 모든 즐거움이 그들에게
있도다
4 다른 신에게 예물을 드리는 자는 괴로움이 더할 것이라 나는 그들이
드리는 피의 전제를 드리지 아니하며 내 입술로 그 이름도 부르지
아니하리로다
5 여호와는 나의 산업과 나의 잔의 소득이시니 나의 분깃을 지키시나

이다
6 내게 줄로 재어준 구역은 아름다운 곳에 있음이여 나의 기업이 실로
아름답도다
7 나를 훈계하신 여호와를 송축할지라 밤마다 내 양심이 나를 교훈하
도다
8 내가 여호와를 항상 내 앞에 모심이여 그가 나의 오른쪽에 계시므로
내가 흔들리지 아니하리로다
9 이러므로 나의 마음이 기쁘고 나의 영도 즐거워하며 내 육체도 안전
히 살리니
10 이는 주께서 내 영혼을 스올에 버리지 아니하시며 주의 거룩한 자를
멸망시키지 않으실 것임이니이다
11 주께서 생명의 길을 내게 보이시리니 주의 앞에는 충만한 기쁨이 있
고 주의 오른쪽에는 영원한 즐거움이 있나이다

배경

그리스도인들에게 시 16은 특별한 의미를 가진다. 왜냐하면 이 시에 신약 성서에서 예수 그리스도를 증거하는데 인용된 구절이 들어 있기 때문이다. 베드로는 오순절 설교에서 이 시의 10절을 인용하여 부활하신 그리스도를 증거했다. 그리고 1차 전도여행에서 비시디아의 안디옥에 도착한 바울은 안식일에 회당에 들어가 설교하면서 10절을 인용하여 예수 그리스도의 부활을 증거했다(행 13:35-37). 그러나 이 시가 처음부터 메시야를 예언하기 위해 쓰여졌던 것은 아니었을 것이다. 메시야 대망 사상은 빨라야 왕국 시대 말기부터 싹트기 시작했기 때문이다. 그리고 제목에 붙여진 믹담이라는 용어는 이 시의 성격을 규정하는데 도움이 되지 못한다. 왜냐하면 믹담이라고 붙여진 시들이 공통적으로 같은 주제를 표현하고 있지 않기 때문이다. 시 16편은 시 4, 5, 11편처럼 일반적으로 신뢰의 시 혹은 확신의 시로 분류된다. 저자가 환난에서의 안전(1), 유업의 안전함(5), 거주의 안전함(8), 내세의 안전함(10)을 노래하고 있기 때문이다. 그리고 그 안전함은 모두 야훼 하나님을 신뢰하는 것으로부터 오는 것이다. 따라서 이 시에는 다른 신들을 좇는 자들과 야훼 하나님만 섬기는 자, 다른 신들을 좇는 결과와 하나님만 섬기는 결과가 대조되어 있다. 저자는

하나님만 섬기는 결과를 묘사하기 위해 많은 정서적 단어들 즐거움(헤페쯔-3절), 달콤함(나임-6절,11절), 아름다움(샤페라-6절), 기쁨(심하-11절), 기쁘다(심하-9절, 11절), 즐거워하다(길-9절) 등을 동원한다. 저자가 이처럼 하나님을 좇는 행복을 노래하게 된 것은 두 가지 위협을 받았기 때문이다. 하나는 생명의 위협이고(1), 또 하나는 이방 신을 좇는 유혹이다(4). 그런 점에서 이 시는 아마도 다윗이 사울의 추격을 피해 블레셋 진영으로 들어갔을 때에 씌어진 것일 지도 모른다. 다후드 같은 학자는 이 시에 사용된 언어와 양식이 페니키아의 특징을 보여주고 있어 저자를 가나안 종교에서 야훼 종교로 개종한 사람으로 보기도 한다

이 시의 연을 구분하는 것은 2-3절의 해석 때문에 더 어려워진다. 만약에 2-3절이 다른 사람-종교혼합주의자의 말을 인용한 것이라면, 1(보호를 간구함), 2-3(종교혼합주의자의 유혹), 4-6(다른 신을 섬기는 자의 고통과 야훼 하나님을 섬기는 자의 축복), 7-10(야훼 하나님과 저자와의 관계), 11(내세의 소망)의 다섯 연으로 나누어 볼 수 있을 것이다. 만약 2-3절이 저자 자신의 말이라면 1-2(주께 의지하고 헌신함), 3-4(성도와 이방 신 섬기는 사), 5-6(야훼 하나님의 축복), 7-11(야훼 하나님을 섬기는 자의 행복)으로 나눌 수 있을 것이다. 그러나 연을 어떻게 나누든지 야훼 하나님을 신뢰하고 안전을 확신하는 전체적인 주제는 달라지지 않는다.

이 시를 감상하는 또 하나의 포인트는 장소와 신체에 대한 묘사들이다. 이 시에는 여러 장소들이 직간접적으로 묘사되어 있다. 1절은 피난처, 4절은 이방신 제단, 4-5절은 유업으로 물려받은 땅, 8절은 나의 앞과 오른 쪽, 10절은 무덤, 11절은 하나님의 앞과 오른 쪽이다. 특히 8절과 10절은 하나님과 동행하는 삶의 확실함을 자신의 입장에서와 하나님의 입장에서 앵글을 달리하며 묘사했다. 그러니까 10절에서 저자는 죽음을 극복하는 축복을 노래하고 있으며, 11절에서는 하나님 앞에 올라가 영원한 행복을 누릴 것을 말하고 있다. 신체에 대한 언급도 눈에 띈다. 4절의 입술, 7절의 콩팥, 9절의 심장과 신체, 10절의 목(목숨)이다. 이처럼 히브리 시가는 시각적 이미지를 동원함으로써 마치 그림을 그리듯이 정서를 표현하여 공감을 불러 일으킨다.

단 성문 곁 산당

해석

첫째 연(1절)에서는 저자가 하나님께 보호를 요청하고 있다. 여기서 하나님을 '엘로힘'으로 부르지 않고 '엘'로 부르고 있는 것이 특징이다. 종종 성서에서 하나님을 '엘'로 부르기는 하지만(창 17:1, 21:33, 31:13, 시 7:11) '엘'은 가나안 종교에서 신들 가운데 우두머리를 가리킨다. '지켜주소서…피하나이다'로 번역하기 보다 '지켜주소서….피하였나이다'가 옳다.

둘째 연(2-3절)은 맛소라 사본과 탈굼을 따라 상대방의 말에 대한 인용으로 보는 것이 나아 보인다. 저자를 유혹하는 그 누군가는 2절에서 야훼 하나님을 '아도나이(주)'로 부르면서 3절에서 '땅에 있는 신들(케도쉼)'을 위엄있는 자-신적 존재들에게 모든 즐거움을 돌리고 있다.

우상들

셋째 연(4-6)은 종교 혼합주의자들의 제사의식을 따르지 않고 야훼 하나님을 자신의 기업으로 삼은 저자의 선언이다. 4절에서 '다른 신에게 예물을 드리는 자'를 직역하면 '다른 (것)을 서두르는 자'이다. 그들은 피를 부어드리는 의식을 행하며 이방신들의 이름을 부른다. 그러나 저자는 그것을 따르지 않을 뿐 아니라 그런 자들에게 율법에 기록된 저주가 임할 것이라고 선언한다. 결국 저자는 종교혼합주의에 대한 3중의 부정-붓지 아니하며, 부르지 아니하며, 율법의 저주를 선언한다. 5절에서 저자는 야훼 하나님이 마치 제비를 뽑아 얻은 자신의 몫인 것처럼 묘사하고 있다. 그럼으로써 '야훼'와 '분깃'이 평행 관계에서 언어유희를 이룬다. 6절에서는 자신의 몫으로 떨어진 땅의 기름짐을 인해 즐거워한다. 결국 셋째 연 후반부에서 저자는 야훼 하나님과 자신에게 주어진 땅으로 만족하기 때문에 이방신을 찾을 필요가 없음을 보여주고 있다. 흥미로운 것은 저자가 여호수아 시대의 땅 나누기 관습을 묘사하고 있다는 것이다. 이 또한 저자가 의지하는 신이 약속의 땅을 얻게 하신 이스라엘의 야훼 하나님임을 상기시키고 있는 것이다. 즉, 땅의 신은 3절에 나오는 '땅의 신들'이 아니라 야훼 하나님이라는 것이다.

넷째 연(7-10)은 야훼 하나님과 저자 자신과의 관계이다. 7-8절에서 저자는 야훼 하나님을 송축하며 항상 모시고 산다고 고백한다. 하나님은 그에게 조언을 주시며, 그의 콩팥은 그 조언을 되새겨 준다. 하나님이 그의 맞은 편에 계시고, 그의 오른 편에 계시기 때문에 흔들리지 않는다. 그 안전함 속에서 그의 심장(마음)이 기쁘고, 영광(영혼)도 즐겁고, 육체도 안전히 살게 된다. 10절은 난제에 속한다. 다후드는 10절의 원래 의미가 시 49:15, 73:24의 표현처럼 저자도 에녹이나 엘리야와 같이 죽음을 보지 않고 영생에 들어갈 것에 대한 소망으로 보았다 대구법을 따라 읽더라도 10절에서 '내 영혼(생명)'과 '주의 거룩한 자(당신의 경건한 자)'는 동일인물을 가리키는 것이기 때문이다. 신약의 저자들이 10절을 그리스도에게로 적용한 것은 베드로와 바울의 설교에서 드러난다. 즉, 10절의 주인공이 다윗일 수 없는 것은 그가 죽어 무덤에 묻혔기 때문이라는 것이다. 따라서 무덤에 들어갔다가 살아서 나온 사람은 예수 그리스도일 수 밖에 없다. 그런 의미에서 10절은 다윗 자신에 대해서가 아니라 '하나님의 경건한 자' 예수 그리스도에 대한 예언으로 해석한 것이다.

마지막 연(11절)은 야훼 하나님의 인도하심에 대한 신뢰로서 첫째 연에 대한 응답이다. '생명의 길'은 '사망의 길'과 대조되는 개념으로서 야훼의 인도하심을 받는 자들이 살아가는 방식이다. 저자는 야훼 하나님을 피난처로 삼았기 때문에 생명을 보장받고 기쁨 충만한 나날들을 누리게 되는 것이다.

주요 단어와 표현들

1절

- 믹담(מִכְתָּם); 정확한 의미는 알려지지 않았다. 초기 랍비들은 '크탐'을 금(케템)으로 해석하여 '황금시'라고 불렀다. 헬라어 구약성경과 탈굼은 '비문' '비문시'로 해석했고, 대속하다는 의미의 아카드어 '카타무'를 어원으로 보면 '대속시'가 된다. 이 중에서 '크탐'이 새기다 혹은 쓰다는 의미의 '크타브'에서 왔을 가능성이 크다.

2절

- 내가 여호와께 아뢰되(아마르트 라야훼); 맛소라 사본과 탈굼에서는 '네가 여호와께 말하되(아마르타 라야훼)'로 되어 있다. 그러나 70인 역과 제롬 역에서는 '내가 말하되'로 읽는다. 만약 주어가 2인칭이라면 3절과 연계해서 종교혼합주의적 친구의 말에 대한 인용이 된다.
- 주 밖에는 나의 복이 없다(토바티 발 알레카); 문자대로 직역하면 '내 복이 당신위에 있지 않다'가 된다. 그러나 히브리어에서 '발(בַּל)'은 단

순히 '~가 아니다'라는 의미와 함께 "~외에 ~이 아니다"라는 강한 긍정을 표현하는데 사용된다(시 17:3,5 잠 19:23). 따라서 '주 밖에는(none above you)'으로 해석하는 것이 옳다.

3절

- 땅에 있는 성도들(리크도쉼 아쉐르 바아레쯔); 직역하면 '땅에 있는 거룩한 자들'이다. 이 용어를 이방신으로 해석하면 2절은 시인의 친구가 한 말에 대한 인용이 된다. 그러나 하나님의 백성을 가리킨다면 시인 자신의 말이 된다. 성경에서 종종 신들을 가리킬 때 '크도쉼'으로 불렀다(신 33:2, 호 12:1, 슥 14:5, 단 8:13). 그리고 4절에서 다른 신들을 숭배하는 이슈가 나오기 때문에 그렇게 해석할 수도 있다. 다후드는 '리크도쉼'을 우가릿 문서에 나오는 신들의 이름으로 보았다.[13]
- 존귀한 자들(아디레); 명사 '아디르(אדיר)'는 시 8:2(권능), 사 33:21(위엄)에서 볼 수 있는 것처럼 신적 탁월함에 붙여진다.

13) Dahood, 앞의 책, 87쪽.

4절

- 괴로움이 더할 것이다(이르부 아쯔보탐); 직역하면 '증가될 것이다 그들의 고통이'가 된다.
- 다른 신에게 예물을 드리는 자(아헤르 마하루); 문자대로 직역하면 '다른(것을) 서두르는'이다.
- 나는 드리지 아니하며(발 아씨크); 직역하면 '나는 붓지 아니하며'이다.
- 내 입술로 부르지 아니하리로다(발 에사아 알 세파타이); 직역하면 '내 입술 위에 올리지 않는다'이다.

5절

- 나의 산업과 나의 잔의 소득(메나트 헬피 뵈코시); 직역하면 '할당된 내 몫이며 내 잔'이다.
- 내 분깃(고랄리); 직역하면 '내 제비' 혹은 '내 운명'이다.

6절

- 내게 줄로 재어준 구역(하발림 나펠루 리); 직역하면 '제게 떨어진 줄들'이다. '하발림'은 '측량 줄들'이라는 의미이며, 토지 분배를 위해 줄로 표시한 구역을 가리킨다(신 32:9).
- 실로(아프); 코를 가리키며, 때때로 분노를 상징하기도 하지만 '~도(창 40:16, 시 16:7, 9)' 혹은 '실로(욥 34:12)'의 의미로 사용된다.

7절

- 나를 훈계하신(예아짜니); 나에게 조언하신
- 내 양심이(킬요타이); 직역하면 '내 콩팥들이'가 된다. 콩팥은 심장과 함께 가장 깊숙한 곳에 있는 장기로서(렘 11:20) 희생제사를 드릴 때 하나님께 드리는 몫이었다(출 29:13, 레 3:4,10, 4:9). 한글개역성경에서는 '내 심장이'로 의역되었다.

8절

- 내 앞에(레네게디); 내 맞은 편에
- 그가 나의 오른 쪽에 계시므로(키 미미니); 그가 내 오른 쪽에 계시기 때문에

9절

- 내 마음이 기쁘고(사마흐 레비); 내 심장이 기쁘고
- 나의 영도 즐거워하며(봐야겔 케보디); 내 영광도 즐거워하며
- 안전히 살리니(이쉬콘 라베타흐); 안전하게 거주할 것이다. '머물다' '거주하다'는 의미의 동사 샤칸(שׁכן)이 '내 육체'를 3인칭으로 받고 있다.

10절

- 내 영혼을(나프쉬); 직역하면 '내 생명을'이다(창 12:13, 19:19, 시 23:3). '네페쉬(נפשׁ)'는 영혼을 가리키기 보다 생명체(창 1:20), 몸(시 105:18), 호흡(욥 41:13)을 가리킨다.
- 주의 거룩한 자를 멸망시키지(하시드카 리르오트 샤하트); 직역하면 '당신의 경건한 자로 구덩이를 보게 하지'이다. 10절을 동의대구법에 따라 읽으면 '주의 거룩한 자'는 '내 생명을' 말하는 저자 자신이다. 그리고 '멸망시키지 않으시는 것'과 '구덩이를 보게 하지 않으시는 것'이 평행을 이룬다. 행 2:27, 13:35에서는 70인 역을 따라 '썩음을 보지 않게로' 인용했다.

1세기 무덤 동굴

적용

시 16편의 하일라이트는 10절로서, 하나님과 동행하는 행복이 무덤에까지 이를 것을 노래하고 있다. 5-9절에 나오는 일상적인 축복과 달리 10절에서 말하는 내세의 축복은 성서에서 흔히 볼 수 없는 표현이다. 저자는 담대하게 자신이 세상을 떠나게 될 순간에도 하나님의 은총이 임할

것을 바라고 있다. 그는 진정으로 행복한 사람이다. 왜냐하면 죽음 저 너머에까지 하나님과 동행할 것을 확신했기 때문이다. 비록 그가 자신이 노래한 것을 얻지 못했지만, 무덤에 들어가서도 썩지 않을 한 사람의 출현을 예비했다는 점에서, 그의 바램은 허망하지 않았다고 할 수 있다. 그리고 그 한 사람-예수 그리스도로 말미암아 많은 사람이 저자의 소망을 함께 누리게 되었다는 점에서도, 이 시의 가치는 헤아릴 수 없을 만큼 크다고 하겠다. 많은 그리스도인들이 하나님의 축복을 기대하고 감사하며 살지만, 모두가 내세에 소망을 가지고 있지는 않을 것이다. 많은 경우 5-9절까지의 축복에만 초점을 맞추어 살고 있는지도 모른다. 그러나 진정한 축복에 대한 소망은 죽음 저너머에까지 하나님의 은총을 기대하고 바라보는 것이다. 그리고 그 소망을 가질 때에 비로소 오늘 하나님과 동행하며 살아가는 삶에 대한 감격이 있게 되는 것이 아닐까?

히브리어 직역

1 하나님, 저를 지켜주십시오. 진실로 제가 당신께 피하였습니다.
2 제가 야훼께 말하기를 당신은 나의 주시며 당신 외에 복이 없습니다라고 하였습니다
3 땅에 있는 거룩한 자들과 위엄있는 자들에게 제 모든 기쁨이 있습니다.

> 2 네가 야훼께 말하기를 당신은 나의 주시며 당신 외에 복이 없습니다라고 하였다
> 3 땅에 있는 신들과 위엄 있는 자들에게 내 모든 기쁨이 있다(라고도 말한다)

4 다른 것을 서두르는 그들의 고통이 증가할 것이다. 나는 그들의 피의 전제를 붓지 않으며, 그들의 이름을 입에 올리지 않을 것이다.
5 야훼는 할당된 제 몫이며 내 잔이시니 당신께서 제 운명을 붙드십니다.
6 제게 떨어진 줄들이 기름진 곳에 있으니 실로 제 유업이 아름답습니다
7 제게 조언하신 야훼를 제가 송축합니다. 밤마다 제 콩팥이 저를 훈계합니다
8 제가 항상 제 맞은 편에 야훼를 모십니다. 그가 제 오른 편에 계시

기 때문에 제가 흔들리지 않습니다.
9 이러므로 제 마음이 기쁘고, 제 영광도 즐거워하며, 제 육체도 안전
하게 거주할 것입니다.
10 왜냐하면 당신께서 내 생명을 스올에 버리지 않으시며 당신의 경건
한 자로 구덩이를 보게 하지 않으실 것이기 때문입니다
11 당신께서 제게 생명의 길을 알게 하시니 당신 앞에는 기쁨들이 충만
하고, 당신 오른편에는 즐거움들이 영원합니다

시 22 편

다윗의 시, 인도자를 따라 아얠렛샤할에 맞춘 노래

1 내 하나님이여 내 하나님이여 어찌 나를 버리셨나이까 어찌 나를 멀
리 하여 돕지 아니하시오며 내 신음 소리를 듣지 아니하시나이까
2 내 하나님이여 내가 낮에도 부르짖고 밤에도 잠잠하지 아니하오나
응답하지 아니하시나이다
3 이스라엘의 찬송 중에 계시는 주여 주는 거룩하시니이다
4 우리 조상들이 주께 의뢰하고 의뢰하였으므로 그들을 건지셨나이다
5 그들이 주께 부르짖어 구원을 얻고 주께 의뢰하여 수치를 당하지 아
니하였나이다
6 나는 벌레요 사람이 아니라 사람의 비방거리요 백성의 조롱거리니
이다
7 나를 보는 자는 다 나를 비웃으며 입술을 비쭉거리고 머리를 흔들며
말하되
8 그가 여호와께 의탁하니 구원하실 걸, 그를 기뻐하시니 건지실 걸
하나이다
9 오직 주께서 나를 모태에서 나오게 하시고 내 어머니의 젖을 먹을
때에 의지하게 하셨나이다
10 내가 날 때부터 주께 맡긴 바 되었고 모태에서 나올 때부터 주는
나의 하나님이 되셨나이다
11 나를 멀리하지 마옵소서 환난이 가까우나 도울 자 없나이다

12 많은 황소가 나를 에워싸며 바산의 힘센 소들이 나를 둘러쌌으며
13 내게 그 입을 벌림이 찢으며 부르짖는 사자 같으니이다
14 나는 물 같이 쏟아졌으며 내 모든 뼈는 어그러졌으며 내 마음은 밀
랍 같아서 내 속에서 녹았으며
15 내 힘이 말라 질그릇 조각 같고 내 혀가 입천장에 붙었나이다 주께
서 또 나를 죽음의 진토 속에 두셨나이다
16 개들이 나를 에워쌌으며 악한 무리가 나를 둘러 내 수족을 찔렀나
이다
17 내가 내 모든 뼈를 셀 수 있나이다 그들이 나를 주목하여 보고
18 내 겉옷을 나누며 속옷을 제비 뽑나이다
19 여호와여 멀리 하지 마옵소서 나의 힘이시여 속히 나를 도우소서
20 내 생명을 칼에서 건지시며 내 유일한 것을 개의 세력에서 구하소서
21 나를 사자의 입에서 구하소서 주께서 내게 응답하시고 들소의 뿔
에서 구원하셨나이다
22 내가 주의 이름을 형제에게 선포하고 회중 가운데에서 주를 찬송
하리이다
23 여호와를 두려워하는 너희여 그를 찬송할지어다 야곱의 모든 자손
이여 그에게 영광을 돌릴지어다 너희 이스라엘 모든 자손이여 그
를 경외할지어다
24 그는 곤고한 자의 곤고를 멸시하거나 싫어하지 아니하시며 그의
얼굴을 그에게서 숨기지 아니하시고 그가 울부짖을 때에 들으셨도다
25 큰 회중 가운데에서 나의 찬송은 주께로부터 온 것이니 주를 경외
하는 자 앞에서 나의 서원을 갚으리이다
26 겸손한 자는 먹고 배부를 것이며 여호와를 찾는 자는 그를 찬송할
것이라 너희 마음은 영원히 살지어다
27 땅의 모든 끝이 여호와를 기억하고 돌아오며 모든 나라의 모든 족
속이 주의 앞에 경배하리니
28 나라는 여호와의 것이요 여호와는 모든 나라의 주재심이로다
29 세상의 모든 풍성한 자가 먹고 경배할 것이요 진토 속으로 내려가
는 자 곧 자기 영혼을 살리지 못할 자도 다 그 앞에 절하리로다
30 후손이 그를 섬길 것이요 대대에 주를 전할 것이며

31 와서 그의 공의를 태어날 백성에게 전함이여 주께서 이를 행하셨다 할 것이로다

배경

시 22편은 십자가에 달리신 예수 그리스도에 의해 암송되고, 사도들에 의해 인용된 메시야 시편이다. 하지만 처음부터 이 시가 메시야를 위한 예언으로 만들어진 것은 아니다. 이 시는 중병으로 죽음의 문턱에 이른 한 신앙인의 전형적 애가이자 감사 찬양이다. 저자는 이 시의 전반부(1-21)에서 질병의 고통, 사람들의 조롱, 하나님의 침묵, 산 채로 속옷까지 빼앗기는 모욕, 극도의 쇠약함, 원수들의 위협으로 인해 슬퍼하며 하나님의 도우심을 구한다. 그리고 후반부(22-31)에서는 하나님의 응답에 감사와 찬양을 드리며 서원을 실천하겠다고 약속한다. 더 나아가 그는 야훼를 경외하는 자 모두가, 산 자와 죽어가는 자 모두가, 이방 모든 나라들이, 지금 있는 자와 장차 태어날 자 모두가 야훼께 경배할 것이라고 선포한다. 따라서 이 시는 내용상 버림받은 자신의 처지를 슬퍼하는 애가(1-21)와 하나님의 응답에 감사하며 모든 이들에게 경배를 권하는 찬양(22-31)의 두 부분으로 나눌 수 있다. 그리고 애가는 같은 주제가 반복되는 두 개의 연(1-11, 12-21)로 나누어진다. 일부 학자들은 이 시가 질병으로 고통 받는 자들의 기도서로 사용되었을 것이라고 생각한다. 이를 테면 전반부-첫째와 둘째 연은 환자의 기도, 후반부-세 번째 연(22-31)은 제사장의 예언이라는 것이다. 그것이 사실이라면 후반부에 예언적 성격을 갖고 있는 이 시는 처음부터 메시야 예언 시로서의 자질을 갖추고 있었다고 볼 수 있다.

이 시가 내용상 전반부와 후반부로 대조되는 것처럼 어휘들도 대조적으로 사용되고 있다.이를테면 1절에서 저자는 고통으로 하나님께 울부짖는데(샤아가티) 13절에서는 저자를 위협하는 원수들의 입이 울부짖는(쇼엑) 사자 같다고 한다. 1절에서 하나님이 저자의 구원으로부터(미슈아니) 멀리 계시다고 했는데, 21절에서는 사자의 입에서 구원해주시기를(호쉬에니) 간구하고 있다. 그리고 2절에서는 하나님이 응답하지 않으시지만(로 타아네) 21절에서는 저자에게 응답하셨다(아니타니)고 한다. 8절에서는 저자를 하나님이 건지실 것이라(야찔레후)고 사람들이 조롱하는데, 20절에서는 여전

히 저자가 하나님께서 건지시기를(하찔라) 간구한다. 그리고 6절에서는 저자가 백성의 조롱거리(브주이 암)가 되었지만 24절에서 하나님은 곤고한 자를 멸시하지 않으신다(로 바자) 16절에서 저자의 손(야다이)이 찔렸는데, 20절에서는 개의 세력(야드 켈레브)이 저자의 생명을 위협하고 있다. 17절에서 자신의 뼈를 헤아리던(아싸페르) 저자가 22절에서는 하나님의 이름을 선포할 것이라(아싸페라)고 한다. 3절에서 하나님은 이스라엘의 찬송(테힐롯) 중에 계시지만, 25절에서 저자는 하나님께로부터 나온 저자의 찬송(테힐라티)를 부른다. 평행법의 관점에서 보면 음운의 반복이라고 할 수 있다. 그리고 다른 시편들처럼 이 시도 다양한 시각적 이미지를 동원하여 주제를 선명하게 드러낸다. 이 시에서 동원된 이미지는 찬송 위에 앉아 계신 하나님(3), 벌레(6), 입술을 비쭉거림(7) 머리를 흔듦(7), 아기를 배에서 끄집어내는 산파(9, 10), 어머니 품에서 젖 먹는 아기(9, 10), 바산의 황소들(12, 21), 사냥감을 움키고 부르짖는 사자(13, 21), 쏟아진 물(14), 벌어진 뼈(14), 녹는 밀랍(14), 질그릇 조각(15), 입천장에 붙은 혀(15), 죽음의 티끌(15, 29), 사냥감을 둘러싸고 물어 뜯는 들개들(16), 옷을 강탈당하고 벌거벗김(18), 예배 드리는 회중(25), 잔칫상에서 배부르게 먹은 가난한 자(26) 등이다.

시 22편의 배경에서 하이라이트는 그리스도의 수난과 관계된 구절들이다.

1절은 마태복음과 마가복음에서 그리스도가 십자가에서 운명하기 직전에 부르짖은 기도로 기록되어 있다(마 27:46, 막 15:34). 1세기를 전후해서 많은 유대인들이 권력자들이나 로마 군인들에 의해 십자가에서 처형되었다. 십자가는 유대인들에게 의로운 자의 억울한 죽음에 대한 상징이었다. 유대인들의 문헌에 의하면 종종 의로운 자들이 십자가에 못박혀 시편을 암송했다고 한다.

7-8절 역시 마태복음과 마가복음에서 군중들과 대제사장에 의해 성취된 것으로 기록되어 있다(마 27:39,43, 막 15:29).

15절은 요한복음에서 "내가 목마르다"라고 한 그리스도에 의해 성취된 것으로 기록되었다(요 19:28).

16절은 로마 군인들이 그리스도를 에워싸고 십자가에 손과 발을 못박은 행위를 통해 성취되었다고 볼 수 있다.

18절은 요한복음에서 사형 집행 군인들에 의해 성취된 것으로 기록되었다(요 19:24).

해석

아얠렛 샤할; '아얠렛(אילת)' 은 암사슴을 가리키며 '샤하르(שחר)' 는 '여명' 혹은 '새벽 바람' 을 의미한다 따라서 '아얠렛 샤할' 을 직역하면 '여명의 사슴' 이 되는데, 아마도 사람들이 잘 알고 있던 노래의 제목이나 첫 마디가 아닐까 한다. 70인역에서는 '새벽의 도움을 위하여' 로 번역했다. 우가릿 문헌을 보면 사슴을 태양신(샤하르)에게 바치는 풍습이 있었다.

1절 어찌(라마); '무엇' 이라는 의문사 '마(מה)' 앞에 전치사 '르(ל)' 가 붙어 강세형이 된 의문사로서 '무엇을 위해(what for)' 라는 의미이다. 한글 성경에는 '어찌(라마)' 가 두 번이나 기록되어 마치 1절의 세 문장에까지 미치는 것처럼 되어 있지만 실제는 한 번만 사용되었다.

제 1연(1-11)

제 1연은 1절에서 '멀리 계시며(라호크)' 로 시작하여 11절에서 '일 티르학(멀어지지 마옵소서)' 로 끝나는 수미상관 형태를 띠고 있다. 저자는 하나님으로부터 버림 받은 사실 때문에 괴로워한다(1). 성서에서 '엘리 엘리' 라는 표현은 오직 이 시에서만 사용된다. 다시 말해 저자는 그의 신학과 현실적 경험의 부조화로 괴로워한다. 그의 지식 속에 있는 하나님은 이스라엘의 찬송 위에 앉아 계시며(3), 곤경에 처했던 조상들의 부르짖음에 응답하여 구원하신 하나님이다(5), 그러나 그 하나님은 저자의 부르짖음에 응답하지 않으시며 구원으로부터 멀리 계시다(1, 2). 마 27:46의 '엘리 엘리 레마 사박타니' 는 히브리어와 아람어가 혼용된 문장을 헬라어로 음역해(transliterate) 놓은 것이다. 즉, '엘리 엘리' 는 히브리어이고 '레마 쉐박타니' 는 아람어이다. 막 15:34에는 '엘로이 엘로이 레마 사박타니' 로 되어 있는데, '엘로이' 는 시 22:2절에 나오는 '엘로하이(내 하나님)' 의 음역으로 보인다. 그러나 어떤 사람은 '엘로이' 를 아람어 '엘라히' 에서 온 것으로 보기도 한다. 어쨌거나 조상들은 그를 의뢰하여 수치를 당하지 않았는데(5), 저자도 태어날 때부터 하나님을 의뢰하고 살았음에도 공개적으로 극심한 수치를 당하고 있다(6-10). 저자는 '내 하나님' 이란 단어를 3

번이나 사용하고 있으며, 조상들이 하나님을 '의뢰했다' 는 사실을 3번, 자신이 태어날 때부터 하나님을 의지했다는 것을 3번 강조하고 있다. 저자가 6절에서 사용한 단어 '벌레' 는 구더기와 같은 것으로서(출 16:20), 부패한 것의 이미지이다. 아마도 저자는 욥처럼 중병으로 죽음의 문턱에 내던져져 있었는지 모른다(욥 7:5, 17:14). 이사야서에는 죽은 자가 가는 곳에 구더기(지렁이)가 깔려 있다고 한다(사 14:11). 그리고 '벌레' 는 멸시 받는 생물의 대명사이다. 하나님은 이스라엘을 지렁이(벌레) 같은 야곱이라고 부르시며, 멸시 받는 민족의 대명사로 부르셨다(사 41:14). 저자가 벌레의 이미지를 동원한 이유는 사람들로부터 받는 멸시 때문이다. 욥도 중병에 들었을 때 사람들로부터 멸시를 당했다(욥 19:17). 저자는 의지할 분이 하나님 밖에 없음을 고백하며 도움을 호소한다(11).

제 2연(12-21)

제 2연은 1연과 같은 주제가 심화 반복된다. 1연에서 욥은 주변 사람들로부터 멸시를 당했으나 2연에서는 살해 위협을 받고 있다. 그를 둘러싼 사람들은 황소들(12), 사자(13), 개들(16)에 비유된다. 그들은 뿔과 발톱과 이빨로 무장하여 저자를 무참히 공격한다. 저자는 삶이 끝났음을 느낀다(14, 15) 그의 손과 발은 원수들의 공격으로 구멍이 났고(16), 뼈가 드러났으며(14, 17), 전혀 저항할 수 없어 숨을 헐떡일 뿐이고(15), 빼앗긴 겉옷과 속옷을 원수들이 나누어 갖는 것을 바라볼 뿐이다(18). 그럼에도 불구하고 그는 하나님의 구원을 바라며, 응답하셨음을 확신한다(21).

제 3연(22-31)

제 3연에서는 앞의 두 연과 전혀 다른 분위기가 연출된다. 시인은 하나님의 구원을 확신하고 있으며, 자신의 서원을 이행하겠노라고 다짐한다(25) 3연에서 가장 많이 반복되는 단어는 각각 세 번씩 나오는 바 22, 23, 26절의 '찬송하다(할랄)' 와 27, 29절의 '경배하다(히쉬타하봐)' 와 23, 25절의 '경외하다(야레)' 이다. 시인은 자신이 하나님을 찬양하는 것에서 그치지 않고 주를 경외하는 이스라엘 모든 자손(23), 곤고하고 가난한 자들(24, 26), 모든 나라와 족속(27), 산 자와 죽어가는 자(29), 이스라엘의 대대 후손(30, 31)이 찬양과 경배를 드릴 것을 권하고 있다. 특히 저자는 곤고하고 가난한 자들이 먹고 배불러서 하나님을 찬양할 것이라고 선언한다. 그것은 저자 자신이 절망적이고 곤고한 처지에서 하나님의 구원을 경험한 데서 비롯한 확신이다. 가난한 자들이 배불리 먹게 되는 것은 인정 많은 이웃의 잔치에 초대되는 상황을 말한다. 결론적으로 저자는 조상들에게 응답하신 하나님이(4) 저자 자신에게 응답하셨던 것처럼(21) 곤고한 자들에게 응답하실 것을(26) 확신하고 있는 것이다. 31절에 나오는 공의(쩨데카)가 하나님의 행위로 묘사될 때는 구원으로 번역하는 것이 좋다(사 42:1, 51:5, 렘 23:6).[14]

14) 김인철, 유대문화로 읽는 복음서의 난제들(상), 그리심 178쪽 참조

주요 단어와 표현

- 아옐렛 샤할; '아옐렛(אילת)'은 암사슴을 가리키며 '샤하르(שחר)'는 '여명' 혹은 '새벽 바람'을 의미한다.[15] 따라서 '아옐렛 샤할'을 직역하면 '여명의 사슴'이 되는데, 아마도 사람들이 잘 알고 있던 노래의 제목이나 첫 마디가 아닐까 한다. 70인역에서는 '새벽의 도움을 위하여'로 번역했다. 우가릿 문헌을 보면 사슴을 태양신(샤하르)에게 바치는 풍습이 있었다.

15) 박동현, 히브리어 시편 읽기, 비블리아 아카데미아, 131쪽.

1절

- 어찌(라마); '무엇'이라는 의문사 '마(מה)' 앞에 전치사 '르(ל)'가 붙어 강세형이 된 의문사로서 '무엇을 위해(what for)'라는 의미이다. 한글성경에는 '어찌(라마)'가 두 번이나 기록되어 마치 1절의 세 문장에까지 미치는 것처럼 되어 있지만 실제는 한 번만 사용되었다.
- 나를 버리셨나이까(아잡타니); '저버리다'는 의미의 동사 '아자브(עזב)'의 이인칭 남성 완료형에 일인칭 대명사 '아니(אני)'의 접미어가 붙어 있다. 마 27:46의 '엘리 엘리 레마 사박타니'는 히브리어와 아람어가 혼용된 문장을 헬라어로 음역해(transliterate) 놓은 것이다. 즉, '엘리 엘리'는 히브리어이고 '레마 쉐박타니'는 아람어이다. 막 15:34에는 '엘로이 엘로이 레마 사박타니'로 되어 있는데, '엘로이'는 시 22:2절에 나오는 '엘로하이(내 하나님)'의 음역으로 보인다. 그러나 어떤 사람은 '엘로이'를 아람어 '엘라히'에서 온 것으로 보기도 한다.
- 나를 멀리하여 돕지 아니하시오며(라호크 미슈아티); 직역하면 '나의 구

아침의 아들(벤 샤할) 계명성 조각 (사 14:12)

원으로부터 멀리 계시며'가 된다.

- 내 신음 소리를(디브레 샤아가티); 직역하면 '나의 울부짖는 소리를'이다. 맹수들이 울부짖는 소리를 나타내는 '셰아가(שְׁאָגָה)'에 일인칭 대명 접미어가 붙은 형태이다.

2절

- 낮에도 부르짖고(에크라 요맘); 직역하면 '온 종일 부르짖습니다'이다. '낮(요맘)'은 '욤'에 대격 어미 '맘'이 붙어 낮 시간대를 가리킨다.
- 잠잠하지 아니하오나(뵐로 두미야 리); 직역하면 '내게 침묵은 없습니다'이다.

3절

- 이스라엘의 찬송중에 계시는(요셰브 테힐로트 이스라엘); 직역하면 '이스라엘의 찬송들에 앉으신'이다.

4절

- 우리 조상들이 주께 의뢰하고(베카 바트후 아보테누); 직역하면 '당신을 그들이 신뢰했습니다 우리 조상들이'이다. 이때 사용된 동사 '바타흐(בטח)'의 원래 뜻은 '안전함을 느끼다'로서 목적어와 더불어 '신뢰하다' '의지하다'의 의미를 갖는다. '우리 조상들(아보테누)'은 '아버지'의 복수형 '아보트'에 이인칭 복수 소유격 어미가 붙어 만들어진 단어이다.

6절

- 나는 벌레요(뵈아노키 톨라아트); 직역하면 '하지만 저는 벌레(תולעת)입니다'가 된다.
- 사람의 비방거리(헤르파트 아담); '모욕하다'는 의미의 동사 '하라프(חרף)'의 명사형이 사람을 뜻하는 '아담(אדם)'과 연결되어 복합명사가 되어 있다.
- 백성의 조롱거리(브주이 암); '경멸하다'는 의미의 동사 '바자(בזה)'의 명사형과 백성을 가리키는 '암(עם)'이 연결되어 복합명사가 되어 있다.

7절

- 입술을 비쭉이며(야프티루 베사파); 직역하면 '그들이 입술로 주름을 잡다'이다.
- 머리를 흔들며(야니우 로쉬); 머리를 좌우로 흔드는 것을 말한다.

8절

- 여호와께 의탁하니(골 엘야훼); 직역하면 "야훼를 의지하게 두라"이다. 여기서 사용된 동사 '갈'은 원래 '굴리다'는 의미를 가지고 있으며, 시 55:22에서 '네 짐을 여호와께 맡기라'고 표현할 때도 사용되었다.
- 구원하실 걸(예팔르테후) 직역하면 "그(하나님)가 그를 구원하게 두라" 이다.
- 건지실 걸(야찔레후); 직역하면 '그가 그를 건져내리라'가 된다.

9절

- 나를 모태에서 나오게 하시고(아타 고히 밉바텐); 직역하면 '당신은 저를 배에서 끄집어 내시고'이다. 베텐(בטן)은 '배' 혹은 '자궁'을 가리킨다.
- 어머니의 젖을 먹을 때에(알쉐데 임미); 직역하면 '내 어머니의 양 젖가슴 위에서'이다.

구브로에서 출토된 해산 여인 테라코타

10절

- 날 때부터(메레헴); 자궁으로부터
- 주께 맡긴바 되었고(알레카 호쉴라크티); 직역하면 '당신 위에 제가 던져져 있었다'이다.

12절

- 바산의 힘센 소들이 나를 둘러쌌으며(압비레 바샨 키테루니); 직역하면 '바산의 힘센 것들이 나를 에워쌌으며'이다.

13절

- 내게 그 입을 벌림(파추 알라이 피헴); 직역하면 '나를 향해 그들의 입을 크게 벌리다'이다.

15절

- 입천장(말코하이); 문자대로는 '내 입천장'이다. 입천장을 뜻하는 쌍수 형태의 명사 '말코하임(מלקוחים)'에 일인칭 대명 접미사가 붙어 있다.

16절

- 찔렀습니다(카아리); 맛소라 사본 대로 읽으면 '사자처럼'이 된다. 그러나 몇 사본에서는'찌르다' 혹은 '구멍을 뚫다'는 의미의 동사 '쿠르(כור)'나 '파내다'는 의미의 동사 '카라(כרה)'에서 비롯된 '카아루(כארו)' '카루(כרו)'로 되어 있다. 70인역에서도 '그들이 팠다'는 의

미의 '오뢱산'으로 번역했다.

18절

• 제비 뽑나이다(야필루 고랄); 문자대로는 '그들이 고랄을 떨어뜨립니다' 이다. 여기서 '제비'로 번역된 '고랄'은 추첨을 위해 던지는 일종의 돌멩이 같은 것이다.

21절

• 나를 구하소서(호쉬에니); '돕다'는 의미의 동사 '야샤아(ישׁע)'의 명령형에 일인칭 접미사가 붙어 있다. 히필의 강세명령 '호쉬아(הוֹשִׁיעָה)'에 강조를 나타내는 감탄 불변화사 '나(נא)'가 붙으면 '호쉬아나(נא הוֹשִׁיעָה)'가 된다(시 118:25). 이는 신약성경에서 예수 그리스도의 예루살렘 입성 때 군중들의 환호를 음역한 '호산나'에서 확인된다.

• 주께서 내게 응답하시고 들소의 뿔에서 구원하셨나이다(우미카르네 레밈 아니타니); 원문에는 '구원하셨나이다'는 단어가 없고, 직역하면 '그리고 들소들의 뿔들로부터, 당신이 제게 응답하셨습니다'가 된다. 그런데 크라우스의 번역처럼 '호쉬에니'가 사자의 입과 들소들의 뿔들까지 포함하는 개념으로 보면 가장 바람직하다.[16)]

16) H.J. Kraus, Die Psalmen 1-59, 322, 박동현, 앞의 책 186에서 재인용.

22절

• 선포하고(아삽프라); 17절에서 '자세히 헤아리다(recount)'로 사용된 이 단어는 시 19:1에서는 '이야기하다' '선포하다'는 의미로 사용되었다.

• 회중 가운데에서(베토크 카할); '소집하다'는 동사에서 만들어진 명사 '카할'은 '소집되어 모인 사람들' '예배 회중'의 의미로 사용된다.

26절

• 겸손한 자들은 먹고 배부를 것이며(요켈루 아나빔 뵈이스바우); 직역하면 '가난한 자들은 먹고 배부를 것이며'이다. 이때 '아나빔(ענוים)'은 온유한 자 혹은 겸손한 자보다 가난한 자로 번역하는 것이 문맥상 옳다. '아나_'은 시편에서 가난한 자들을 가리키는 대표적 명사이다(시 9:12,18, 10:12,17, 34:2, 69:33).

• 너희 마음은 영원히 살지어다(예히 레바브켐 라아드); 직역하면 '너희 마음이 영원히 살아 있기를'이다. 이때 '너희'는 여호와를 찾는 자들(야훼 도르샤우)이며, 가난한 자들이다.

28절

• 모든 나라의 주재심이로다(우 모셸 박고임); 직역하면 '그리고 그가 열방을 다스립니다'이다.

29절

• 땅의 모든 풍성한 자(콜 디쉬네 에레쯔); 직역하면 '땅의 모든 살진 자'이다.

• 진토 속으로 내려가는 자(콜 요르데 아파르); 직역하면 '티끌로 내려 가는 모든 자'이다.

• 자기 영혼을 살리지 못할 자(뵈나프쇼 로 히아); 직역하면 '그가 그의 목숨을 되살리지 않았다'이다.

30절

• 대대에(라도르); 세대를 뜻하는 '도르(דוֹר)' 앞에 전치사 '레(לְ)'가 붙어 '대대로'의 의미가 되었다.

31절

• 그의 공의를(찓카토); 그의 구원을

적용

이 시는 신앙인에게 주어지는 고통이 육신의 질병, 이웃의 멸시로 인한 정신적 고통, 하나님에게서 버림 받았다는 영적 좌절감과 함께 올 수 있음을 보여준다. 마치 욥이 재산을 잃고 자녀를 잃고 중병 마저 들었을 때 친구들로부터 정죄를 당하고 하나님의 침묵 때문에 괴로워했던 3 중의 고통을 연상시키는 것이다. 그리고 이 시의 저자가 죽어가면서까지 하나님의 도우심을 바라보았던 것도 욥이 죽은 후에라도 하나님을 만나기 원했던 고백과 흡사하다. 그런데 이 시의 저자나 욥은 하나님의 응답을 받아 삶이 회복되었지만 이 시가 이스라엘 역사에서 십자가 형을 받고 죽어가는 의인들의 기도문으로 암송되었다는 점도 의연한 느낌을 갖게 한다. 극형을 받아 죽어가는 그들은 생명을 돌이킬 수 없다는 사실을 알았을 것이다. 그들에게 이 시의 암송은 어떤 의미가 있었을까? 한마디로 자신들의 경건한 의인 됨을 입증하는 고백이었을 것이다. 누가복음에는 그리스도의 십자가형을 집행했던 로마 백부장이 "이 사람은 정녕 의인이었도다"(눅 23:47)라고 했다고 되어 있다. 백부장은 그리스도가 의인인 줄 어떻게 알았을까? 로마 군대의 일선 지휘관으로서 그리고 사형 집행관으로서 그는 수많은 사람들의 최후를 보았을 것이다. 아마도 그는 가장 고통스럽게 죽는 십자가 위에서 하나님의 이름을 부르는 그리스도에게서 범할 수 없는 권위를 느꼈던 것으로 보인다. 우리들이 세상을 떠나는 모습을 보는 사람들은 무엇을 느끼게 될까?

히브리어 직역

1 내 하나님이여, 내 하나님이여, 무엇 때문에 저를 버리셨습니까?
제 구원으로부터 멀리 계십니다. 제 울부짖는 소리에서
2 내 하나님이여, 제가 온종일 부르짖어도 응답하지 않으십니다.
그러나 밤에도 제게 침묵이란 없습니다.
3 그래도 당신은 거룩하시며 이스라엘의 찬송들에 앉아 계십니다
4 당신을 우리 선조들이 의지하였고, 그들이 의지해서 당신이 그들을 건지셨습니다.
5 당신께 그들이 부르짖어 구조되었고, 당신을 의지해서 그들이 부끄러움을 겪지 않았습니다.
6 하지만 저는 벌레이며 사람이 아닙니다. 사람의 모욕거리이며 백성의 멸시거리입니다.
7 저를 쳐다보는 모두가 저를 조롱하며 입술을 비쭉거리고 머리를 흔듭니다.
8 너는 야훼를 의지하라, 그가 그를 구원하실 것이다.
그가 그를 건져내실 것이다. 왜냐하면 그가 그를 기뻐하시기 때문이다.
9 진실로 당신은 저를 배에서 끄집어내셨으며, 내 어머니 양 젖가슴에서 저로 의지하게 하셨습니다.
10 제가 자궁으로부터 당신께 던져졌고, 내 어머니 배에서부터 당신은 내 하나님이셨습니다.
11 나로부터 멀어지지 마십시오. 왜냐하면 환난이 가깝고 도울자도 없기 때문입니다.
12 많은 황소가 나를 둘러쌌으며, 바산의 힘센 것들이 나를 에워쌌습니다
13 제게 그들의 입을 크게 벌렸습니다. 찢고 으르렁거리는 사자처럼
14 저는 물같이 쏟아져 제 모든 뼈가 분리되었으며
제 마음은 밀랍처럼 제 창자 속에서 녹았습니다.
15 제 힘이 질그릇 조각처럼 말랐고 제 혀가 제 입천장에 말라 붙었습

니다.
당신께서 저를 죽음의 티끌에 두고 계십니다.
16 참으로 개들이 저를 에워쌌으며 악인의 무리가 저를 둘러싸 제 손과
발을 찔렀습니다.
17 제가 제 모든 뼈들을 셀 수 있습니다. 그들이 주목하여 저를 보고
18 그들을 위해 제 겉옷을 나누고 제 속옷을 놓고 추첨합니다.
19 그러나 야훼 당신은 멀어지지 마십시오. 제 힘이시여 나를 돕기 위
해 서두르십시오.
20 건져주십시오, 칼로부터 제 생명을 개의 손에서 제 하나 뿐인 것을.
21 구해주십시오, 저를 사자의 입으로부터 그리고 들소들의 뿔들로부터.
당신은 제게 응답하셨습니다.
22 제가 당신의 이름을 제 형제들에게 선포하겠습니다 제가 회중 가운
데에서 당신을 찬양하겠습니다
23 야훼를 두려워하는 자들아 너희는 그를 찬양하라. 야곱의 모든 자손
들아 너희는 그를 공경하라. 이스라엘의 모든 자손들아 너희는 그를
경외하라.
24 왜냐하면 그는 가난한 자의 어려움을 얕잡아보지도 않고 기피하지도
않고 그의 얼굴을 그에게서 숨기시지도 않고 그를 향한 그의 부르짖
음을 들으셨기 때문이다.
25 당신으로부터 나온 나의 찬송은 많은 회중 속에 있으니 그를 경외하
는 자들 맞은 편에서 내 서원을 완수하겠습니다.
26 가난한 자들은 먹고 배부를 것이며 야훼를 찾는 자들은 그를 찬송할
지니 너희 마음이 영원히 살아 있기를!
27 땅의 모든 끝이여, 야훼를 기억하고 야훼께 돌아오며 열방의 모든
족속아 당신 앞에 굽혀 절하여라
28 참으로 그 왕국이 야훼의 것이며, 그가 열방을 다스리십니다.
29 먹고 굽혀 절하여라 세상의 모든 살진 자들아,
그 분 앞에 무릎 꿇어라 티끌로 내려가서 그의 목숨을 되살리지 못
할 자들아
30 자손이 그를 섬길 것이며 대대로 주를 선포하리이다.

31 그들이 와서 그의 구원을 이야기하리니 태어날 백성에게 그가 하신
일을

시 40 편

다윗의 시, 인도자를 따라 부르는 노래

1 내가 여호와를 기다리고 기다렸더니 귀를 기울이사 나의 부르짖음
을 들으셨도다.
2 나를 기가 막힐 웅덩이와 수렁에서 끌어 올리시고 내 발을 반석 위
에 두사 내 걸음을 견고하게 하셨도다.
3 새 노래 곧 우리 하나님께 올릴 찬송을 내 입에 두셨으니 많은 사람
이 보고 두려워하여 여호와를 의지하리로다.
4 여호와를 의지하고 교만한 자와 거짓에 치우치는 자를 돌아보지 아
니하는 자는 복이 있도다.
5 여호와 나의 하나님이여 주께서 행하신 기적이 많고 우리를 향하신
주의 생각도 많아 누구도 주와 견줄 수가 없나이다 내가 널리 알려
말하고자 하나 너무 많아 그 수를 셀 수도 없나이다.
6 주께서 내 귀를 통하여 내게 들려주시기를 제사와 예물을 기뻐하지
아니하시며 번제와 속죄제를 요구하지 아니하신다 하신지라.
7 그 때에 내가 말하기를 내가 왔나이다 나를 가리켜 기록한 것이 두
루마리 책에 있나이다.
8 나의 하나님이여 내가 주의 뜻 행하기를 즐기오니 주의 법이 내 심
중에 있나이다 하였나이다.
9 내가 많은 회중 가운데에서 의의 기쁜 소식을 전하였나이다 여호와
여 내가 내 입술을 닫지 아니할 줄을 주께서 아시나이다.
10 내가 주의 공의를 내 심중에 숨기지 아니하고 주의 성실과 구원을
선포하였으며 내가 주의 인자와 진리를 많은 회중 가운데에서 감추
지 아니하였나이다.
11 여호와여 주의 긍휼을 내게서 거두지 마시고 주의 인자와 진리로 나
를 항상 보호하소서.

12 수많은 재앙이 나를 둘러싸고 나의 죄악이 나를 덮치므로 우러러볼
수도 없으며 죄가 나의 머리털보다 많으므로 내가 낙심하였나이다.
13 여호와여 은총을 베푸사 나를 구원하소서 여호와여 속히 나를 도우
소서.
14 내 생명을 찾아 멸하려 하는 자는 다 수치와 낭패를 당하게 하시며
나의 해를 기뻐하는 자는 다 물러가 욕을 당하게 하소서
15 나를 향하여 하하 하하 하며 조소하는 자들이 자기 수치로 말미암아
놀라게 하소서
16 주를 찾는 자는 다 주 안에서 즐거워하고 기뻐하게 하시며 주의 구
원을 사랑하는 자는 항상 말하기를 여호와는 위대하시다 하게 하소서
17 나는 가난하고 궁핍하오나 주께서는 나를 생각하시오니 주는 나의
도움이시요 나를 건지시는 이시라 나의 하나님이여 지체하지 마소서

배경

시편 40편은 몇몇 다른 시편들처럼 두 개의 시를 합성해서 완성했을 가능성이 있다. 그 증거로서 이 시의 13-17절은 시편 70편 전문과 내용이나 형식 면에서 거의 같다. 그리고 이 시의 전반부인 1-11절은 감사시편이고, 후반부인 12-17절이 애가라는 점도 그런 추측을 뒷받침한다. 학자들은 원래 70편이 왕의 기도문이었다가, 후에 감사 시편과 합쳐져 일반 예배용 기도문이 되었을 것으로 보기도 한다. 다후드 같은 학자는 이 시가 합성시였을 가능성을 강력히 제기한다. 그러나 크레이기와 같은 학자들은 감사와 애가의 이질적 주제가 함께 나오는 것은, 의식적 배경 속에서 이해할 때 반드시 합성시로 단정할 수 없다고 한다. 어쨌거나 이 시는 감사와 애가의 두 주제를 따라 전반부와 후반부로 나누어진다. 그리고 전반부는 제 1연(1-5절), 제 2연(6-11), 제 3연(12-13절), 제 4연(14-17절)으로 나누어질 수 있다. 시 40편의 핵심 단어는 '구원'이다. 직접적으로 구원을 언급한 것은 세 번(10, 13, 16)이지만 '들으셨도다'(1), '끌어올리시고'(2), '기적과 생각'(5), '의의 기쁜 소식'(9), '건지시는 자'(17)라는 표현을 통해 하나님의 구원을 노래하고 있다. 이 시의 특징 가운데 하나는 반복과 평행법을 자주 사용한다는 점이며, 대조를 통해 원수와 성도들, 복 있는 사람과 저주 받을 사람들을 극명하게 드러낸다. 저자는 자주 같은 의

미의 단어나 구를 세 번씩 반복한다.

시편 40편은 그리스도인들에게 메시야 시편으로서 중요한 의의를 가진다. 히브리서 10:5-9상에서 시 40:6-8을 인용하여 예수 그리스도의 몸으로 드린 제사가 동물제사를 대치하게 되었다고 증언하기 때문이다. 히브리서 저자는 두루마리 책에 "나를 가리켜 기록한 것"이 예수 그리스도의 몸으로 드릴 제사에 관한 예언으로 해석했다. 우리는 그 해석을 교회의 소중한 유산으로 받아들인다. 그럼에도 불구하고 시 40편의 저자가 동시대 독자들에게 예수 그리스도의 몸이 동물제사를 대신하게 될 것을 예언했다고 보기 어렵다. 마치 그리스도가 자신을 가리켜 '인자(벤 아담, 바르 에나쉬)라고 했기 때문에 주전 1300년대 우가릿 문헌에 나오는 '인자(bu-nu-šu)' 라는 단어가 처음부터 그리스도를 위해 준비된 것이라고 말할 수 없는 것과 같은 이치이다.

구덩이

해석

제 1연(1-5절) 구원자 하나님께 대한 감사

1-2절은 저자가 야훼 하나님의 도우심으로 죽음의 수렁에서 건짐받은 것에 대한 감사이다. 1절에서 저자는 시편의 중요 주제 중의 하나인 '기다림' 을 반복 강조한다. 기다림은 하나님께 대한 신뢰의 표현이다. 2절의 '기가 막힐 웅덩이' 와 '수렁' 은 비슷한 단어의 반복을 통해 자신이 처했던 절망적 상황을 강조하는 것이다. 원래 구덩이(보르)는 물 저장소로 사용되었다(레 11:36, 렘 2:13). 때때로 물을 다 퍼내 썼거나 빠져 나가버린 구덩이는 렘 36:8에서 볼 수 있는 것처럼 의인들을 괴롭히거나 처형하는 장소로 사용되기도 한다. 혹은 토기장이가 필요한 만큼의 진흙을 다 떠간 자리도 구덩이가 되어 같은 용도로 사용된다. 그런데 진흙 구덩이는 죽음을 상징한다. 우가릿 문헌에서 볼 수 있는 바 고대인들의 세계관에서 진흙구덩이는 죽은 자들이 가는 지하세계이다(시 30:3, 46:3, 88:3-6, 140:10). 아마도 저자는 원수들에 의해 구덩이에 던져진 경험을 했을 것이다(창 37:23-24 참조). 저자는 하나님의 구원을 세 번 '끌어올리시고' '반석 위에 두사' '견고하게 하셨도다' 는 표현으로 반복한다.

2절에 나오는 야훼 하나님의 구원을 기점으로 1절에서의 그의 부르짖음은 3절에서 새 노래로 바뀐다. '새 노래' 와 '찬송' 은 반복을 통한 구원의 감격에 대한 강조이다. 그가 노래를 부르는 이유는 많은 사람들에게 야훼 하나님을 알리고 의지하게 만들기 위해서이다. 그는 10절에서 야훼의 구원을 노래로 회중 가운데서 선포한다. 16절에 이르면 믿음의 사람들이 그의 의도대로 "하나님은 위대하시다"라고 말하게 된다.

4-5절은 복 있는 사람에 대한 정의와 하나님의 은총에 대한 감사이다. 4절에서 저자는 야훼를 의지하는 자와 다른 신에게로 돌아선 자를 대조시킨다. 저자는 복 있는 사람을 세 번 묘사하는데, '야훼를 의지하고' '교만한 것들을 돌보지 않고' '거짓 신으로 돌아서지 않는 자' 이다. 5절에서는 하나님이 베푸신 기적과 섭리를 다른 신의 무능함과 대조시킨다. 즉, 하나님의 기적과 섭리는 많고, 주와 견줄 자는 하나도 없으며, 하나님의 베푸신 은총은 수를 헤아리기에 너무 많다는 것이다.

제 2연(6-11절) 하나님께 대한 헌신과 구원의 선포

6절에서 저자는 하나님으로부터 직접 들은 계시를 소개한다. 동물제사와 곡물제사, 번제와 속죄제를 받지 않으셨다는 것이다. 그러면서 저자는 자신이 토라에 기록된 말씀을 실천하겠다고 고백한다. 7절과 8절은 토라와 저자가 장소를 바꾸어 가며 묘사되어 있다. 즉, 토라 두루마리에 저자가 들어 있고, 저자의 뱃속에는 토라가 들어 있다는 것이다. 그처럼 토라와 저자는 뗄레야 뗄수 없을 만큼 연합되어 있다. 특히 6-8은 히 10:5-9상에서 인용되어 동물제사로는 죄를 속할 수 없음을 강조하였다. 진정한 제사는 하나님의 뜻을 행하는 것이라고 단언한다(히 10:7, 9).[17] 10절에는 하나님의 구원 선포에 대한 세 번의 진술 '숨지지 아니하고' '선포하였으며' '감추지 아니하였나이다' 가 반복되어 있다. 9절과 11절은 '닫다' 는 의미의 동사 '칼라' 를 통해 언어 유희를 이루고 있다. 즉, 저자가 입술을 닫지 않고 구원의 기쁜 소식을 전한 것처럼 하나님도 긍휼을 저자에게서 거두지(닫지) 말아 달라고 요청한 것이다. 10절과 11절에 하나님의 대표적 성품 '인자와 진리(헤쎄드 뵈에메트)' 가 반복 진술되어 있는 것도 눈여겨 볼 대목이다. '인자와 진리' 는 두 개의 성품이 아니라 한 성품에 대한 중언법(hendiadys)이다.

17) H. J. Kraus, 시편의 신학, 신윤수 옮김, 비블리카 아카데미아, 488쪽.

제 3연(12-13절) 재앙과 죄악으로부터의 구원 요청

저자는 다시 자신이 처한 곤경을 하나님께 아뢴다. 12절에서 그는 재앙 가운데서 구원 받기를 바라지만 머리털보다 많은 자신의 죄 때문에 낙심한다. 하지만 그는 하나님의 은총을 의지해서 구원을 요청한다. 하나님의 법 행하기를 즐거워하는 그에게도 실수와 허물이 있었던 것이다. 그는 자신의 죄를 숨기지 않고 고백한다. 저자는 하나님의 구원 역사도 숨기지 않지만(9-10절), 자신의 죄도 숨기지 않는다. 13절에서 '나를 구원하소서' 와 '나를 도우소서' 는 평행법이다.

제 4연(14-17절) 원수에 대한 저주와 하나님께 대한 찬양과 확신

14-15절은 원수에 대한 저주로서 14절에서는 동의 대구법이, 15절에서는 반의 대구법이 사용되었다. 14절에서 같은 의미의 단어들인 '수치' 와 '낭패' 가 동시에 사용된 것은 원수들이 겪을 일들을 강조하기 위한 것이다. 저자가 원수들을 저주하는 근거는 하나님 의지하는 자를 위협하고 있기 때문이다. 저자는 율법을 사랑하며, 하나님을 전적으로 의지하는 자이다. 그런 저자를 살해하려는 자들은 야훼께 복종하지 않을 뿐 아니라 다른 신을 섬기는 자들(4) 임에 틀림 없을 것이다. 결국 저자를 위협하는 자들은 하나님을 대적하는 자들로서 저주 받아야 마땅하다. 그와 반면 하나님을 찾는 자는 큰 즐거움 속에서 하나님을 찬양하게 된다. 왜냐하면 그들이 저자에게 임하는 야훼의 구원을 볼 것이기 때문이다. 우리는 14절에서 저자의 원수들-생명을 [찾아] 멸하려는 자들과 16절에서 저자의 동료들-야훼를 [찾고] 그의 구원을 사랑하는 자들이 겪을 일들이 대조가 되어 있음을 본다. 17절에서 저자는 자신이 전적으로 무능하며 하나님의 구원만을 바라보는 불쌍한 존재임을 고백한다. 이것이 야훼를 의지하는 자의 태도이다(사 66:2, 마 5:3 참조). 17절에 나오는 단어 '가난(아니)' 은 많은 경우에 겸손으로 번역된다(잠 16:19, 슥 9:9).

주요 단어와 표현

- 귀를 기울이사(봐예트 엘라이); '굽히다' '뻗치다'는 의미의 동사 '나타(נטה)'와 '~을 향하여'라는 의미의 전치사 '엘(אל)'에 일인칭 어미가 붙어 전체적으로 "나를 향해 구브려"라는 의미를 가지고 있다.

2절

- 기가 막힐 웅덩이와(밉보르 샤온); 미(~로부터), 보르(구덩이), 샤온(폐허)의 세 단어가 합쳐져 직역하면 '폐허의 구덩이'가 된다.
- 수렁에서(미티트 하야뵌); 미(~로부터), 티트(토기장이의 진흙), 하야뵌(진흙 수렁)의 세 단어가 합쳐져 직역하면 '토기장이의 진흙 수렁에서'가 된다. 그러니까 '기가 막힐 웅덩이'와 '토기장이의 진흙 수렁'은 하나의 사실에 대한 중복 표현이다. 그런데 사 41:25을 보면 토기장이가 반죽한 진흙은 '호메르(חמר)'이고, 반죽하지 않은 원재료는 '티트(טיט)'인 것을 알 수 있다. 토기장이들이 진흙을 파낸 '진흙 구덩이'는 생활 폐기물을 버리는 쓰레기 장이 되기도 하고, 사람을 감금시키는 감옥 역할도 하여(렘 38:6) 재산 가치가 없는 땅이 된다. 대제사장들과 장로들이 가룟유다가 돌려준 돈으로 토기장이의 밭을 사서 나그네의 묘지를 삼았다는 것이 진흙 구덩이와 관계된 이스라엘인들의 생활 풍습 단면을 보여준다(마 27:5-10).

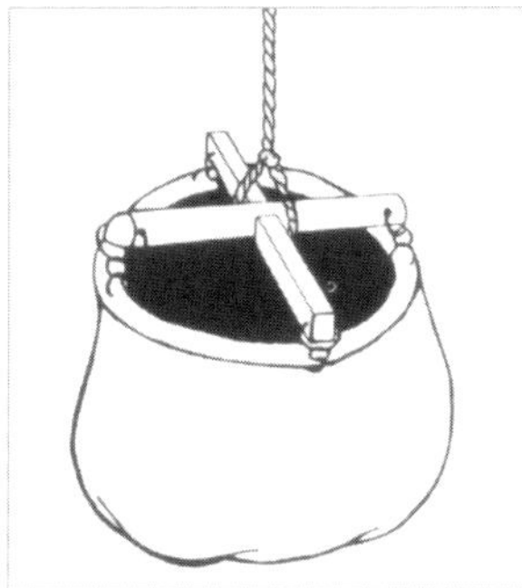

두레박의 이미지

4절

- 교만한 자(레하빔); 욥기, 시편, 이사야에 나오는 신화적 바다 괴물 '라합'의 복수형이다. 라합은 '교만'의 상징으로 알려진다.
- 돌아보지 아니하는(로 파나 엘); 단어의 뜻을 살펴보면 로(~않다), 파나(돌아서다), 엘(~에게로)이다. 그런데 '파나 엘'은 숙어로서 '~을 돌보다'는 뜻이 있다. 따라서 '~을 돌보지 않는'이 된다. 종교적 의미로는 '~을 경배하다'는 의미가 있다.
- 거짓에 치우치는 자(뵈샤테 카자브); 직역하면 '거짓으로 방향을 선회하다'는 의미이다. 그런데 '카자브(כזב)'는 종종 '거짓 신'(NIV)을 가리키므로 '거짓 신에게로 돌아선 자'라고 번역하는 것이 낫다. 그러니까 4절에서 파나(פנה)와 샤테(שטי)는 평행을 이루고 있다.

6절

- 제사와 예물(제바흐 우민하); 동물제사(זבח)와 소제-곡물제사(מנחה)를 가리킨다.
- 주께서 내 귀를 통하여 내게(오즈나임 카리타 리); 직역하면 '당신께서 두 귀를 파서(카라) 내게'가 된다. 그러니까 한글 성경에서 '들려주시기를' '하신지라'는 원문에 없다.

8절

- 즐기오니(하파쯔티); 6절에서 하나님이 제사와 예물을 기뻐하지(하파쯔타) 않으신다는 구절과 대조를 이룬다.
- 나의 심중에(베토크 메아이); 직역하면 '내 내장 가운데'이다. 7절에서 시인에 대한 것이 두루마리 책에 기록되어 있다고 했는데 8절에서는 그 말씀이 시인의 내장에 들어 있다

9절

- 의의 기쁜 소식을 전하였나이다(비싸르티 쩨데크); 많은 경우 '의'는 곧 구원을 의미한다(사 51:5, 61:10, 62:2). 문맥상 9절의 '쩨데크'도 '구원'으로 번역하는 것이 낫다.

10절

- 주의 인자와 진리(하쓰데카 봐아미테카); 직역하면 '당신의 인자와 당신의 진리'이다. 인자와 진리(헤쎄드 뵈에메트)는 하나님의 대표적 성품으로서(출 34:6) 요 1:14에서 헬라어로 '카리스 카이 알레떼이아스'라는 용어를 통해 예수 그리스도의 성품에 그대로 적용된다.

12절

- 수많은(아드 엔 미싸페르); 직역하면 '헤아려 없을 때까지'이다.
- 나의 죄악이 나를 덮치므로(히씨구니 아보노타이); 직역하면 '나의 죄악이 나를 장악해서'가 된다.
- 우러러 볼 수도 없으며(로 야콜티 리르오트 아짜무); 직역하면 '눈이 감겨 볼 수가 없다'이다.
- 내가 낙심하였음이니이다(뵈리비 아자바니); 직역하면 '내 마음이 나를 떠났다'이다.

13절

- 은총을 베푸사(레쩨);직역하면 '기뻐하심을 얻게 되다'이다.

15절

- 자기 수치로 말미암아 놀라게 하소서(야쇼무 알 에케브 보슈탐); 직역하면 '그들이 그들의 수치로 인해 쓸쓸하게 해주십시오'이다. '야쇼무'는 '황폐하게 되다'는 의미의 동사 '샤멤(שׁמם)'의 3인칭 복수 명령형이고, '보슈탐'은 '수치'라는 의미의 보통 명사 '보셑(בשׁת)'에 3인칭 복수 어미가 붙은 것이다.

17절

• 나의 도움이시요 나를 건지시는 이시라(에즈라티 우메파레티); 직역하면 '나의 도움과 나의 구원'이다. 여기서 '도움'은 곤경에 처한 자에 대한 구원 행위이므로, '에즈라티'와 '메파레티'가 중언법으로 사용되었다는 것을 알 수 있다.

적용을 위한 묵상

"내가 왔나이다 나를 가리켜 기록한 것이 두루마리 책에 있나이다"(7).

히브리어 용법에서 "내가 왔다(바아티)"라고 말할 경우 그 이유를 설명하는 말이 뒤따르게 된다. 예를 들어 예수 그리스도가 "내가 온 것은"이라고 말한 다음 "양으로 생명을 얻게 하고 더 풍성히 얻게 하려는 것이라"고 이유를 밝히는 식이다(요 10:10). 예수 그리스도는 이런 관용적 표현을 즐겨 사용했다(마 10:35, 막 10:45, 눅 5:32, 19:10, 요 1:31, 9:39, 12:47). 그러니까 시 40:7에서 "내가 왔나이다"라고 한 다음에 나오는 "나를 가리켜 기록한 것이 두루마리 책에 있나이다"는 문장은 두루마리 책에 기록된 말씀을 지켜 행하러 왔다는 의미로 해석되어야 한다. 저자는 두루마리 책이 자기에 대해 기록되었다고 한다. 한마디로 그는 성경을 읽을 때 그 말씀을 지키라는 하나님의 부르심을 듣는 것이다. 이런 경우 흔히들 개인적인 레마를 들었다고 한다.

성서를 읽을 때 처음에는 스토리가 보이고, 그 다음에는 스토리에서 드러나는 선과 악, 지혜와 어리석음, 성공과 실패가 보인다. 세 번째는 그 모든 스토리의 배후에 계시는 하나님이 보이고, 마지막에는 그 스토리 속에서 자신을 본다. 그래서 스토리와 교훈은 사라지고 하나님과 자신이 일대일로 대면하는 경험을 한다. 이때 자신을 향한 하나님의 뜻이 보이고, 그의 음성이 들리고, 그의 손길이 느껴지는 것이다. 그는 성서의 주인공으로 다시 태어나 하나님과 동행하며 헌신하게 된다. 성서의 교훈들은 그의 삶을 통해 다시금 세상에 알려지게 된다.

히브리어 직역

1 내가 야훼를 기다리고 기다렸더니
그가 내게 구부려 내 부르짖음을 들으셨다
2 폐허의 구덩이에서, 토기장이의 진흙 수렁에서 나를 끌어 올리시고
내 두 발을 반석 위에 올리시며 내 걸음들을 세우셨다
3 내 입에 주셨다. 새 노래, 우리 하나님을 향한 찬송을
많은 사람들이 보고 두려워하고 야훼를 의지할 것이다
4 복 있는 사람은 그의 믿음을 야훼께 두고
교만한 것들을 경배하거나 거짓 신에게로 돌아서지 않는 자이다
5 야훼 나의 하나님 당신께서 행하신 일들이 많습니다
당신의 놀라운 일들과 우리를 향하신 당신의 생각들
아무도 당신과 비교될 수 없습니다
내가 선포하고 이야기하지만 헤아리기에 너무 큽니다
6 동물 제사와 곡물 제사를 당신이 기뻐하지 않으셨다고
당신께서 두 귀를 파셨습니다
번제와 속죄제를 요구하지 않으셨다고
7 그때 제가 말했습니다. 여기 제가 왔습니다
제게 대해 두루마리 책안에 기록되었습니다
8 당신의 뜻 행하기를 내가 기뻐합니다. 내 하나님이여,
당신의 토라가 제 내장 가운데 있습니다
9 내가 많은 회중 가운데서 구원의 기쁜 소식을 전합니다
보십시오, 제가 입술을 닫지 않습니다.
야훼여, 당신께서 아시는 것처럼
10 당신의 구원을 제 마음 속에 숨기지 않았습니다
당신의 성실과 구원을 말하였습니다
많은 회중에게 당신의 인자와 진실을 감추지 않았습니다
11 야훼여, 당신의 연민을 내게서 거두지 마십시오
인자와 진실로 항상 저를 보호해주십시오
12 참으로 끝없는 재앙이 저를 둘러쌌고
제 죄들이 저를 장악하여 눈이 감겨 볼 수 없습니다

그것들이 제 머리의 털보다 많아서 제 마음이 저를 떠났습니다
13 기뻐하심을 얻게 하소서 야훼여 구원해주십시오
야훼여 서둘러 저를 도와주십시오
14 모두 수치와 모욕을 받게 하십시오 내 생명을 찾아 쓸어버리려는 자들이
그들이 뒤로 사라지며 망신을 당하게 하십시오 저의 불행을 기뻐하는 자들이
15 그들이 그들의 수치로 인해 쓸쓸하게 해주십시오
제게 '아하, 아하' 라고 말하는 자들
16 당신 안에서 그들이 크게 기뻐하고 크게 즐거워하게 하십시오
당신을 찾는 모든 자들이
"야훼는 위대하시다"라고 항상 말하게 하십시오
당신의 구원을 사랑하는 자들이
17 저는 가난하고 궁핍하오니 당신께서 저를 생각해주십시오
당신은 나의 도움 그리고 나의 구원이십니다
내 하나님이여, 지체하지 마십시오

시 41 편

다윗의 시, 인도자를 따라 부르는 노래

1 가난한 자를 보살피는 자에게 복이 있음이여 재앙의 날에 여호와께서 그를 건지시리로다
2 여호와께서 그를 지키사 살게 하시리니 그가 이 세상에서 복을 받을 것이라 주여 그를 그 원수들의 뜻에 맡기지 마소서
3 여호와께서 그를 병상에서 붙드시고 그가 누워 있을 때마다 그의 병을 고쳐주시나이다
4 내가 말하기를 여호와여 내게 은혜를 베푸소서 내가 주께 범죄하였사오니 나를 고치소서 하였나이다
5 나의 원수가 내게 대하여 악담하기를 그가 어느 때에나 죽고 그의 이름이 언제나 없어질까 하며

6 나를 보러 와서는 거짓을 말하고 그의 중심에 악을 쌓았다가 나가서는 이를 널리 선포하오며
7 나를 미워하는 자가 다 하나같이 내게 대하여 수군거리고 나를 해하려고 꾀하며
8 이르기를 악한 병이 그에게 들었으니 이제 그가 눕고 다시 일어나지 못하리라 하오며
9 내가 신뢰하여 내 떡을 나눠먹던 나의 가까운 친구도 나를 대적하여 그의 발꿈치를 들었나이다
10 그러하오나 주 여호와여 내게 은혜를 베푸시고 나를 일으키사 내가 그들에게 보응하게 하소서 이로써
11 내 원수가 나를 이기지 못하오니 주께서 나를 기뻐하시는 줄을 내가 알았나이다
12 주께서 나를 온전한 중에 붙드시고 영원히 주 앞에 세우시나이다
13 이스라엘의 하나님 여호와를 영원부터 영원까지 송축할지로다 아멘 아멘.

배경

질병에서의 회복을 주제로 하고 있는 이 시는 학자들에 따라 '개인적인 감사시' 혹은 '개인적인 애가'로 분류되기도 한다. 피셔 같은 학자는 우가릿 문헌에서 왕이 병들었을 때 왕자가 반란을 일으킨 것과 비슷한 상황이 배경이 되고 있다고 주장한다. 그와 같은 상황이 고대 근동에서 다반사로 전개되었던 점을 감안할 때, 저자가 같은 상황에 처했으리라고 볼 수도 있다. 시편 제 1권의 마지막에 수록된 이 시의 시작은 '복 있도다(아슈레)로 시작한다. 그러므로써 맨 앞에 수록된 시의 첫 부분 '복 있도다(아슈레)와 수미상관을 이루고 있다. 그리고 13절은 시편의 편집자가 매 권의 마지막 절에 넣는 후렴구이다(72:19, 89:52, 106:48). 문맥의 흐름을 따라 구조를 분석하자면 첫째 연은 '복 있는 사람에 대한 선언'(1-3), 둘째 연은 '질병과 배신의 고통 속에서의 간구(4-9), 셋째 연은 '확신의 찬양(10-12)'이다.

다른 시편처럼 이 시도 선명한 이미지의 대조를 통해 저자의 정서를 탁월하게 묘사하고 있다. 즉, 병상에 누운 저자와 그를 해치려는 자들의

위선적인 병문안이 갈등 구조를 이루고 있다. 무엇보다 이 시가 그리스도인들에게 특별한 의미를 가지는 것은 그리스도의 수난과 관계된 이미지 때문이다. 공관복음과 달리 요한복음의 저자는 9절이 가룟 유다의 배신을 통해 성취되었다는 그리스도의 선언을 소개하고 있다(요 13:18). 아마도 요한복음의 저자는 그리스도의 수난이 식탁 공동체 내에서의 배신으로부터 시작되었다는 점을 강조하려 했던 것으로 보인다. 왜냐하면 요한복음이 기록될 당시에 유대 그리스도인들은 이미 유대사회로부터 추방되어 이방인과 같이 취급받았을 것이기 때문이다. 따라서 그리스도가 가룟유다에게 배신당하고 이방인에게 넘겨진 것이, 메시야 시편의 성취인 것처럼 자신들도 그리스도와 같은 운명이라는 점을 강조하고 싶었을 것이다.

해석

제 1연(1-3)

첫째 연의 화자는 제사장과 같은 성직자이다. 중보자로서 그는 빈곤한 지를 돕는 의인을 축복하고, 야훼 하나님이 그를 재앙의 날에 건지시도록 기원한다. 그는 다음과 같이 야훼의 구원을 네 번이나 선언한다. "그를 건지시리로다"(1) "그를 지키며 되살려 놓을 것이다"(2) "그를 그의 원수들에게 주지 않을 것이다"(2) "모든 병상에서 일으키실 것이다"(3) 그는 복있는 사람으로 불러지게 되며, 성직자는 그를 위해 야훼 하나님께 중보기도한다(2). 이처럼 저자가 첫째 연에 성직자의 선언과 중보기도를 실은 이유는 둘째 연에서 자신이 겪는 재앙을 호소하고 셋째 연에서 하나님을 찬양하기 위한 것이다. 다시 말해 첫째 연에서 원수들의 위협과(2) 질병(3)으로부터의 객관적인 구원 선언은 둘째 연에서 주관적인 경험에 적용된다(4, 5).

그런데 시 1편에서 복 있는 사람은 야훼의 율법을 지키며 악인들과 상종하지 않는 사람이었다. 이제 시 41편에서 복 있는 사람은 가난한 사람을 돌보는 자이다. 다시 말해서 1편의 복 있는 사람은 하나님과의 관계가 정립된 사람이며, 시 41편에서는 이웃과의 관계가 정립된 사람이다. 그리고 1편에서 복 있는 사람이 계절마다 열매를 맺는 나무처럼 형통하다면 41편에서는 재앙의 날에 야훼가 그를 구원하게 된다.

둘째 연(4-9)

둘째 연은 병중에서 하나님께 올려드리는 탄원으로 시작한다. 저자는 병상에서 하나님의 은총과 회복과 사죄를 구하고 있다(4) 질병 가운데서 먼저 자신의 죄를 회개하는 것은 의인들에게서 찾아볼 수 있는 공통적 자세이다. 그런데 질병보다 더 심각한 것은 그가 망하기를 바라는 자들이다. 그들은 저자의 이름(가문)이 사라지도록 악담하며(5), 병상에서 거짓으로 위로하다가 나가서는 헛소문을 퍼뜨리고(6), 주술을 걸고(7), 최후의 순간이 왔다고 확신하며 음모를 꾸민다(8). 그 무리들 속에는 저자가 신뢰하던 친구도 들어 있다(9). 질병으로 쇠약해진 저자의 친구는 마치 욥의 세 친구처럼 자신의 강건함을 자랑하며 으시댄다. 둘째 연에서 하나님께 올려 드리는 기도는 한 절에 불과하지만 원수들과 배신하는 친구에 대한 묘사는 무려 다섯 절이나 된다. 이것 또한 욥기에서 재난으로 인한 아픔보다 친구들과의 논쟁에 더 많은 지면이 할애된 것과 같다. 그런데 9절에 나오는 저자의 친구는, 문병할 때와 돌아선 다음에 상반된 태도를 보이는 원수들과 꼭 같이 행동하고 있다. 한편으로 저자의 식탁에 베풀어진 떡을 먹으면서 한편으로 배신의 행동을 보이고 있는 것이다. 만약 이 시가 다윗 개인의 체험을 바탕으로 씌어진 것이라면 상황은 더욱 심각하다. 왜냐하면 왕의 식탁에서 식사하도록 초대된 사람은 그만큼 다른 사람보다 은총을 받았기 때문이다. 역사적인 배경을 살펴보면 압살롬의 반란 때 다윗의 모사였던 아히도벨이 반역에 앞장섰고, 아도니야가 스스로 왕이 되려 했을 때 요압이 병상에 누운 다윗을 등졌던 것을 알 수 있다. 학자들 중에는 9절의 식사가 화목제와 같은 제의적 성격을 띤다고 보기도 하지만 굳이 그렇게 해석하지 않아도 친구에게서 배신당하는 아픔은 '이쉬 슐로미(나의 평화의 사람)' 라는 단어를 통해 잘 표현되고 있다.

셋째 연(10-12)

셋째 연은 저자가 야훼 하나님을 향해 "은혜를 베풀고" "일으키고" "원수들에게 보응하게 해달라"는 세 가지 간구로 시작한다(10). 마치 4절에서 세 가지 간구를 올려드리며 둘째 연을 시작한 것과 같다. 그런데 11절부터 돌연 시제가 과거로 바뀌며 하나님이 이미 그를 도와 재앙에서 건지셨음을 감사하고 있다. 그의 기도가 응답이 된 것이다. 그는 하나님이 자기를 기뻐하시며 원수들이 승리하지 못한다는 사실을 알게 되었다(11). 마침내 그는 하나님이 자신을 안전하게 붙드시며, 원수들이 범하지 못하는 장소-하나님 앞에 세우신다는 확신까지 갖게 되었다(12). 10절에서 "원수들에게 보응하게 해달라"는 간구는 개인적인 복수에 대한 서원이 아니라 왕으로서 공의를 실현하기 위한 것과, 그것이 하나님께로부터 온 것을 알리기 위한 것으로 보는 것이 좋다. 13절은 앞서 말한 대로 시 1권 전체의 송영과 같은 성격을 띤다.

주요 단어와 표현

1절

- 가난한 자(달); 빼빼마른 자 혹은 피골이 상접한 자라는 의미이다.
- 보살피는(마스길); 싸칼(שׂכל) 동사의 히필형으로서 직역하면 "이해하는" 혹은 "보는"이다.

2절

- 살게 하시리니(비하예후); 직역하면 "그리고 그가 되살려 놓을 것이다"가 된다.
- 복을 받을 것이라(뵈우샤르); 직역하면 "복 있는 자로 불러질 것이다"이다.
- 원수들의 뜻에(베네페쉬 오예바브); 직역하면 "그의 원수들의 생명에"이다. 여기서 원수들은 맹수의 이미지로 그려지고 있다.

3절

- 병을 고쳐주시나이다(하파흐타 베홀리요); 직역하면 '그의 질병을 당신이 뒤집어 엎으십니다'가 된다.

4절

- 나를 고치소서(르파아 낲쉬); 직역하면 '내 생명을 고쳐주십시오'이다.

5절

- 그의 이름이 없어질까(뵈아바드 쉐모); 여기서 그의 이름을 가리키는 단어 '쉐모(שׁמו)'는 단순히 그의 이름을 가리킨다고 하기보다 그의 이름으로 칭해지는 후손을 가리킨다고 보는 것이 좋다(신 7:24, 9:14, 삼하 18:18, 시 109:13).[18]

18) 김정우, 앞의 책, 879쪽.

6절

- 악을 쌓았다가(이크바쯔 아벤); 직역하면 '사악함을 모아두었다가'이다.
- 나가서는 널리 선포하오며(예쩨 라후즈 예다베르); 직역하면 '바깥으로 나가서 말한다'이다. 여기서 '후쯔(חוּץ)'가 '바깥' 혹은 '거리'라는 의미가 있기 때문에 한글 성경에서 '널리'로 의역했다.

7절

- 수군거리고(이트라하슈); '속삭이다'는 의미의 동사 '라하슈(לחשׁ)'의 히트파엘형 미완료시제에 3인칭 복수 어미가 붙어 "그들이 속삭인다"가 되었다. '라하슈'는 우가릿어에서 '뱀을 부리는 자', 아람어에서 '마법사', 아카드어에서 '악령을 내쫓다'는 의미가 있으며, 히브리어 피엘형에서 '주술사'의 의미로 쓰인다.

8절

- 악한 병이(드바르 벨리알); 직역하면 '벨리알 것'이다. '악함' 혹은 '쓸모없음'이란 의미의 '벨리알'은 구약 성경에 22번 나온다. 이 단어가 가장 많이 사용되는 경우는 '불량배'를 가리킬 때 '브네 벨리알(복수)' 혹은 '벤 벨리알(단수)'로 나온다(신 13:13, 삿 19:22, 20:13, 삼상 2:12, 10:27, 25:17, 왕상 21:10,13, 대하 13:7). 어원이 분명치 않은 이 단어는 신약에서 단 한 번 '귀신'의 의미로 사용되었다(고후 6:15). 벨리알은 유대교와 기독교의 외경에서 지옥의 네 왕자 중 하나인데, 희년서에서는 '벤 벨리알'이 할례받지 않은 이방인을 가리킬 때도 사용되었다.

9절

- 나의 가까운 친구(이쉬 슐로미); 직역하면 '내 평화의 사람'이다. 히브리어에서 '샬롬(שׁלוֹם)'은 '온전' '진실' '번영' '순전' '건강'의 의미를 가지고 있다. 따라서 '내 평화의 사람'을 의역하면 '내 친구'가 된다.
- 나를 대적하여 그의 발꿈치를 들었나이다(히그딜 알라이 아케브); 직역하면 '나를 대적하여 발뒤꿈치를 크게 했다'가 된다. 한글성경 시 55:12에는 '알라이 히그딜'을 '나를 대하여 자기를 높이는 자'라고 번역했다. 그러니까 이 구절은 저자를 대적해서 자기를 높여 과시하는 행동을 가리킨다고 볼 수 있다. 페쉬타나 아퀼라 같은 고대 역본들이 '발꿈치를 잡다(속이다)'로 읽은 것은 히브리어 문법에 맞지 않는다.

11절

• 내 원수가 나를 이기지 못하오니(로 야리아 오예비 알라이); 직역하면 '내 원수가 나를 대적하여 함성을 지르지 못한다'이다.

적용

"나의 가까운 친구도 나를 대적하여 그의 발꿈치를 들었나이다"(9)

이스라엘 문화에서 식탁 공동체의 유대관계는 특별했다. 그것은 한국 사람들에게 있어서 '한 솥 밥을 먹는다'는 의미 이상으로 일종의 동맹관계를 가리켰다. 야곱이 라반과의 갈등을 풀고 상호 불가침 조약을 맺을 때 식사가 뒤따랐던 것이 한 예이다(창 31:46). 그와 반대로 식탁 공동체에 참석하지 않는 것 또한 배신 행위로 간주될 수 있었다. 다윗이 사울의 초하루 식사 때 참여하지 않기 위해 핑계 거리를 만들어야 했던 것과(삼상 20:5-31), 다윗의 식탁에 참여하던 요나단의 아들 므비보셋이 비록 장애인이었다고 하나 피난길에 함께 가지 않으므로 견책을 당한 것이 그 예가 된다(삼하 19:24-30). 그런 점에서 가룟 유다가 식사하던 자리에서 떠나 그리스도를 팔아넘기려 대제사장에게 간 것은 상상할 수 없는 배신 행위였던 것이다. 그는 그리스도의 총애를 받아 공동체의 재정을 맡았던 사람이었고, 마지막 만찬 자리에도 모습을 드러냈었다. 복음서의 저자들이 모두 충격적인 그의 배신 행위를 기록한 것은 그와 같은 맥락에서 이해될 수 있다. 그리스도는 그를 향해 '차라리 나지 않았더라면 더 좋았을 뻔 했다'는 말로 배신 행위를 저주했다(마 26:24). 마태와 누가는 그의 비극적 최후까지 기록하므로 그리스도의 저주가 그에게 임했음을 암시한다. 그리고 우리는 그리스도가 배신당한 이야기를 읽으면서 우리 속에 있는 상처를 치유받는다. 정도의 차이는 있을 망정 누구나 한 두번쯤 크고 작은 배신을 당한 경험이 있을 것이다. 그것이 가장 가까운 사람에게서 왔을 때 받는 충격은 상상할 수 없을 정도로 클 것이다. 그리고 그 상처의 깊이는 오직 하나님만이 아실 것이다. 우리가 할 수 있는 일은 그 배신 당한 아픔을 시 41편의 저자처럼 하나님 앞에 가지고 나아가는 것이다. 하나님이 그 배신자를 처벌하도록 기도하거나 축복하도록 기도하는 것은 나중의 일이다. 그 보다 먼저 해야할 일은 그 배신으로 인한 상처를 배신 당하셨던 그리스도의 십자가 아래에서 치유받는 것이다.

히브리어 직역

다윗의 시, 인도자를 따라 부르는 노래

1 복 있도다 빈곤한 자를 이해하는 자여, 재앙이 닥칠 때 야훼가 그를 구원하시리라
2 야훼가 그를 지키며 되살려놓을 것이고 그는 복 있는 자라고 불려질 것이다.
당신은 그를 그의 원수들의 생명에 주지 마십시오.
3 야훼는 병상에서 그를 붙드실 것이다.
모든 병상에서 그의 질병을 뒤집어 엎으실 것이다.
4 내가 말했다. “야훼여 내게 은혜를 베푸십시오. 내 생명을 고쳐주십시오. 참으로 제가 당신께 죄를 지었습니다”
5 내 원수들이 내게 악담한다 “언제나 그가 죽고 그의 이름이 사라질까”
6 그리고 그가 보러 와서는 헛된 말을 하고, 마음에 사악함을 모아두었다가, 바깥으로 나가서 말한다.
7 하나같이 나를 대적하여 주술을 걸고, 나를 미워하는 모든 자가 나를 대적하여 나를 해칠 음모를 꾸민다
8 악한 병이 그에게 쏟아부어졌으니 자리에 누운 그가 다시는 일어나지 못할 것이다.
9 내가 신뢰하는 내 평화의 사람도 내 떡을 먹으면서 나를 대적하여 발꿈치를 쳐들었다.
10 그러나 야훼 당신은 내게 은혜를 베풀고 일으키셔서 제가 그들에게 보응하게 하십시오.
11 이것으로써 제가 알았습니다. 참으로 당신이 나를 기뻐하시며, 참으로 내 원수가 나를 대적하여 함성을 지르지 못한다는 것을.
12 당신이 저를 저의 온전함 가운데 붙드셨으며, 저를 주 앞에 영원히 세우십니다.
13 이스라엘의 하나님 야훼가 영원부터 영원까지 송축받으시리로다. 아멘 아멘.

시 69편

다윗의 시, 인도자를 따라 소산님에 맞춘 노래

1 하나님이여 나를 구원하소서 물들이 내 영혼에까지 흘러 들어왔나
이다
2 나는 설 곳이 없는 깊은 수렁에 빠지며 깊은 물에 들어가니 큰 물이
내게 넘치나이다
3 내가 부르짖음으로 피곤하여 나의 목이 마르며 나의 하나님을 바라
서 나의 눈이 쇠하였나이다
4 까닭 없이 나를 미워하는 자가 나의 머리털보다 많고 부당하게 나의
원수가 되어 나를 끊으려 하는 자가 강하였으니 내가 빼앗지 아니한
것도 물어주게 되었나이다
5 하나님이여 주는 나의 우매함을 아시오니 나의 죄가 주 앞에서 숨김
이 없나이다
6 주 만군의 여호와여 주를 바라는 자들이 나를 인하여 수치를 당하게
하지 마옵소서 이스라엘의 하나님이여 주를 찾는 자가 나로 말미암
아 욕을 당하게 하지 마옵소서
7 내가 주를 위하여 비방을 받았사오니 수치가 나의 얼굴에 덮였나이다
8 내가 나의 형제에게는 객이 되고 나의 어머니의 자녀에게는 낯선 사
람이 되었나이다
9 주의 집을 위하는 열성이 나를 삼키고 주를 비방하는 비방이 내게
미쳤나이다
10 내가 곡하고 금식하였더니 그것이 도리어 나의 욕이 되었으며
11 내가 굵은 베로 내 옷을 삼았더니 내가 그들의 말 거리가 되었나이다
12 성문에 앉은 자가 나를 비난하며 독주에 취한 무리가 (나를 두고)
노래하나이다
13 여호와여 (나를) 반기시는 때에 내가 주께 기도하오니 하나님이여
많은 인자와 구원의 진리로 내게 응답하소서
14 나를 수렁에서 건지사 빠지지 말게 하시고 나를 미워하는 자에게서
와 깊은 물에서 건지소서

15 큰 물이 나를 휩쓸거나 깊음이 나를 삼키지 못하게 하시며 웅덩이가
내 위에 덮쳐 그것의 입을 닫지 못하게 하소서
16 여호와여 주의 인자하심이 선하시오니 내게 응답하시며 주의 많은
긍휼에 따라 내게로 돌이키소서
17 주의 얼굴을 주의 종에게서 숨기지 마소서 내가 환난 중에 있사오니
속히 내게 응답하소서
18 내 영혼에게 가까이 하사 구원하시며 내 원수로 말미암아 나를 속량
하소서
19 주께서 나의 비방과 수치와 능욕을 아시나이다 나의 대적자들이 다
주님 앞에 있나이다
20 비방이 나의 마음을 상하게 하여 근심이 충만하니 불쌍히 여길 자를
바라나 없고 긍휼이 여길 자를 (바라나) 찾지 못하였나이다
21 그들이 쓸개를 나의 음식물로 주며 목마를 (때에는) 초를 마시게 하
였사오니
22 그들의 밥상이 올무가 되게 하시며 그들의 평안이 덫이 되게 하소서
23 그들의 눈이 어두워 보지 못하게 하시며 그들의 허리가 항상 떨리게
하소서
24 주의 분노를 그들의 위에 부으시며 주의 맹렬하신 노가 그들에게 미
치게 하소서
25 그들의 거처가 황폐하게 하시며 그들의 장막에 사는 자가 없게 하소서
26 무릇 그들이 주께서 치신 자를 핍박하며 주께서 상하게 하신 자의
슬픔을 말하였사오니
27 그들의 죄악에 죄악을 더하사 주의 공의에 들어오지 못하게 하소서
28 그들을 생명책에서 지우사 의인들과 함께 기록되지 말게 하소서
29 오직 나는 가난하고 슬프오니 하나님이여 주의 구원으로 나를 높이
소서
30 내가 노래로 하나님의 이름을 찬송하며 감사함으로 (하나님을) 위대
하시다 하리니
31 이것이 소 곧 뿔과 굽이 있는 황소를 (드림)보다 여호와를 더욱 기
쁘시게 함이 될 것이라
32 곤고한 자가 이를 보고 기뻐하나니 하나님을 찾는 너희들아 너희 마

음을 소생하게 할 지어다
33 여호와는 궁핍한 자의 (소리를) 들으시며 자기로 (말미암아) 갇힌 자
를 멸시하지 아니하시나니
34 천지가 그를 찬송할 것이요 바다와 그 중의 모든 생물도 (그리) 할
지로다
35 하나님이 시온을 구원하시고 유다 성읍들을 건설하시리니 무리가 거
기에 살며 소유를 삼으리로다
36 그의 종들의 후손이 또한 이를 상속하고 그의 이름을 사랑하는 자가
그 중에 살리로다

배경

이 시는 원수들의 박해로 죽기 직전에 있는 한 성도의 기도이다. 그를 죽음으로 내 몰고 있는 원수들은 사실상 하나님을 대적하는 자들이다. 왜냐하면 저자가 하나님의 집을 위한 열성 때문에 박해를 받게 되었기 때문이다. 그들은 저자뿐 아니라 하나님을 구하는 가난한 성도들도 박해한다. 따라서 저자는 자신의 구원이 가난한 성도들에세 소망이 될 것을 확신하며 원수들을 저주한다.

시 69편은 내용상 '개인적 애가'에 속한다. 이 시에서 죽음의 심연으로 빠져들어가는 자신에 대한 구원의 간구, 원수들에 대한 저주 기원, 세상의 모든 성도에 대한 축복과 감사제의 서원 등은 애가에서 흔히 볼 수 있는 주제들이다. 저자가 다윗으로 되어있지만 이 시가 어떤 역사적 배경에서 씌어졌는지 분명하지 않다. 35절에서 하나님이 시온을 구원하시고 유다의 도시들을 건설하실 것이라는 확신은 앗수르와 바벨론의 침공을 연상시키기 때문이다. 그런데 이 시가 그리스도인들에게 친숙한 이유는 신약성경에서 그리스도의 고난을 설명할 때 인용되었기 때문이다. 이를테면 9절 전반부는 성전을 정결케하신 그리스도에게(요 2:17), 하반부는 수욕을 당하신 그리스도에게(롬 15:3) 인용되었다. 21절은 십자가에 달리신 그리스도가 받은 음료수를 설명하는데 사용되었다(마 27:34, 48). 그리고 25절은 그리스도를 팔아넘긴 가룟 유다의 최후를 설명하는데 인용되었다(행 2:20). 이 시의 구조는 주제의 흐름을 따라 제 1연 죽음의 심연과 원수의 위협에서 구원을 간구함(1-21), 제 2연 원수에 대한 저주 기원(22-29), 제 3

연 감사제의 서원(30-36)으로 나눌 수 있다.

해석

제 1연 죽음의 심연과 원수의 위협에서 구원을 간구함(1-21)

제 1연은 애통과 간구가 번갈아 묘사되어 있다(애통; 1-4, 7-12, 19-21 간구;5-6, 13-18).

저자를 위협하는 죽음의 심연은 1-2절과 13-15에서 깊은 물, 수렁, 홍수로 묘사되는데, 이는 스올에 대한 은유적 표현이다. 고대근동의 세계관에서 죽은자가 가는 곳이 심연의 물 아래에 있는 진흙구덩이이다. 본문에서 저자가 직면한 죽음의 위협은 원수로부터 왔으며(4절), 그 결과 가족과 사회로부터 외면당한다(8-12). 저자가 사람들로부터 외면당하는 현실은 마치 죽은 자가 산 자의 세계와 단절되는 것을 연상시키고 있다. 그럼에도 불구하고 저자는 하나님께 간구하는데, 13-15절에서 일곱 번, 16-18절에서 다시 일곱 번 구원하심을 간구한다. 4절에서 저자는 강도로 몰려 감옥에 갇혀 있다. 21절에서 원수들이 그에게 독과 식초를 음식물로 주는 것도 그가 갇혀 있음을 암시한다. 6-7절은 하나님의 백성 가운데 저자처럼 의로운 사람들이 낙심하지 않도록 자신을 구원해주시기를 바라는 기도이다. 그 하나님을 바라는 자들은 32-33절에서 저자의 회복된 모습을 통해 다시 소망을 얻게 된다. 7절과 9절에서 저자가 당하는 고난은 하나님을 을 섬긴 결과로 주어진 것임을 밝히고 있다. 따라서 저자를 향한 비난은 곧 하나님을 향한 비난이 된다(9하).

9절 상반부에서 '주의 집을 위하는 열성이 나를 삼켰다' 는 것은 성전을 향한 열심 때문에 죽임 당했다(먹혀버렸다)는 의미이다. 예레미야는 성전이 무너질 것이라고 예언하다가 죽을 뻔 했으며, 스룹바벨은 성전을 재건하다가 목숨을 잃었던 것으로 보인다. 원래 이 구절은 메시야 예언이 아니었지만, 성전을 정결케 하시는 그리스도가 고난 당하는 것을 보던 제자들이 떠올린 구절로 복음서에 기록되었다. 9-12절에는 저자의 의로운 행동 세 가지-금식, 애곡, 자루 옷을 입음과 그에 대한 조롱 세 가지-비유, 비난, 조롱 노래가 대조를 이루고 있다. 13-15절에는 일곱 번의 간구 '응답하소서' '건지사' '빠지지 말게 하시고' '건지소서' 휩쓸지 못하게 하소서' '삼키지 못하게 하소서' '입을 닫지 못하게 하소서' 가 나온다. 15절에 나오는 '큰 물' '깊은 물' '웅덩이' 는 2절의 스올에 대한 묘사를 반복한 것이다. 16-18절에도 일곱 번의 간구 '응답하소서' '돌이키소서' '숨지지 마소서' '응답하소서' '가까이 하소서' '구속하소서' '속량하소서' 가 나온다.

이 간구 중 18절에 나오는 '원수들' 은 앞선 7 간구 중 '스올' 과 평행을 이루고 있다. 즉, 저자의 고난은 개인적 질병이나 자연재해로 인한 것이 아니라 원수들로부터 온 것임을 보여준다. 20-21은 제 1연의 하이라이트라고 할 수 있다. 저자는 정신적으로 고통을 받지만 위로 받지 못하고 있으며(20), 육체적으로 죽어가지만 독과 식초로 생명을 연장받고 있을 뿐이다(21). 21절은 복음서에서 십자가에 달리신 그리스도의 고난을 묘사할 때 인용되었다.

제 2연 원수에 대한 저주 기원(22-29)

원수들에 대한 저주 기원은 다음과 같이 세 부분으로 나눌 수 있다. 자유와 건강상실(22-24), 가문과 주거지의 상실(25-26), 하나님 백성으로서의 신분 상실(27-29) 또한 이 저주 기원은 일곱 가지로 구성된다. 첫째, 올무에 걸림(22) 둘째, 신체 장애를 입게 됨(23) 셋째, 하나님의 재앙을 받게 됨(24) 넷째, 가문이 끊어지고 주거지를 잃게 됨(25) 다섯째, 악행을 정죄받음(27) 여섯째, 공동체에서 추방됨(27) 내세에 영원한 형벌을 받음(28) 이 저주들은 저자가 당하는 고난과 대조를 이루는 것이다. 첫째, 저자는 원수들로 말미암아 자유를 속박당했고(2,4, 15, 18) 둘째, 눈이 멀고 목이 쉬었으며(2) 셋째, 하나님을 위해 고난 받았고(7) 넷째, 가족으로부터 외면당했으며(8) 다섯째, 무고히 정죄 받았고(4, 19) 여섯째, 공동체에서 버림받았으며(12) 일곱째, 산 채로 구덩이에 던져져 위로 받지 못했기 때문이다(20-21). 저주 기도문에서 25절은 사도행전에서 베드로가 가룟 유다의 최후를 설명할 때 인용되었다. 21절과 마찬가지로 25절도 원래는 메시야 예언이 아니었으나 유추의 원리에 의해 그렇게 적용되었다고 할 수 있다(롬 15:3, 4).

제 3연 감사제의 서원(30-36)

제 3연은 다음과 같이 하나님의 구원에 대한 감사제의 서원을 주제로 하고 있다. 첫째, 저자의 감사 찬양(30-31) 둘째, 가난한 자들의 찬양(32-33) 셋째, 모든 피조물들의 찬양(34) 넷째, 시온과 유다를 회복시키시는 하나님에 대한 소망(35-36)이다. 30절에서 저자는 하나님의 구원하심을 확신하면서 감사의 찬양을 드리겠다고 한다. 29절에서 이미 그는 가난하다고 고백했다. 따라서 황소와 소를 바칠 재력이 없는 것이다. 그러면서 그는 언어유희를 통해 노래(쉬르)가 황소(쇼르)보다 낫다고 한다. 하나님이 동물 제사보다 회개와 감사를 더 기뻐하신다는 것은 시편의 주된 사상이다(시 40:6, 50:9-15, 51:16-17). 32-33절에서 하나님의 구원에 대한 찬양이 저자 개인에게서 가난한 의인들의 감사로 발전하는 이유는 간단하다. 저자가 당하는 일이 그들이 당하는 일과 같기 때문이다(4, 6, 33).

주요 단어와 표현

1절

- 내 영혼에 까지(아드 납쉬); 직역하면 '내 목숨에까지'이다. 물들이 목숨에까지 왔다는 것은 익사 직전에 있다는 의미이다.

2절

- 큰 물이 내게 넘치나이다(뵈쉬볼레트 쉐타파트니); 직역하면 '그리고 홍수가 내 위에 넘쳤다'이다.

3절

- 부르짖음으로 피곤하여(야가티 베코르리); 직역하면 '내가 부르짖다 지쳤다'이다.
- 나의 목이 마르며(니하르 게로니); 직역하면 '내 목이(게로니) 탔다(니하르)'이다.
- 나의 눈이 쇠하였나이다(칼루 에나이); 직역하면 '내 눈이 끝났다'이다. 끝났음을 의미하는 동사 '칼라(כלה)'는 창 2:1에서 "천지와 만물이 다 이루어지니라(야클루)"에서 사용되었다.

8절

- 객이 되고(무자르 하이티); 직역하면 '멀어졌다'이다.

• 낯선 사람(노흐리); 직역하면 '나그네' 혹은 '거류민'이다.

9절

• 주의 집을 위하는 열성(키느아트 베이테카); 주(당신)의 집이 성전을 가리키는 것인지, 하나님의 백성을 가리키는 것인지 명확하지 않다(렘 12:9-13). '열성'으로 번역된 '키느아(קִנְאָה)'에서 신약 시대의 '열심당'을 가리키는 '카나이(קַנַּאי)'가 나왔다.

• 내게 미쳤나이다(나플루 알라이); 직역하면 '제 위에 떨어졌습니다'이다.

11절

• 굵은 베(사크); 염소털이나 낙타털로 짠 자루로서, 금식이나 회개할 때 입는다. 아마포(linen)로 만든 삼베(hemp cloth)가 아니다.

• 말거리(마샬); 직역하면 '교훈' 혹은 '비유'이다. 즉, 사람들이 저자의 경건한 행동을 비난거리로 사용하고 있는 것이다.

13절

• 반기시는 때에(에트 라쫀); 직역하면 '용납하시는 때에'이다. '라쫀(רָצוֹן)'은 '용납하시는 은총'을 가리킨다.

• 많은 인자와 구원의 진리(베로브 하쓰데카 베에메트 이쉬에카); 하나님의 성품-인자와 진리를 말하고 있다(출 34:6, 요 1:14).

15절

• 웅덩이(베에르); 많은 경우 '우물'로 번역된다. 따라서 저자가 갇혀 있는 곳은 물이 있는 진흙 구덩이인 것을 알 수 있다.

17절

• 내가 환난중에 있사오니(키-짜르-리); 직역하면 '제가 갇혀 있기 때문입니다'이다.

18절

• 구원하시며(게알라); 직역하면 '구속하십시오(가알)'이다.

• 나를 속량하소서(페데니); 직역하면 '몸값을 지불하십시오(파다)'이다.

19절

• 주님 앞에 있나이다(네그데카); 직역하면 '당신의 반대 편에 있는'이다. 그러니까 19절에서 하나님은 저자의 고난과 원수들을 함께 아신다.

20절

• 내 마음을 상하게 하여 근심이 충만하니(샤베라 리비 봐아누샤); 직역하면

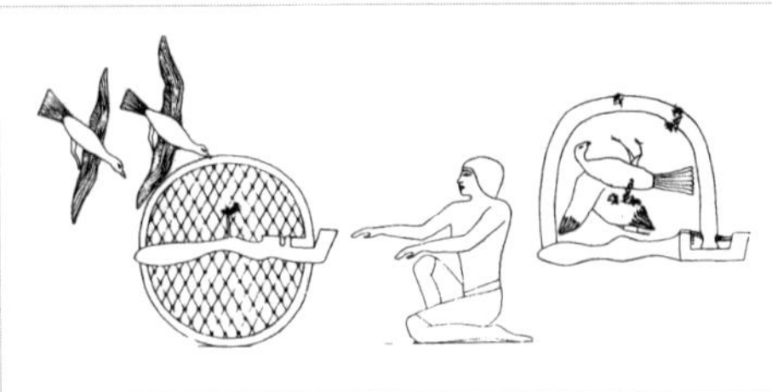

새덫

'내 마음을 깨뜨려 병이 들었으니'이다.

- 긍휼히 여길 자를(라메나하밈); 문자대로는 '위로할 자들'이다.

21절

- 쓸개를(로쉬); 독초나 뱀으로부터 얻어진 독을 가리킨다(신 29:18, 32:33).
- 초를 마시게 하였사오니(야슈쿠니 호메쯔); 직역하면 '초를 음료로 주었다'이다.

22절

- 그들의 밥상이 올무가 되게 하시며(예히 슐하남 리프네헴 레파); 직역하면 '그들 앞에 있는 그들의 식탁이 새덫이 되어라'이다. 한글 성경에는 '리브네헴(그들 앞에서)'가 번역되어 있지 않다. 그리고 '식탁이 새 덫이 되라'는 저주는 판자나 광주리를 막대기로 괴어 새를 잡던 사냥을 연상시킨다. 따라서 일반적인 '올무'로 번역하는 것은 적절하지 않다. 새 이외의 다른 짐승들을 잡기 위한 덫으로 판자가 사용되지 않기 때문이다. 그리고 '되게 하시며'라고 번역될 수 없는 것은 "되어라(예히)'가 하나님을 향한 간구가 아니라 원수들의 식탁을 향한 저주이기 때문이다.
- 평안이 덫이 되게 하소서(벨리슐로밈 레모케쉬); 직역하면 '그리고 평안들이 미끼가'이다. 그러나 문장 첫 머리에 나오는 '예히(되어라)'의 수식을 받아 '그리고 평안들이 미끼가 되어라'로 번역할 수 있다. 평안들이 미끼가 된다는 것은 새가 안심하고 덫 주변에 널린 미끼들을 쪼아먹는 장면을 연상시킨다. 시 41:9에서 '슐로미(나의 평안)'이 가까운 친구(동맹)를 가리키므로 '평안들(슐로밈)'을 '동맹자들'로 번역하는 것이 낫다.

23절

- 그들의 눈이 어두워 보지 못하게 하시며(테흐샤크나 에네헴 메르오트); 직역하면 '그들의 눈이 멀어 못 보게 되어 버려라'이다.

24절

- 주의 맹렬하신 노(하론 아페카); 직역하면 '당신의 코의 타오르는 진노'이다.

25절

• 그들의 거처가(티라탐); '그들의 마을이'로 번역하는 것이 낫다(민 31:10).

26절

• 핍박하며(라다푸); 직역하면 '추격하며'이다.

• 주께서 상하게 하신 자(할랄레카); 직역하면 '칼로 벤 자'이다.

27절

• 주의 공의에 들어오지 못하게 하소서(뵈알-야보우 베찌데카테카); 직역하면 '그들이 당신의 구원 안으로 오지 못하게 하십시오'이다.

29절

• 높이소서(테사그베니); 문맥상 '보호하소서'가 더 낫다.

32절

• 마음을 소생하게 할지어다(뷔히 레바브켐); 문맥상 '너희들의 마음이 소생하게 될지어다'로 번역하는 것이 낫다. 한글 성경은 가난한 자들이 스스로 마음을 소생시키도록 저자가 명령하는 것으로 되어 있다. 그러나 명령을 받는 대상이 가난한 자들이 아니라 그들의 마음이므로 어법상 맞지 않다.

34절

• 찬송할 것이요(예할렐루후).

7현금을 연주하는 악사

적용을 위한 묵상

"나를 반기시는 때에"(13)

하나님의 용납하시는 은혜(favor)를 가리키는 단어 '라쫀(רָצוֹן)' 은 구약성서에 18번 나온다. 근본적으로 사람은 하나님의 용납하시는 은혜가 아니면 하나님께 나아갈 수가 없다. 마치 왕의 허락을 받은 사람이 왕 앞에 나아갈 수 있는 것과 같은 원리인 것이다. 신약성서에서 이 단어는 헬라어로 εὐδοκίας(유도키아스)' 이다. 한글성경 누가복음을 보면 베들레헴에서 양을 치던 목자에게 들려준 천사의 노래에 이 단어가 '기뻐하심' 으로 번역되어 있다. 평화가 '기뻐하심을 입은 사람들' 에게 제한 되는지, 땅에는 평화 그리고 '사람들에게는 기뻐하심' 인지 해석이 달라질 수 있다. 중요한 것은 '라쫀'이 하나님께 나아가는데 절대적으로 필요한 은혜라는 것이다. 시 69편의 저자도 이 사실을 깊이 인식했던 것 같다. 따라서 "용납하시는 때에…. 응답해주십시오"라고 기도했던 것이다. 오늘을 살아가는 그리스도인들이 기도로 하나님께 나아가려고 할 때 먼저 간구해야 할 은총임에 틀림없다.

히브리어 직역

다윗의 시, 인도자를 따라 소산님에 맞춘 노래

1 저를 구원하십시오 하나님이여, 물들이 내 목까지 왔습니다.

2 제가 빠졌습니다. 깊고 설 자리 없는 수렁에.
제가 깊은 물들에 왔고, 홍수가 제 위로 넘쳐 흘렀습니다

3 제가 부르짖다 지쳐 목이 쉬었고 내 하나님을 기다리다 눈이 멀었습니다

4 무턱대고 저를 미워하는 자들이 제 머리털보다 많고, 저를 없애려는 거짓 원수들이 강해서 제가 빼앗지 않은 것도 물어 줍니다.

5 하나님 당신은 제 어리석음을 아셨습니다. 그래서 제 잘못이 당신으로부터 숨겨지지 않았습니다.

6 당신을 기다리는 자들이 저를 통해 부끄러움을 당하게 하지 마십시오. 주 만군의 여호와여, 당신을 구하는 자들이 저를 통해 망신을 당하게 하지 마십시오.

7 참으로 제가 당신 때문에 비난을 감수했고, 욕이 내 얼굴을 덮었습니다

8 제가 제 형제들에게 멀어졌고, 제 어머니의 아들들에게 나그네가 되었습니다.

9 당신의 집에 대한 열심이 저를 삼켰고, 당신을 비난하는 비난이 제게 떨어졌습니다

10 제가 제 생명을 금식시키며 울었지만 제게 욕이 되었습니다.

11 제가 자루로 옷을 입었더니 그들에게 비유거리가 되었습니다

12 성문에 앉은 자들이 저를 조롱합니다. 그리고 독주를 마신 자들의 음악입니다.

13 그러나 저는 제 기도를 당신께 드립니다. 야훼여 하나님의 용납하시
는 때에 크신 인애를 따라 구원의 진리로 제게 응답하십시오
14 수렁에서 저를 건져 빠지지 않게 하십시오. 저를 미워하는 자들과
깊은 물로부터 제가 건져지겠습니다.
15 홍수가 제 위로 넘쳐흐르지 않게 하십시오. 깊음이 저를 삼키지 못
하게 하십시오. 웅덩이가 제 위로 입을 닫지 못하게 하십시오.
16 제게 응답하십시오, 야훼여. 참으로 당신의 인애가 선하십니다. 크신
연민을 따라 저를 향해 돌아오십시오.
17 당신의 얼굴을 당신의 종으로부터 숨기지 마십시오. 속히 제게 응답
하십시오. 제가 갇혀 있기 때문입니다.
18 제 생명에 다가와 구속하십시오. 제 원수들로 인해 제 몸값을 지불
하십시오.
19 당신은 아십니다. 제게 대한 비난과 제 수치와 제 망신과 당신 맞은
편에 있는 제 모든 원수들을.
20 비난이 세 마음을 깨뜨려 병이 났는데, 불쌍히 여김을 기다리나 아
무도 없고, 위로할 자들을 만나지 못했습니다.
21 그들이 나의 먹을거리로 독을, 나의 목마름에는 초를 음료로 주어
왔습니다.
22 그들의 식탁은 새 덫이 되고, 동맹자들은 미끼가 되어 버려라
23 그들의 눈은 멀어 못 보게 되고, 그들의 허리는 항상 떨리게 되어
버려라
24 당신의 분노를 그들의 위에 쏟으십시오. 그리고 당신의 코의 타오르
는 진노가 그들에게 이르게 하십시오.
25 그들의 마을은 황무지가 되고, 그들의 장막에는 앉은 자가 아무도
없게 되어 버려라
26 왜냐하면 그들이 당신의 강타하신 자를 추격하며, 당신이 칼로 베신
자의 슬픔을 이야기하기 때문이다.
27 그들의 악행 위에 악행을 얹어 그들이 당신의 구원 안으로 오지 못
하게 하십시오
28 그들을 생명책으로부터 지워지게 하셔서 의인들과 함께 기록되지 못
하게 하십시오

29 저는 가난하고 고통스러우니 당신의 구원으로 하나님이여 저를 보호
해주십시오
30 내가 노래로 하나님의 이름을 찬송하며 감사함으로 그를 위대하시게
할 것이다
31 이것이 소보다 뿔과 굽이 있는 젊은 소보다 더 야훼께 좋을 것이다.
32 가난한 자들이 보고 기뻐할 것이니 하나님을 구하는 자들아, 너희들
의 마음이 소생하게 될지어다.
33 참으로 야훼는 가련한 자들을 들으시며 그의 갇힌 자를 멸시하지 않
으신다
34 하늘과 땅이여 그를 찬송하라, 바다와 그 가운데서 움직이는 모든
것들도
35 왜냐하면 하나님이 시온을 구원하시고 유다의 도시들을 건설하셔서
그들이 거기에 살며 그것을 차지할 것이기 때문이다
36 그의 종들의 후손이 그곳을 차지하고 그의 이름을 사랑하는 자들이
거기에 거주할 것이다.

아 가

함께 부르는 노래

아 가

히브리어 성경에서 노래 중의 노래(쉬르 하쉬림)라는 제목이 붙어 있는 이 책은 유월절 마지막 날에 낭송 된다.[19] 이 책에는 하나님의 이름이 한 번도 나오지 않고 남녀의 사랑 이야기로 가득 차 있다. 그럼에도 불구하고 어엿이 성경에 들어있는 것은 유대인들의 독특한 해석 때문이다. 유대인들은 이 책의 남녀 이야기가 하나님과 이스라엘의 특수한 관계를 우화적으로 묘사한 것으로 본다. 랍비 아키바가 아가를 성문서 가운데 가장 거룩한 책이라고 극찬하면서 정경성(canonicity)을 주장했던 이유도 거기에 있다. 그런 점에서 아가를 그리스도와 교회의 특수한 관계에 대한 우화적 표현으로 보는 그리스도교도 유대교와 해석의 맥을 같이 한다. 초대 교회 4대 교부 가운데 한 사람으로 추앙되는 오리게네스(주후 185-254년)가 본문의 문자적 의미 이상의 것을 추구하는 해석의 기초를 놓은 이래로, 그리스도교는 그의 유비(알레고리)적 해석을 따라왔다.[20] 분명한 것은 아가서가 종교적인 노래가 아니라는 점이다. 일반적으로 종교적인 노래가 찬양(미즈몰)이라는 이름이 붙여지는데 비해 아가서는 시(쉬르)로 분류되기 때문이다. 그런데 이 책을 어떤 관점으로 읽느냐 하는 것보다 더 중요한 것은, 이 책을 통해 누가 무엇을 어떻게 말하고 있느냐는 것이다.

19) 유대인들이 아가를 유월절에 낭송하기 시작한 것은 주후 8세기부터이다.

20) 엄격한 금욕생활을 하며 신플라톤주의 철학적 관점에서 성경해석을 시도했던 그는 육적인 생활을 가치 없게 여겨 마 19:12의 가르침대로 스스로 자신의 생식기를 거세했다.

1. 배 경

저자와 기록 연대, 장소, 문학 양식

아가의 저자가 솔로몬이라고 생각하는 이유는 1:1의 '솔로몬의 아가라' 는 구절 때문이다. 그러나 그 구절에서 '솔로몬의(레숄로모 לשלמה)' 라고 번역된 단어를 '솔로몬에 대한' 으로도 번역할 수 있다. 왜냐하면 히브리어에서 전치사 '레(ל)' 는 소유격(~의)을 나타내기도 하지만 지시격(~에 대한)을 나타내는 경우가 더 많기 때문이다. 무엇보다도 이 책에서는 솔로몬을 완전한 제삼자로 지칭하고 있다. 예를 들면 이 책에서 화자는 솔로몬이 외국에서 첩을 데리고 오기 위해 보낸 일행과 가마를 구경꾼의 한 사람으로 구경하고 있다(3:6-10). 그리고 솔로몬의 재산과 자신의 재산을 비교하기도 한다(8:11-12). 흥미로운 것은 솔로몬의 결혼식 때 어머니가 왕관을 머리에 씌웠다는 표현이다(3:11). 이것을 문자대로 해석하면 솔로몬은 결혼식 때 밧세바가 그의 머리에 면류관을 씌우는 즉위식을 동시에 거행했다는 이야기가 된다. 그것은 사독과 나단 선지자에 의해 기름 부어졌다는 역사적 기록과 맞지 않는다. 오히려 신랑과 신부를 왕과 왕비에 비유하여, 신랑의 머리에 신랑 어머니가 결혼대관식(wedding coronation) 왕관을 씌워주던 민간풍속에 대한 묘사이다. 따라서 이 책에서 왕으로 묘사된 자가 꼭 솔로몬일 필요가 없는 것이다. 결정적인 것은 신랑과 신부가 일남일녀의 폐쇄적 사랑(exclusive love)에 헌신되어 있다는 점이다. 그들은 다른 사람에게 눈을 돌리지 않으며, 서로를 그리워한다. 만약에 이 책에 나오는 화자가 솔로몬이라면, 이미 왕비가 60명에 후궁이 80에 이른(6:8) 그가 노래 속의 여주인공 술람미 여인에게만 헌신한다는 말이 성립되지 않는다. 게다가 솔로몬은 이 시점으로부터 부인을 더 얻어 후궁 700명, 첩을 300명이나 두게 된다. 만약에 솔로몬이 아가의 저자라면 수많은 비빈처첩 가운데서 오직 술람미 여인만 사랑한 다음, 부인을 860명이나 더 얻었다는 이야기가 되어 내용상 앞뒤가 맞지 않는다. 백번 양보해서 솔로몬이 1000명의 아내들 가운데서 오직 술람미 여인만 사랑했다고 하더라도 과연 솔로몬의 그런 애정행각이 하나님과 이스라엘과의 관계 혹은 예수 그리스도와 교회와의 관계를 어떻게 나타낼 수 있겠는가?

만약에 아가가 솔로몬의 저작이 아니라면 저자는 솔로몬 시대에 살았던 익명의 한 시인일 것이다. 그리고 그 시인은 민간에 애송되는 연애 시들을 최종적으로 편집했을 것이다. 아가에 나오는 노래들이 줄거리와 장면 배경들을 가지고 있음에도 불구하고, 통일된 이야기 구조를 가지고 있지 않다. 그것은 원래 따로 지어진 노래들을 한데 묶었기 때문이라는 사실을 보여준다. 이 책에서 솔로몬의 부인들이 아직 140 명밖에 되지 않은 것으로 묘사되는 점으로 보아, 적어도 일부 노래들은 솔로몬의 통치

초창기에 만들어진 것으로 보인다. 그리고 아가가 사랑의 기쁨을 목가적 분위기에서 만끽하는 것을 내용으로 한다는 점으로 미루어 볼 때, 태평성대를 구가했던 솔로몬의 통치 시대와를 배경으로 한다는 것을 알 수 있다. 그리고 저자는 예루살렘 근교에 살았던 것 같다. 왜냐하면 저자는 솔로몬의 신부들이 탄 가마가 예루살렘으로 들어가는 것을 지켜보고 있으며(3:6-7), 솔로몬의 포도원과 가까운 곳에 자신의 포도원이 있다고 말하기 때문이다(8:11-12).

아가의 문학 양식은 시(쉬르)이며, 연애 시의 범주에 속한다. 랜즈버거(Landsberger) 같은 학자는 아가서가 구두로 전승된 시들을 일관성의 원리에 입각해서 기록한 것이라고 주장한다. 그는 아가서의 편집자가 자신이 기억하는 시들을 우선 기록한 후에, 계속해서 그와 비슷한 단어와 주제가 포함된 여러 시들을 첨가한 것으로 본다. 팔크(Falk) 같은 학자는 아가가 서른 한 개의 시로 구성되어 있는 연애 시 모음집으로 간주한다. 고디스(Gordis)나 액섬(Exum) 같은 학자들도 대체로 연애 시 모음집이라는 견해를 가지고 있다. 그러니까 아가 안에는 연애, 결혼식, 신혼부부의 밀월, 사랑하는 남녀의 친구들과 같은 다양한 소재가 들어있는 것이다. 문학적 기법도 다양하여 도시와 농촌에서 찾아낸 식물, 동물, 건축물의 모든 이미지를 동원했을 뿐 아니라 언어유희, 반복(2:7, 3:5, 8:4), 직유, 은유, 완곡법을 자유자재로 사용하고 있다. 그리고 아가는 사랑하는 연인의 신체를 자세히 묘사하는 아랍의 와습(Wasf) 시의 형태를 띠고 있다.

원 독자

아가의 원 독자는 솔로몬 시대의 이스라엘 백성들일 것이다. 역사상 가장 평화로운 시대를 만난 그들은 삶의 행복을 노래하며 살았는데, 특별히 남녀 간의 사랑을 통한 삶의 아름다움을 거리낌 없이 표현하였다. 그들이 가진 남녀 간의 사랑과 결혼에 관한 가치관은 솔로몬의 무절제한 그것과 극명한 대조를 이룬다. 따라서 이 책에는 원 독자들과 관련된 이슈들-성의 아름다움, 결혼의 정상적인 과정, 만족한 결혼 생활의 조건, 피해야 할 결혼 생활의 위험 등이 나와 있다.

주제와 관점

아가는 단순히 사랑의 기쁨을 노래한 연애 시 모음집이 아니라, 사랑의 가치와 규범을 가르치는 지혜 시 모음집이기도 하다. 아가에 나오는 결혼 규범과 윤리는 잠언에서 가르치는 것과 다르지 않다. 아가서의 주제는 결혼의 테두리 안에서 누리는 사랑과 성의 자유이다. 이 주제는 다음과 같은 관점들을 통해 다루어지고 있다.

첫째, 성(sex)은 아름다운 것이다. 하나님이 주신 선물이기 때문에, 종족 번식의 수단인양 소극적으로 다루어질 것이 아니다. 오히려 부부가 함께 즐길 도구이며, 서로에 대한 의무이자 사랑의 극치이다. 그러므로 수치스러워하거나 감출 것이 아니라 드러내고 최대한 누려야 한다.

둘째, 사랑과 성은 결혼제도 속에서 다루어져야 한다. 따라서 결혼 전의 성은 순결하게 보호되어야 한다.

셋째, 사랑과 성은 만족한 결혼생활의 기초이다. 성애는 배우자에 대한 칭찬과 감사를 전제로 하며, 상호만족에 이르므로 완성된다.

넷째, 성적 만족은 배우자 한 사람에게로 제한되어야 한다. 배우자에 대한 도덕적 신실함은 혼전 순결 못지않게 중요하다.

기록 목적

아가를 최종 완성한 저자는 평범한 남녀의 사랑과 결혼의 묘사를 통해, 이스라엘 민족 안에 건전한 성문화가 뿌리내리기 원했을 것이다.

첫째, 이방의 왜곡된 성문화로부터 벗어나 긍정적이고 올바른 성문화가 정착되게 하기 위해 이 노래를 지었을 것이다.

둘째, 사랑과 성의 만족을 통해 야훼 하나님이 주신 삶의 행복을 누리도록 권유하기 위해 이 노래를 지었을 것이다.

특징

1. 번역본에 따라 하나님이란 단어가 단 한번 나오거나 전혀 나오지 않을 수도 있다. 예를 들어 한글 개역, ASV, NASV 등은 8:6의 '샬

헤베트야(שַׁלְהֶבֶתְיָה)' 를 '여호와의 불' 로 번역하지만 RSV, NRSV, NIV 등에는 '맹렬한 불꽃' (vehement flame, mighty flame)으로 번역되어 있다.

2. 신약에서 언급되거나 인용되지 않았다.
3. 유대인들은 전통적으로 유월절 제 8일에 이 책을 낭독한다.
4. 완곡어법(euphemism)과 풍유법(allegory)을 통해 성을 거리낌 없이 묘사하고 있다.
5. 솔로몬의 복잡한 결혼관계와 이 책의 주인공들인 한 부부의 행복한 결혼이 대조를 이루고 있다.
6. 혼전 순결과(4:12) 결혼 후의 신실함이(8:6-10) 강조되어 있다.
7. 시간적 순서를 따른 결혼의 과정을 기록한 것이 아니라, 감정의 흐름을 따라 사랑과 결혼의 아름다움을 주제별로 노래한 것이다.

해석의 유형

1. 풍유적(Allegorical) 해석 ; 초대 기독교 교부들과 로마 가톨릭 교회, 정통주의 유대교 랍비들은 이 책을 하나님과 이스라엘과의 관계를 우화적으로 표현한 것으로 보았다. 실제로 야훼와 이스라엘과의 관계는 남녀 간의 성적 관계에 비유되었다(사 1:21, 렘 3:1, 겔 16, 23장, 호 1-2장). 그러나 구약에서 하나님과 이스라엘과의 관계를 남편과 아내로 비유했을 때는 이스라엘의 신실하지 못함을 책망하기 위해 부정적인 개념으로 사용했다는 점에서 자연스럽지 못한 해석이다. 이 같은 풍유적 해석은 육체를 천한 것으로 보고, 성에 대해 말하는 것을 금기시 하는 스토아적 헬라 철학에 영향을 받은 결과로 나온 것이라고 할 수 있다.

2. 예표적(Typological) 해석 ; 전통적 개신교 학자들은 교회에 대한 그리스도의 사랑을 표현한 것으로 본다. 저자가 솔로몬일 것이라는 전제 아래 솔로몬은 그리스도의 예표이며, 신부는 교회로 보는 것이다. 그러나 신약에서 예수 그리스도와 교회와의 관계가 남편과 아내로 비유되었을 때 사용된 헌신과 복종의 개념은, 이 책이 보여주는 부부의 노골적 성애와 사뭇 다르다. 따라서 저자를 과연 솔로몬으로 볼 수 있는가라는 의문

이 제기되는 해석이다. 이 해석은 최근 메소포타미아 지역에서 아가서와 같은 형태의 연애 시들이 발굴됨으로써 점차 설득력을 잃어가고 있다.

3. 문자적(Literal) 해석 ; 결혼하게 된 남녀의 사랑을 직설적으로 표현한 것으로 보는 견해로서, 오늘날 폭넓게 지지를 받고 있는 해석이다.[21] 이 책이 왜곡된 성을 하나님의 관점에서 바로 잡는 지침서라는 것이다. 그런 관점에서 본다면 이 책이 성경에 포함될 수 있느냐는 해묵은 논쟁에도 종지부를 찍을 수 있다. 왜냐하면 하나님이 창조하신 성에 관해, 긍정적이면서도 높은 윤리적 표준을 제시하고 있기 때문이다. 그것은 구약에서 보여주는 왜곡된 성도덕의 예들 - 삼손, 다윗, 암논, 르우벤, 유다와 극명한 대조를 이룬다. 이 책에서 보여주는 성은 관능적이지만 순결하고, 노골적이지만 도덕적이다. 따라서 이 책을 통해 독자들은 비로소 하나님이 성에 관해 무엇을 말씀하시는지 보다 구체적으로 알 수 있게 된 것이다.

21) 제임스 쿠걸, 구약성경개론, CLC, 753쪽.

●적용을 위한 묵상

이 책에서 말하고 있는 하나님의 백성들의 사랑과 성은 다소 충격적인 것 같으나 난잡하지 않다. 서로에 대한 인격적 존중과 배타적 사랑에 대한 신뢰를 바탕으로 묘사되고 있기 때문이다. 오늘날 교회 안팎에서의 성적 타락은 두 가지 요인에서 비롯된다고 할 수 있다. 첫째는 교회가 성에 관해 말하기를 금기시하기 때문이고, 둘째는 세상에서 접하는 성에 관한 지식들이 왜곡되어 있기 때문이다. 만약에 교회 안에서 사랑과 성에 관해 아가 수준으로 가르친다면 아래와 같은 문제들이 줄어들거나 없어질 지도 모른다.

• 이혼 • 결손 가정 • 문제아 • 마약 중독 • 자살 • 동성연애
• 성폭행 • 근친상간 • 미혼모 • 임신 중절 • 매춘 • 성병
• 포르노 • 아동 유괴 • 아동 성추행 • 살인 • 인신 매매 • 고아

2. 내용

〈구조와 요절〉

아가는 총 8장 117절로 구성된 30 개의 시 모음집이다. 이 책에 나오는 노래들은 신랑과 신부와 합창단의 교창 형식으로 진행된다. 따라서 누가 부르는 노래인가를 아는 것이 중요하다. 이 책에서 신부가 신랑을 부르는 호칭은 '나의 사랑하는 자' ' 왕' '내 친구'이며, 신랑이 신부를 부르는 호칭은 '나의 사랑' '내 친구 ' '나의 누이'이다. 그리고 예루살렘의 딸들은 합창단을 가리킨다. 이 시들을 간략하게 정리하면 다음과 같이 7개의 단락으로 나누어 볼 수 있다.

소단원 1 자화상(1:1-7)

신 부 ; 1:1-4상

합창단 ; 1:4하

신 부 ; 1:5-7

소단원 2 만남의 기쁨(1:8-2:7)

신 랑 ; 1:8-10

합창단 ; 1:11

신 부 ; 1:12-14

신 랑 ; 1:15

신 부 ; 1:16-2:1

신 랑 ; 2:2

신 부 ; 2:3-6, 7

소단원 3 마음을 빼앗김(2:8-3:5)

후렴, 2:8-10상

신 랑 ; 2:10하- 15

신 부 ; 2:16-3:4 꿈, 5

소단원 4 완전한 만족(3:6-5:1)

후렴, 3:6-10, 11 합창단에게 말함

신 랑 ; 4:1-15

신 부 ; 4:16
신 랑 ; 5:1상
합창단 ; 5:1하

소단원 5 떨어져 살 수 없음(5:2-6:10)

신 부 ; 5:2-8 꿈
합창단 ; 5:9
신 부 ; 5:10-16
합창단 ; 6:1
신 부 ; 6:2-3
신 랑 ; 6:4-10

소단원 6 둘만의 사랑(6:11-7:13)

신 부 ; 6:11-12
합창단 ; 6:13상
신 랑 ; 6:13하- 7:9
신 부 ; 7:10-13

소단원 7 지켜야 할 성(8:1-14)

신부 ; 8:1-4
합창단 ; 8:5상
신 랑 ; 8:5하-7
합창단 ; 8:8-9
신 부 ; 8:10-14

요 절

"너는 나를 도장 같이 마음에 품고 도장 같이 팔에 두라 사랑은 죽음 같이 강하고 질투는 스올 같이 잔인하며 불길 같이 일어나니 그 기세가 여호와의 불과 같으니라 많은 물도 이 사랑을 끄지 못하겠고 홍수라도 삼키지 못하나니 사람이 그의 온 가산을 다 주고 사랑과 바꾸려 할지라도 오히려 멸시를 받으리라"(8:6-7)

〈아가 구조〉

소 단 원	정서적 표현	기록 장소	기록 연대
1:1-7 자화상	내가 비록 검으나	예루살렘으로 가는 길목의 어느 농촌	솔로몬 통치 초창기
1:8-2:7 만남의 기쁨	여인 중에 남자들 중에		
2:8-3:5 마음을 빼앗김	엿보는구나		
3:6-5:1 완전한 만족	실과 먹기를 원하노라		
5:2-6:10 떨어져 살 수 없음	내가 잘지라도		
6:11-7:13 둘만의 사랑	사랑하는 자에게 속하였구나		
8:1-14 지켜야 할 성	나는 성벽이요		

〈해 설〉

소단원 1 자화상(1:1-7)

첫 단원은 신부와 합창단의 노래로 구성되어 있다. 포도원에서 일하는 신부는 먼저 신랑에게 침실로 데려가 줄 것을 요청하고(1:1-4), 신랑이 양치는 곳으로 가서, 정오 쉬는 시간에 함께 사랑을 나누기 원한다(1:5-7). 저자는 신부의 고백을 통해, 평범한 사람들도 진정한 사랑으로 왕과 왕비처럼 만족하며 살 수 있음을 선언한다. 솔로몬의 이름이 거론된 이유는, 평범한 사람들의 정상적인 결혼생활이 솔로몬의 정략적 결혼생활보다 훨씬 더 행복하다는 것을 말하기 위한 것 같다. 흥미로운 것은 신부가 신랑에게 적극적으로 성애를 표현한다는 것이다. 진정한 사랑에는 꾸밈이나 망설임이 없다.

소단원 2 만남의 기쁨(1:8-2:7)

신랑과 신부가 맘껏 성애의 기쁨을 노래하고 있다. 신랑은 신부의 가슴에 얼굴을 묻고 밤을 지내며(1:13)[22] 두 사람은 야외에서도 정사를 벌인다(1:16-17). 신부는 신랑과 잠자리를 같이 하는 것이 마치 단 사과 열매를 먹은 것과 같다고 느낀다(2:3). 신부는 신랑의 왼 팔을 베개로 오른 팔에 안겨 잠든다(2:6). 신랑은 신부가 수말들을 흥분시키는 암말과 같이 자신을 흥분시킨다고 고백하며(1:9)[23] 신부는 신랑이 엔게디의 고벨 화 꽃처럼 그녀를 향기로 취하게 만든다고 고백한다(1:14). 또한 신랑은 마치 흥겨운 잔치로 신부를 초대한 것처럼, 땅주인이 자신의 소유를 확인하기 위해 깃발을 꽂은 것처럼 신부를 만족시켜준다(2:4). 신부는 정사를 벌이느라 기운이 달려 영양보충이 필요한 상태가 된다(2:5). 신부는 신랑의 품에서 계속 잠들어 있고 싶어 한다(2:7).[24] 흥미로운 것은 정사를 벌이는 것과 함께 서로가 서로를 칭찬해주고 있다는 것이다. 신랑은 신부가 다른 여인들보다 예쁘고(1:8), 비둘기 눈처럼 생명력이 있으며(1:9), 머리털로 덮인 뺨이 예쁘고 목걸이 장식을 한 목이 아름다우며(1:10), 가시나무 가운데 백합화 같다고 칭찬한다(2:2). 신부는 신랑이 엔게디 포도원의 고벨 화

람세스 2세의 가데스 전투 병마 (1:9)

22) "내 사랑은 내게 모르 향주머니라 내 유방 사이에서 그가 밤을 지낸다" 히브리어 직역성경, p. 1193. 신랑은 신부의 가슴에 매달려 있는 몰약 향주머니에 비유되고 있다. 몰약 향주머니는 악취를 제거하고 성욕을 증가시키는 목적으로 목에 걸었다.

23) "파르오의 전차들 속에 있는 암말에 내가 너를 비교하였다. 내 사랑아" 히브리어 직역성경. p. 1193.

24) 고대 근동 미술에서 노루와 들사슴(does)은 흔히 사랑의 여신과 함께 있는 것으로 묘사된다. 노루와 사슴이 상징하는 사랑의 이미지는 계속된다(2:9,17, 3:5).

고벨화(Henna) 1:14

처럼 향기롭고(1:14), 수풀 사이의 사과 열매처럼 달며(2:2), 잠자리에서 확실하게 만족시켜 준다고 칭찬한다(2:6).

소단원 3 마음을 빼앗김(2:8-3:5)

신랑과 신부가 처음 만나 연애할 때부터 함께 부부로 살아가면서 겪는 심리를 묘사한 노래이다. 그들은 처음에 상대방이 알아채지 못하게 몰래 달려와 엿보면서 연정을 키워나간다(2:8-9). 마침내 서로에 대한 사랑을 확인하고 남자의 간청에 따라 남들의 눈에 띄지 않는 들판에서 은밀하게 만났다(2:10-14). 남자는 사랑의 방해꾼을 경계하라고 여자에게 요청한다.[25] 여자는 이미 자신의 마음을 남자에게 주었노라고 고백하면서 일과가 끝나면 사랑을 함께 나누자고 요청한다(2:16-17). 둘은 마침내 결혼해서 함께 생활한다. 신부는 신랑을 잃어버리고 밤새도록 성중을 찾아 헤매는 꿈을 꾼다. 꿈속에서 그녀는 신랑을 다시 만나 행복한 잠에 빠져든다(3:1-5). 여기에서 어머니의 집(3:4)은 이삭이 리브가를 아내로 맞아들인 곳(창 24:28) 혹은 룻과 오르바의 친정(룻 1:8)을 가리킬 때 사용된 단어이다. 유산 상속이나 땅 소유와 같은 법적 문제를 다룰 때 사용되던 아비 집(창 38:11, 레 22:13)과 대등한 개념이다. 어머니는 가사와 출산 등으로 가정 안에서 그 중요성이 인정되었다.

25) 이집트 사랑의 노래에서 여우는 성적으로 공격적인 남성을 가리켰다.

사과(2:3)

소단원 4 완전한 만족(3:6-5:1)

솔로몬의 정략적 결혼보다 평민의 순수한 사랑과 결혼이 훨씬 행복하다는 것이 강조되어 있다. 군대의 호위를 받으며 화려한 가마에 실려 오는 솔로몬의 신부(3:6-11)보다 저자의 신부가 훨씬 더 눈에 띄게 아름답고 황홀하며(4:1-11) 순결하다(4:12-15)는 사실이 강조되고 있다. 화려한 솔로몬의 가마에 탄 신부가 부러움을 살지 모르지만, 그 가마는 얼마 있지 않아 다른 신부를 실으려 외국으로 보내질 것이다. 그와 대조적으로 신랑은 신부 한 사람만을 사랑하면서 칭찬을 그칠 줄 모른다. 그녀의 신체부위-베일에 가려진 채 바라보는 비둘기 같은 눈, 길르앗의 염소 털 같은 머리털, 털 깎인 암양 같은 치아, 홍색 실 같은 입술, 어여쁜 입, 석류 같은

여우(2:15)

뺨, 방패를 걸어둔 다윗의 망대처럼 목걸이가 걸린 곧은 목, 쌍 태 어린 사슴 같은 유방을 노래한다. 그녀는 너무 고고하여 마치 레바논 산과 헤르몬 산과 같다(4:8). 신랑은 그녀의 눈망울과 고운 목에 반했다고 고백한다(4:9). 그녀의 사랑은 포도주보다 더 취하게 만들고(4:10), 그녀와의 키스는 꿀처럼 감미롭다(4:11). 무엇보다 신부는 혼전 순결을 지킨 여자이다(4:12).[26] 그녀의 순결한 육체는 신랑에게 기쁨을 줄 수 있는 향기와 생수의 원천이 된다(4:13-15). 마침내 신부는 온 마음으로 자신을 높여준 신랑을 성의 환희로 초대한다(4:16). 신랑은 합창단과 함께 잔치의 노래를 부른다(5:1).

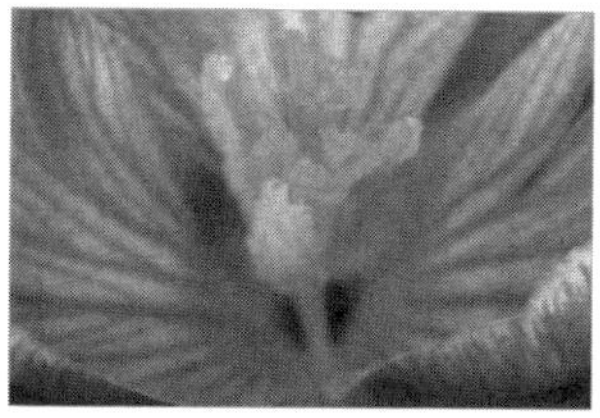
나도풀(4:13)

26) 샘과 우물은 잠언에서 배우자의 성을 의미했다(잠 5:15-19). 동산은 샘과 우물이 있는 곳 즉, 여성의 육체를 가리킨다(4:12,16).

소단원 5 떨어져 살 수 없음(5:2-6:10)

꿈속에서 신랑을 잃어버렸다가 다시 찾아 더욱 사랑하게 된다는 소재가 다시 한 번 등장하고 있다(5:2-16). 신랑을 너무 사랑한 나머지 병이 났다든가(5:8), 신랑이 낮에 일하는 곳을 알아 두어야 마음이 놓인다든가(6:2-3) 하는 소재도 다시 한 번 나오고 있다(2:5, 15-17, 3:1-4 참조). 신랑은 신부의 아름다움을 극찬하면서 솔로몬의 140명 부인들도 부러워할 정도로 눈부시다고 자랑한다(6:4-10).

석류꽃(6:11)

소단원 6 둘만의 사랑(6:11-7:13)

신랑은 신부를 술람미 여인(하슐라미트)으로 부르고 있다.[27] 그런데 술람미는 정관사가 붙어 있는 것으로 보아, 신부의 이름이나 지명이 아니라 별명일 것이다. 신랑은 그의 친구들에게 그녀의 춤추는 모습을 보이게 하고 싶지 않다(6:13). 그녀의 관능미 넘치는 춤을 혼자 보고 싶기 때문이다. 신랑은 마침내 그녀의 벗은 몸을 자세히 관찰하면서 황홀경에 빠진다(7:1-9).[28] 신부는 신랑을 위해 최음제(합환채)와 과일을 준비해놓고 성적 환희로 초대한다(7:10-13).

호두나무(6:11)

27) 시 41:10에서 '슐로미'는 가까운 남자 친구를 가리킨다.

28) 넓적다리, 배꼽, 허리는 실제 신체 부위를 가리킬 수도 있고, 생식기에 대한 완곡한 표현일 수 있다.

소단원 7 지켜야 할 성(8:1-14)

신부가 둘 만의 시간을 방해받고 싶지 않아 하는 대목이 반복되고 있

합환채 꽃(7:13)

다(8:1-4, 2:6-7 참조). 신부는 신랑의 사랑에 만족하면서 자존감이 완전히 회복된다(8:1). 신랑은 신부와의 관계를 그 무엇과도 바꿀 수 없는 소중한 가치로 여긴다(8:6-7). 이것은 간음의 어리석음을 경고하는 잠언의 가르침과 맥을 같이한다(잠 6:34-35). 합창단은 신부를 향해 성벽과 성문의 은유로 노래한다. 여기서 성벽은 보호되어야 할 성(sex)을 상징하고, 성문 역시 허가받은 사람에게만 열려져야 할 성(sex)을 가리킨다. 그런 점에서 신부가 자신을 성벽이라고 화답한 것도 혼전 순결을 지켰음을 암시하고 있는 것이다(8:10). 신부는 다시 한 번 부유한 솔로몬의 아내가 되는 것이 부럽지 않다고 말한다. 비록 적은 소득으로 살지만, 자신만을 사랑하는 한 남자의 아내로 사는 것이 훨씬 더 행복하다는 것이다(8:11-14).

◆ 성경 연구 클리닉

합환채 열매(7:13)

아가에 나타난 부부 사랑의 원리

1. 사랑과 성은 하나님이 주신 선물로서 귀하게 여기고 맘껏 누려야 한다.
2. 사랑과 성은 결혼의 테두리 안에서 다루어져야 한다.
3. 사랑의 행복은 성적 만족으로 최고조에 이른다.
4. 성애에 들어가기 전 상대방에 대한 칭찬과 배려-시각, 후각, 청각적 준비가 필요하다.
5. 성애는 여성의 초대로 시작된다.
6. 성애가 끝난 뒤에도 신체적 접촉이 필요하다.
7. 사랑과 성은 부부가 폐쇄적으로(exclusively) 누려야 한다.

〈아가에 부치는 노래〉

사랑보다 큰 선물

작사 김 인철

1. 사랑보다 큰 선물 어디 있으랴
결혼보다 큰 사랑 그 무엇이랴

솔로몬의 여인들 천 명이어도
술람미 여인과 견줄 수 없네
사랑 없는 결혼식 성대하지만
한 몸 이룬 사랑과 바꿀 수 없네

사랑보다 강한 것이 어디 있으랴
결혼보다 완전한 것 그 무엇이랴

2. 사랑만한 큰 기쁨 찾을 수 있나
침실 같은 낙원 어디에 있나

우리들의 누운 자리 푸른 숲이나
솔로몬의 궁전도 부럽지 않네
동이 트면 일터로 가야 하지만
한 몸 이룬 이 밤 영원하여라

사랑보다 뜨거운 것 어디 있으랴
한 몸처럼 달콤한 것 그 무엇이랴

잠언

지혜는 생명이다

Ann Kim 2003

잠 언

29) 마샬의 복수형태가 미슐레이 이다.

오늘날 히브리어 성경에 '잠언(미슐레이, מִשְׁלֵי)'으로 되어 있는 이 책의 원래 이름은 '솔로몬의 잠언(미슐레이 슐로모, מִשְׁלֵי שְׁלֹמֹה)'이었다.[29] 지혜의 수집을 솔로몬에게 돌리려 했던 고대 이스라엘인들의 생각을 반영한 것이다. 왜냐하면 솔로몬은 야훼 하나님으로부터 직접 지혜를 받았기 때문이다(왕상 3장). 히브리어에서 잠언(마샬, מָשָׁל)은 속담, 우화, 격언, 강론의 형식으로 표현되는 지혜를 가리킨다. 다시 말해서 이스라엘 공동체에서 중요하게 여기는 가치들을 확산 전승시키기 위한 목적으로, 오랜 세월에 걸쳐 잠언이 만들어지고 집대성 된 것이다. 따라서 잠언에는 장수와 번영 등 성공적인 삶을 위한 실제적 지침, 윤리 도덕적 규범의 훈계, 야훼 하나님에 대한 경외와 순종의 권고 등이 들어 있다. 그런 주제들을 배우고 실천하기 쉽도록 짧은 문장으로 간단명료하게 표현하고 있다. 그러기 위해 각가지 문학적인 기법-자연과 일상생활에서 관찰될 수 있는 사물과 현상들의 유비(analogy), 여러 종류의 대구법(parallelism)이 사용되었다. 흥미로운 것은 잠언에 나오는 의인화된 지혜를, 신약의 저자들이 예수 그리스도의 신성을 증명하는데 탁월하게 사용했다는 사실이다.

1. 배 경

저자와 기록 연대, 장소, 문학 양식

잠언은 솔로몬을 비롯한 여러 고대 현자들에 의해 만들어지고 수집된 책이다. 그 중에서 솔로몬은 주 저자이자 편집자이다. 열왕기 저자에 의하면 그는 잠언 3,000개를 지었고, 주변 국가의 왕들이 그에게서 지혜를 듣기 위해 찾아왔다(왕상 4:32, 34). 그리고 이 책에는 그가 지은 잠언이 직접 소개되어 있기도 하다(1:1-22:16, 25:1-29:27). 그리고 지혜자(22:17-24:34) 야게의 아들 아굴(30:1-33), 마사 왕 르무엘(31:1-31) 같은 현인들의 잠언도 함께 소개되어 있다. 그것은 이 책에 외국에서 수입한 속담과 격언들이 들어있음을 보여주는 것이다. 특히 22:17-24:22은 애굽의 <아멘-엠-오페의 훈계서>와 매우 흡사하다.[30)]

잠언이 오랜 세월에 걸쳐 편집된 모음집이라는 것은 유다 왕 히스기야(주전 715-687년)의 신하들이 편집했다는 기록을 보아서도 알 수 있다(25:1). 잠언 중 어떤 것은 주전 1400 년대 이스라엘이 가나안에 정착할 당시로까지 연대가 올라갈 수 있으며[31)] 어떤 것은 주전 600 년대 포로기로까지 연대가 내려갈 수도 있다. 그것은 역사서와 예언서에 들어 있는 속담들을 볼 때 알 수 있다. 예를 들어 "에브라임의 끝물 포도가 아비에셀의 만물 포도보다 낫다"(삿 8:2)와 "대저 사람이 어떠하면 그 힘도 그러하니라"(삿 8:21)는 속담은 사사 기드온 시대에 이미 이스라엘에 속담이 있었음을 보여준다. 그 외에도 "악이 악인에게서 난다"(삼상 24:13)와 "갑옷 입는 자가 갑옷 벗는 자처럼 자랑하지 못할 것이라"(왕상 20:11)는 속담은 왕정시대를 전후해서 속담이 계속 민간에서 사용되었음을 보여준다. 그리고 "아비가 신 포도를 먹었으므로 아들의 이가 시겠느냐"(겔 18:1)와 "어미가 그러하면 딸도 그러하다"(겔 16:44)는 속담은 포로기 이후에도 계속해서 새로운 속담이 만들어지고 사용되었음을 보여준다. 잠언에 들어 있는 많은 격언들이 솔로몬 시대에 만들어졌음을 보여주는 증거는, '세 가지' 혹은 '네 가지' 식으로 표현되는 소위 숫자 잠언이다. 솔로몬 당시에 저술된 근동의 지혜문학에는 이처럼 숫자 잠언이 많이 등장한다. 그러나 비평학자들이 주장하는 것처럼 잠언의 연대가 헬라시대까지 내려가지는 않는다. 왜냐하면 잠언에는 헬라어뿐 아니라 페르시아어도 발견되지 않기 때문이다.

잠언이 비록 한 사람의 저술이 아니라 모음집이기는 하지만, 많은 부분이 솔로몬에 의해 만들어지고 편집된 점, 히스기야의 신하들이 편집에 관여한 점을 생각한다면 기록 장소는 예루살렘이 될 것이다.

잠언의 문학 형식은 주로 대구법(parallelism)을 사용하는 히브리 시가

30) 총 30장으로 되어 있는 이 책은 애굽의 중왕국 시대 교과서였으며, 현재까지 복사본이 많이 남아 있다.

31) 우가리트 문학의 연구로 8-9 장에 초기 가나안 속담에 영향을 받은 것들이 들어 있음을 알게 되었다.

형태를 취하고 있다. 예를 들어 "내 아들아 내 말을 지키며 내 계명을 간직하라 내 계명을 지켜 살며 내 법을 눈동자처럼 지키라"(7:1-2)는 동의 대구법이, 그리고 "지혜로운 아들은 아비를 기쁘게 하거니와 미련한 아들은 어미의 근심이니라"(10:1) 혹은 "의인의 수고는 생명에 이르고 악인의 소득은 죄에 이르느니라"(10:16)는 반의 대구법이다. 그런가하면 "하늘의 높음과 땅의 깊음 같이 왕의 마음은 헤아릴 수 없느니라"(25:3) 혹은 "마음이 상한 자에게 노래하는 것은 추운 날에 옷을 벗음 같고 소다 위에 식초를 부음 같으니라"(25:20)는 상징 대구법이고, "너는 이웃 집에 자주 다니지 말라 그가 너를 싫어하며 미워할까 두려우니라"(25:17)은 종합 대구법이다. 그리고 "도둑이 만일 주릴 때에 배를 채우려고 도둑질 하면 사람이 그를 멸시하지는 아니하려니와 들키면 칠 배를 갚아야 하리니 심지어 자기 집에 있는 것을 다 내주게 되리라"(6:30-31)는 점층 대구법이다.

그리고 잠언에는 수사법도 자주 사용되었다. 예를 들어 "도적질한 물이 달고 몰래 먹는 떡이 맛이 있다 하는도다"(9:17)는 것은 궤변(sophism)이며, "세상을 진동시키며 세상이 견딜 수 없게 하는 것 서넛이 있나니…."(30:21-23)는 수수께끼(riddle)이다. 그리고 "재앙이 뉘게 있느뇨? 근심이 뉘게 있느뇨? 분쟁이 뉘게 있느뇨? 원망이 뉘게 있느뇨? 까닭 없는 창상이 뉘게 있느뇨? 붉은 눈이 뉘게 있느뇨?"(23:29)는 수사적 질문(rhetoric question)이고, "여호와의 미워하시는 것 곧 그 마음에 싫어하시는 것이 육칠 가지니 곧 교만한 눈과 거짓된 혀와…"(6:16-19)는 목록(list)이다. 이외에도 직유(11:22), 은유(15:4), 신인동형과 신인동정(24:18), 의인화(1:20), 제유(16:31), 환유(6:17), 과장(30:3), 완곡(5:15-18) 등 다양한 수사법이 사용되고 있다.

원 독자

잠언의 원 독자는 두 계층-평민, 왕족 혹은 궁정관리들이다. 평민들은 부모를 통해 자연과 인간관계를 다스리는 소위 씨족 지혜(clan wisdom)를 전수 받는 사람들이다. 즉, "아비의 훈계와 어미의 법"을 지키도록 교육되는 대상들이다. 또 하나의 원 독자 그룹인 왕족 혹은 궁정관리들은 통치의 기술과 충성의 예절 등 소위 궁정 지혜(court wisdom)을 전수 받는 사람들이다. 예를 들어 "내 아들아 여호와와 왕을 경외하고 반역자와 더불어 사귀지 말라…재판할 때에 낯을 보아주는 것이 옳지 못하니라 악인에게 네가 옳다 하는 자는 백성에게 저주를 받을 것이요 국민에게 미움을 받으려니와 오직 그를 견책하는 자는 기쁨을 얻을 것이요 또 좋은 복을 받으리라"(24:21, 23하-25)는 전형적인 궁정 지혜에 속한다.

주제들

잠언에서 발견되는 일반적 주제들은 다음과 같으며, 모세 오경에서 가르치는 내용과 다르지 않다. 단지 모세 오경이 표준적인 삶을 선포하고 있는데 비해, 잠언은 실천에 옮겨 습관화될 수 있도록 훈련하는데 초점을 두고 있는 점이 다를 뿐이다.

1. 하나님을 경외함 : 하나님을 경외하는 것이 선과 악을 분별하고, 흥하는 길과 망하는 길을 분별하는 지혜로운 삶의 기초이다. 그와 반면에 하나님을 멀리하는 것이 어리석음의 시작이다.
2. 가정생활 : 가정은 하나님이 주신 선물이며, 인간관계의 기초이기 때문에, 부부관계와 부모 자녀관계에 성실한 것이 복된 삶의 지혜이다. 따라서 부도덕한 짓을 저지르거나 부모에게 불순종하거나 자녀를 교육하지 않는 것은, 화를 자초하는 어리석음이다.
3. 사회생활 : 이웃에게 행한 대로 보응을 받게 된다는 점에서 우정과 선행이 중요하며, 악한 친구를 가까이 하거나 무정한 자는 화를 면하지 못한다.
4. 언어 : 모든 인간관계와 그에 따른 결과는 말에서부터 시작된다. 따라서 해야 할 말과 하지 말아야 할 말을 분별하는 것이 지혜로운 삶의 핵심이다. 말을 절제하는 것은 지혜로운 자의 미덕이다.
5. 부지런함 : 근면과 성실은 풍요로운 삶의 지혜이다. 따라서 게으르고 불성실한 것은 가난과 불행의 원인이 되는 어리석음이다.
6. 재물 : 빚을 내지 않고 구제하며 사는 것이 안정된 삶의 지혜이다. 그러나 분수에 맞지 않게 쓰거나 구두쇠처럼 아끼는 것은 모두 화를 불러오는 어리석음이 된다.

7. 태도 : 겸손과 온유한 태도는 성공의 지혜이며, 교만과 분노의 태도는 패망으로 가는 어리석음이다.
8. 술 : 술을 즐기는 것은 가난과 재앙과 질병으로 가는 어리석음이다. 술은 단지 빈궁한 자와 상심한 자로 고통을 잊어버리게 해줄 뿐이다. 특히 술을 즐기는 것은 통치자들의 악덕에 속한다.
9. 지혜와 어리석음 : 훈계와 가르침을 받아들이는 것이 지혜이고, 거부하는 것이 어리석음이다. 잠언에는 어리석은 자에 대해 100번이나 언급하고 있다.
10. 왕 : 하나님은 왕을 다스려 세상의 질서를 잡는 분이므로 하나님을 경외하는 왕에게 순종하는 것이 지혜이고, 불순종하는 것이 어리석음이다.

그런데 위의 주제들을 하나로 통합한다면 <지혜와 어리석음>이 될 것이다.

1. 지혜(호크마 חכמה)

첫째, 호크마의 뜻은 훈계(무싸르 מוסר) 혹은 설득(에짜 עצה)와 동의어이다. 규범적인 삶이 자리 잡히도록 경고하고 징계하는 행위를 포함하는 단어로서, 객관적인 지식을 가리키는 말이 아니다. 지혜(하캄 חכם)가 현자를 가리키는 단어로도 사용되었다는 사실이 그것을 말해준다. 잠언에서 아비와 어미와 스승의 가르침을 받아들이도록 강조하고 있으며, 부모들이 자녀들을 근실히 징계해야 하는 이유도 지혜를 얻게 하기 위한 것이다. 히브리어에서 '배우다'와 '가르치다' 혹은 '제자'와 '스승'이 같은 어원(라마드 למד)을 가지고 있는 것도 지혜(호크마)의 성격을 잘 보여준다.

둘째, 호크마는 야훼 하나님을 경외하는 자에게 주어지는 선물이다(1:7). 예컨대 솔로몬은 야훼 하나님께로부터 지혜를 선물로 받았다(왕상 3장). 그러니까 지혜는 이성의 활동으로 얻어지는 산물이 아니다. 하나님을 경외하는 것은 그의 계명을 지키는 것과 동의어이다. 솔로몬이 이방 신들을 섬기며 하나님의 계명을 저버렸을 때 어리석은 자가 된 것과 같은 이치이다.

셋째, 호크마는 독립적인 실체를 가진 존재로 이해되었다. 잠언에서 지혜는 의인화된 여인으로 묘사되어, 사람들을 지혜의 잔치로 초대한다(1:20-33, 8:1-21, 9:1-6). 그리고 이 지혜는 하나님의 창조 이전에 이미 있었고, 창조 사역에 조력자로 묘사된다(8:22-30). 예수 그리스도는 "아버지여 창세전에 내가 아버지와 함께 가졌던 영화로써 지금도 아버지와 함께 나를 영화롭게 하옵소서"(요 17:5)라고 말하여 호크마와 자신을 동일시했다. 사도 요한은 "태초에 말씀이 계시니라 이 말씀이 하나님과 함께 계셨으니 이 말씀은 곧 하나님이시니라 그가 태초에 하나님과 함께 계셨고 만물이 그로 말미암아 지은 바 되었으니 지은 것이 하나도 그가 없이는 된 것이 없느니라"(요 1:1-3)는 말로써 그리스도가 육신을 입고 세상에 온 호크마인 것을 시사했다.

2. 어리석음

어리석음은 잠언에서 100 번 이나 언급되고 있으며 몇 가지 유형으로 나누어진다.

첫째, 단순한 자(페티 פתי)이다. 이 사람은 문자 그대로 '열려 있는' 사람이다(1:4, 22, 32, 7:7, 8:5, 9:6, 22:3). 한국식으로 표현하자면 '귀가 엷은 사람' 이라고 할 수 있다. 따라서 어리석은 자나 지혜로운 자가 모두 접근할 수 있다. 단순하고, 순진하고, 미숙하며, 경험이 없기 때문에 유혹에 넘어가기 쉽다. 대개 연령적으로 젊은 사람들로서, 교육이 가능하다는(teachable) 이유로 현자들이 가르치고자 했던 대상들이었다.

둘째, 둔한 사람(크실 כסיל) 혹은 미련한 사람(에윌 אויל)이다. 원래 두꺼운 지방(기름)을 가리키는데 사용되었던 이 단어들은, 이해력이 둔하며 가르침 받기를 거부하는 자들을 가리키는데 사용되었다. 한글 개역 성경에서 '어리석은 자' 와 '미련한 자' 로 번역된 이 사람들은 고집스러우며 학습장애형이다. '크실' 은 개가 토한 것을 도로 먹는 것처럼 미련스러운 행동을 반복하며(26:11), 노를 다 드러내며(29:11), 백 번 매로 때려도 교육이 안 되며(17:10), 자기의 마음을 믿는다(28:26). '에윌' 은 악한 꾀를 내며(14:17), 마음이 조급하며(14:29), 손해볼 행동을 하며(14:1), 훈계를 받지 않으며(1:7),

패망의 길을 간다(5:23).

셋째, 조롱하는 자(루쯔 לוּץ)이다. 한글 개역성경에 '거만한 자'로 번역된 이 단어는 하나님과 세상을 향해 야유를 보내는 자들을 가리킬 때 사용되었다. 그들은 조롱하는 일에서 기쁨을 찾는다(1:22). 그들은 꾸지람을 받아들이지 않으며(13:1), 책망하는 자에게 해코지한다(9:7). 결국 그들은 하나님의 심판의 대상이다(19:29).

넷째, 하나님을 부인하는 자(나발 נבל)이다. 잠언에 세 번(17:7,21, 30:22) 미련한 자로 번역된 이 단어는, 다른 성경에서 무신론적 무지함을 가리키는데 사용되었다(시 14:1). 한마디로 그들에게는 영적인 깨달음이 없다. 다윗으로부터 도움을 받고도 그를 조롱했던 갈멜 사람 나발이 이 경우에 해당된다(삼상 25:25).

기록 목적

잠언은 평민 가정에서부터 왕과 궁정 관리에 이르기까지, 하나님을 경외하며 이스라엘 민족의 규범을 지키며 살도록 가르치기 위해 기록되었다. 비록 외국에서 수입된 속담과 격언들도 들어 있지만, 야훼 하나님께 대한 신앙적 가치에 맞도록 수용했던 것이다. 잠언은 짧은 경구 형태로 축약된 율법 교과서라고 할 수 있을 것이다.

잠언의 특징

1. 삶의 지혜를 통해 하나님을 아는 지혜를 소개하고 있다. 다시 말해서 잠언이 단순히 처세술이나 성공의 비결을 나열한 책이 아니라, 하나님의 백성들이 삶 속에서 신앙의 원리들을 적용하도록 이끌어주는 책인 것이다. 의논과 경영은 사람이 할 일이지만, 일의 성취는 하나님께 달려있다는 식이다(16:1). 잠언에 여호와라는 단어가 88번이나 나오며, 하나님이란 단어는 8번이나 등장하는 외에 간접적으로 하나님을 가리키는 단어도 많이 나온다. 그것은 이 책의 저술 목적이 율법과 예언서에서 나타난 것과 별개의 원리가 아니라는 것을 보여준다. 따라서 잠언에 나오는 구절들을 신앙과는 별개의 원리로 해석하기보다, 신앙인의 삶의 원리라는 관점

에서 보아야 한다.

2. 모든 구절들이 직접적으로 영적 원리들을 말하고 있지는 않다. 예를 들어 네 종류의 지혜로운 동물 목록(30:24-28) - 개미, 사반(너구리), 메뚜기, 도마뱀은 단순히 지혜의 중요성을 강조하기 위해 동원된 예증일 뿐이다. 따라서 잠언의 구절 하나하나에서 성경적 원리를 직접 추출하려다가 억지해석이 되지 않도록 주의해야 한다.

3. 모든 속담과 격언이 그렇듯이 잠언에 나오는 삶의 지혜들도, 상대적이거나 심지어 상충되는 것처럼 보이는 것들마저 있다. 예를 들어 허물을 덮어주는 자는 사랑을 구하는 자이나(17:9), 면책은 숨은 사랑보다 낫다(27:5). 그리고 "여호와께서 의인의 영혼은 주리지 않게 하시나 악인의 소욕은 물리치시느니라"(10:3)는 구절의 역은 성립되지 않는다. 가난하게 된 사람이 모두 의인이 아니라고 해석할 수 없는 것이다. 따라서 삶의 지혜를 절대적인 것으로 받아들이기보다 그 속에 담겨진 절대적 진리를 발견하려고 해야 한다. 왜냐하면 잠언은 실천 중심의 지혜이기 때문에, 같은 원리라고 할지라도 각기 다른 상황에서 다르게 적용되고 있는 것이다. 속담과 잠언의 한계가 거기에 있다. 속담의 상대성에 대해 성경 밖의 예를 들자면 다음과 같다. 오르지 못할 나무는 쳐다보지도 말라는 속담과 열 번 찍어 안 넘어 가는 나무가 없다는 격언, 아는 것이 힘이라는 말과 모르는 것이 약이라는 말은 상대적이며 상충적인 지혜이다.

2. 내 용

〈구조와 요절〉

잠언은 총 31 장 715 절로 구성되어 있으며, 크게 일곱 개의 수집물들이 들어 있는 것으로 보인다.[32] 이 중에서 세 개(22:17-24:22, 30:1-9, 31:1-9)는 외국에서 수입한 것으로 추정된다. 특히 22:17-24:22에 나오는 30 개의 격언 가운데 11 개가 애굽의 <아멘-엠-오펫의 가르침>에 기원을 두고 있다.

32) 이 성훈, 잠언과 욥기 지혜문학, 구약 성서개론, 대한기독교서회, p. 480.

소단원 1 (1:1-9:18) 솔로몬의 잠언 I
소단원 2 (10:1-22:16) 솔로몬의 잠언 II
소단원 3 (22:17-24:22) 지혜자의 말씀 I
소단원 4 (24:23-34) 지혜자의 말씀 II
소단원 5 (25:1-29:27) 솔로몬의 잠언 III
소단원 6 (30:1-33) 마사 사람 야게의 아들 아굴의 잠언
소단원 7 (31:1-31) 마사 왕 르무엘의 잠언

요 절

"여호와를 경외하는 것이 지식의 근본이거늘 미련한 자는 지혜와 훈계를 멸시하느니라"(1:7)

〈잠언 구조〉

대 단 원	소 단 원	문학 양식	편집 장소	편집 기간
지혜의 가치	**1:1-9:18** 솔로몬의 잠언 I	지혜 문학	예루살렘	주전 950-700년
	10:1-22:16 솔로몬의 잠언 II			
	22:17-24:34 현자들의 잠언			
지혜의 실천	**25:1-29:27** 솔로몬의 잠언 III			
	30:1-33 아굴의 잠언			
	31:1-31 르무엘의 잠언			

〈해 설〉

그물에 잡힌 새(1:17)

소단원 1 (1:1-9:18) 솔로몬의 잠언 I

잠언에 나와 있는 수집물들 가운데 가장 신앙적 색채가 강하며, 음녀에 대한 경고에 많은 지면을 할애하고 있다. 의인화 된 두 여인-지혜와 어리석음의 우화가 특징이다. 그리고 '내 아들아' 혹은 '아들들아'라는 표현을 주로 사용하고 있다. 이 단락이 신앙적 색채가 강하다는 것은 "여호와를 경외하는 것이 지식의 근본이다"(1:7, 2:6, 3:5, 9:10)는 선언이 반복되어 있을 뿐 아니라, 야훼 하나님을 경외해야 하는 이유를 여러 가지로 설명하는데 있다(1:29, 2:7-8, 3:1-12,19,26,32-34, 8:22). 의인화된 두 여인은 <성경연구클리닉>을 참고할 것.

포도즙 틀(3:10)

소단원 2 (10:1-22:16) 솔로몬의 잠언 II

이 단락에 나오는 375개의 격언 가운데 19:11만 빼고는 모두 대구법을 사용하고 있다. 특히 반의 대구법(antithetic parallelism)을 많이 사용한다. 여기에 등장하는 격언들은 일상생활에 관한 것들로서 속임수, 교만, 게으름, 탐욕, 속임수, 험담, 뇌물수수, 가난한 자 억압 등의 악행을 경고하며 신실함, 부지런함, 검소함, 절제, 관대함, 의로운 재판 등의 덕목을 장려하고 있다.

가젤(6:5)

소단원 3 (22:17-24:22) 지혜자의 말씀 I

이 단락은 익명의 지혜자의 격언으로 소개되고 있으나, 대부분 애굽의 아멘-엠-오펫의 훈계에서 인용되었다. 특히 23:1-7에서 탐식과 탐욕을 경계한 것은 궁정 관리들이 지켜야할 예절과 덕목에 관한 것이다. 23:29-32에서 술 취함의 위험에 대해 정교한 은유로 경고한 것은, 이 격언이 애굽에서 수입된 것을 말해준다. 이 단락에서 히브리 시가의 대구법이 거의 사용되지 않는 점도 이를 뒷받침해준다. 그런데 "내 아들아 꿀을 먹으라 이것이 좋으니라 송이 꿀을 먹으라 이것이 네 입에 다니라 지혜가 네 영

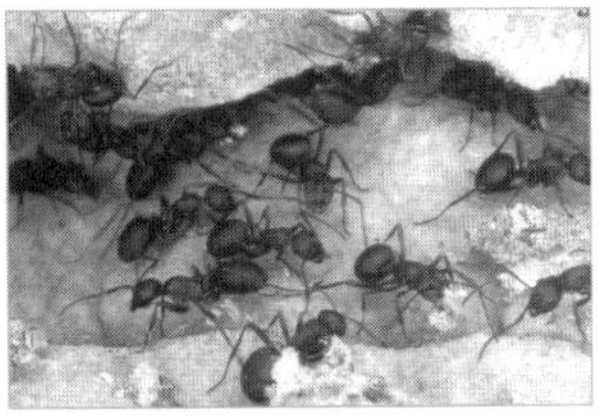

지혜로운 개미(6:6)

혼에게 이와 같은 줄을 알라 이것을 얻으면 정녕히 네 장래가 있겠고 네 소망이 끊어지지 아니하리라"(24:13-14)는 구절은 역사적으로 유대인들의 교육방식에 그대로 적용되었던 격언이다. 탈무드에는 실제로 랍비들이 글을 가르치는 첫 시간 아이들의 글씨 연습 토판에 꿀을 발라주고 핥아 먹게 했다는 기록이 나온다. 여기서 꿀(드바쉬)은 과일의 당밀을 가리키고, 송이 꿀(노페트)은 벌꿀을 가리킨다.

덴데라 하토르 신전 주랑(9:1)

소단원 4 (24:23-34)　　지혜자의 말씀 II

이 단락에는 대구법이 많이 사용되지 않고 권고와 훈계를 주로 사용한다. 백성들을 공의로 재판하는 것이 관리들의 덕목이며, 부지런히 일하는 것이 백성들의 덕목이라는 점이 강조되고 있다.

소단원 5 (25:1-29:27)　　솔로몬의 잠언 III

이 단락은 반의 대구법을 주로 사용한다. 왕에 관한 훈계가 자주 등장하는 것이 특징이다.

"일을 숨기는 것은 하나님의 영화요 일을 살피는 것은 왕의 영화니라 하늘의 높음과 땅의 깊음 같이 왕의 마음은 헤아릴 수 없느니라 왕 앞에서 악한 자를 제하라 그리하면 그의 왕위가 의로 말미암아 견고히 서리라 왕 앞에서 스스로 높은 체하지 말며 대인들의 자리에 서지 말라 이는 사람이 네게 이리 올라오라고 말하는 것이 네 눈에 보이는 귀인 앞에서 저리로 내려가라고 말하는 것보다 나음이니라"(25:2-7).

"왕이 가난한 자를 신원하면 그의 왕위가 영원히 견고하리라"(29:14).

흥미로운 것은 25:6-7과 예수 그리스도의 잔치 자리 비유(눅 14:8-10)가 흡사하다는 것이다.

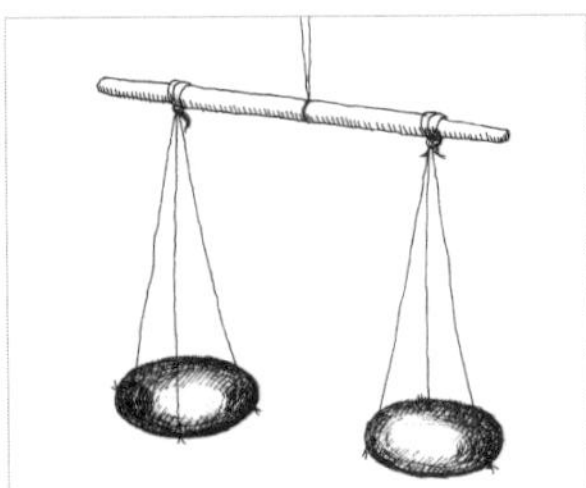

저울(11:1)

소단원 6 (30:1-33)　마사 사람 야게의 아들 아굴의 잠언

이 단락은 숫자 격언의 형식을 띠고 있다. 즉, 첫머리에 숫자 하나를 말하고 뒤이어 그 보다 하나 더 높은 숫자를 말한 다음 삶에서 관찰한

야생 멧돼지(11:22)

것들을 가지고 지혜를 말하는 형식이다. 이런 숫자 격언의 취지는 설명의 완전성을 강조하기 위한 것이다. 그런데 이 단락은 인간 지혜의 한계를 통해 하나님을 경외하도록 권고하고 있다. 특히 탐욕과 거짓을 멀리하도록 제시하는 기도문이 압권이다.

저울추(21:23)

"내가 죽기 전에 두 가지 일을 주께 구하였사오니 내가 죽기 전에 내게 거절하지 마시옵소서 곧 헛된 것과 거짓말을 내게서 멀리 하옵시며 나를 가난하게도 마옵시고 부하게도 마옵시고 오직 필요한 양식으로 먹이시옵소서 혹 내가 배불러서 하나님을 모른다 여호와가 누구냐 할까 하오며 혹 내가 가난하여 도둑질하고 내 하나님의 이름을 욕되게 할까 두려워함이니이다"(30:7-9).

그런데 '야게의 아들 아굴의 잠언'(30:1)은 '마사(국가명)[33] 사람 야게의 아들 아굴'로 번역이 가능하다. 그렇게 되면 이 단락은 마싸(메사)로부터 수입한 잠언들이라고 볼 수 있다.

33) 창 25:14 참조

꿀(드바쉬) 24:13, 25:16

소단원 7 (31:1-31)　　마사 왕 르무엘의 잠언

이 단락 역시 '마사 왕 르무엘'이 그의 어머니에게서 받은 잠언으로 볼 수 있다. 이방 여인이 만든 잠언이 성경에 들어있는 사실이 매우 특이하다. 그녀는 왕인 아들이 정욕과 정복욕과 술에 빠지지 않도록, 가난한 자들의 억울한 사정을 재판해주는 성군이 되도록 권고하고 있다(1-9). 이상적인 여인상을 소개한 강화(discourse)는 히브리어 알파벳 22자음으로 구성된 알파벳 시이다(10-31). 30절에 '여호와를 경외하는 여자'에 대해 나오는 것은 이 강화가 이스라엘에 수입된 다음 야훼 신앙적 관점에서 활용되었음을 보여준다.

송이꿀(노페트) 24:13, 27:7

무화과를 지키는 이집트 일꾼들 (27:18)

절구(27:22)

◘ 성경 연구 클리닉

<의인화 된 두 여인>

지혜의 가치에 대해 역설한 잠언 전반부에는 의인화 된 두 여인이 나온다. 그 중 한 여인은 지혜이고 다른 여인은 음녀이다. 이 여인들은 둘 다 성 중 높은 곳에 살며(9:2,14), 지나가는 청년들을 초청한다(8:1-4, 9:13-17). 두 말할 것도 없이 음녀의 초청에 응하는 자는 멸망에 이르게 되고(7:24-27), 지혜의 초청에 응하는 자는 부귀와 재물과 의와 생명과 여호와의 은총을 얻는다(8:18, 35). 그런데 지혜가 태초 이전부터 있었고(8:22), 여호와와 함께 천지를 창조하였는데(8:30) 비하여 음녀는 출생이 분명치 않다.

그러면 **지혜**와 **음녀**는 각각 누구를 가리키는가?

먼저 두 사람이 살고 있는 집이 성 중 높은 곳이라고 한 것을 보아 신전을 가리킨다고 볼 수 있다. 왜냐하면 고대 도시에서 가장 높은 곳은 궁궐이나 신전이었기 때문이다(IVP 성경배경주석 구약 편 812쪽). 당연히 예루살렘 성전도 가장 높은 곳에 위치해 있다. 그렇다면 지혜의 여인은 성육하신 예수 그리스도를 가리킨다고 보아야 한다. 왜냐하면 그는 창조의 근본이시며(계 3:14), 태초 이전부터 계셔서 하나님과 함께 천지를 창조하신 분이시며(요 1:1-3), 그 안에 지혜와 지식의 모든 보화가 감추어져 있으며(골 2:3), 성전보다 크신 분이기 때문이다(마 12:6). 그런 관점에서 음녀는 이방종교의 가르침이라고 보아도 무방하다. 왜냐하면 그녀 역시 신전에서 살면서 하나님의 백성들을 유혹하여 지혜에서 떠나게 하기 때문이다(8:36).

<히브리인들의 지혜와 헬라인들의 지혜>

히브리인들 뿐 아니라 고대 헬라인들도 지혜를 추구하며 살았다. 그러나 둘 사이에는 커다란 차이가 있다. 무엇보다 큰 차이는 헬라인들의 지혜는 특권층을 위한 것이고 히브리인들의 지혜는 공동체 구성원 모두를 위한 것이라는 사실이다. 오늘날 학교(school)와 학자(scholar)라는 단어의 어원인 스콜라조(scholazo)는 '여가를 갖다' 혹은 '아무 것도 하지 않다' 라는 의미의 단어이다. 그러니까 헬라 세계에서 지혜는 생업을 위해 시간을 내지 않아도 되는 특권층들의 지적 활동 결과물이었다. 그것은 노동을 천한 것으로 여기던 고대 헬라 철학과도 관계가 있다. 그러나 히브리인들은 부지런히 일하지 않은 것을 게으름으로 여겼으며, 가정에서 부모들이 자녀들에게 지혜를 가르쳤다. 따라서 히브리인들에게 있어서 지혜는 시간적 여유가 많은 사람들의 고상한 취미가 아니라 삶의 방식을 전수받고 실천하는 도구였던 것이다.[34] 그리고 히브리인들의 지혜와 헬라인들의 지혜 사이의 가장 큰 차이는, 전자가 하나님과 그의 뜻을 알고 실천하는 데 최고의 가치를 둔 데 비해 후자는 인간과 자연을 알고 활용하는데 초점을 맞추었다는 데 있다.

앙떼(27:23)

34) 마빈 윌슨, 기독교와 히브리 유산, 컨콜디아사, p. 336.

<생명의 길과 사망의 길>

잠언에 자주 등장하는 단어 길(데레크 דרך)은 도로를 가리킴과 동시에 삶의 방식을 의미한다. 예를 들어 "악한 자의 길"(2:12)과 "의인의 길"(4:18)은 각각 두 종류의 삶을 가리키고 있는 것이다. 히브리인들이 삶을 길에 비유한 것은 인생을 하나의 여정으로 이해했기 때문이다. 이처럼 삶을 길로 표현하는 것은 잠언 뿐 아니라 구약 성경 전체에서 발견된다. 특별히 잠언에서는 "생명의 길"(6:23)과 "사망의 길"(14:12)이 대조를 이루고 있다. 여기서 생명의 길은 현세에서 건강하고 형통하게 사는 삶을 의미하며, 사망의 길은 질병이나 사고로 일찍 죽음에 이르게 될 뿐 아니라 가난과 고통 속에 사는 삶을 의미한다. 한마디로 생명의 길이나 사망의 길은 모두 현세에 초점을 맞추고 있다. 그것은 현실의 삶을 하나님이 주신 은총으로 이해하는 히브리인들의 인생관에 기인한 것이다. 구약 성경에서 내세에 대한 묘사가 상대적으로 적은 것도 이 때문이다. 한마디로 히브리인들은 종교의 의미를 현실세계에서 하나님의 계명을 지키며 그와 동행하는 데서 찾았던 것이다.[35] 따라서 지혜란 하나님이 주신 삶을 하나님이 주신 질서대로 살 수 있는 원리인 것이다. 그런 의미에서 지혜가 하나님을 창조주로 인정하고 경외하는 자에게만 주어지는 것은 당연한 이치이다.

지혜로운 사반(30:26)

35) 이것은 종교의 의미를 내세에서 찾았던 애굽의 문화와 큰 차이를 보이는 것이다.

잠언에서 말하는 사망의 길은 성적으로 방탕한 삶(5:3-5, 7:6-23), 술 취

지혜로운 메뚜기(30:27)

하는 삶(23:29-30), 게으른 삶(6:10-11), 무절제한 언어생활(10:19, 13:2)이다. 그와 대조적으로 생명의 길은 계명에 귀 기울이는 삶(4:20-23), 여호와를 경외하는 삶(9:10-11), 마음과 입술을 다스리는 삶(14:29-30), 가난한 자를 돌아보는 삶(11:24-25), 정직하고 욕심 없이 사는 삶(30:7-9)이다.

지혜로운 도마뱀(30:28)

욥기

욥과 세 친구

욥 기

성경에서 가장 오래된 책인 욥기의 정경성(canonicity)이 의심된 적은 한 번도 없다. 그러나 욥기가 가지고 있는 난해성-사본과 번역본의 차이점, 내용상 대조되는 두 개의 주제, 여러 시대적 배경 등으로 인해 학자들은 저자, 저술연대, 심지어 욥이 실존 인물이었을 가능성에 대해 다양한 이론을 제시하고 있다. 그것은 욥기가 오랜 세월에 걸쳐 전승되어 오는 과정에서 시대적 영향을 받았다는 사실을 보여주는 것이다. 그럼에도 불구하고 욥기는 실용적 지혜로 해결할 수 없는 인간의 불행에 대해, 사색적 지혜로 실마리를 찾아간다는 점에서 지혜문학의 최고봉으로 꼽힌다.

욥기의 저자는 욥이라고 하는 한 사람이 겪는 불행을 통해, 삶과 종교의 의미에 대해 근본적인 질문을 던진다. 욥은 재산과 자녀와 건강을 잃고 배우자에게서도 버림받고 간절히 죽기를 원한다. 그가 가지고 있던 실용적 지혜, 하나님은 의롭고 정직한 자를 형통하게 하신다는 가치관은, 삶의 버팀목이 되어주지 못하고 오히려 고통을 가중시킬 뿐이다. 그를 위로하기 위해 찾아온 세 친구들이나, 마지막에 등장하는 젊은 신학자의 충고도 아무런 도움이 되지 못한다. 마침내 그는 하나님과의 만남을 통해 내면의 갈등을 극복할 뿐 아니라 잃었던 모든 것을 되찾는다. 비록 행복한 결말로 이야기의 끝을 맺고 있지만, 욥기의 저자는 대부분의 지면을 욥의 내면적 갈등과 친구 현인들과의 냉소적이고 지루한 토론에 할애함으로써, 독자들 스스로 해답을 찾도록 유도하고 있다. 따라서 욥기를 읽는 독자들은 불행 당한 욥이나 위로하러 온 친구들 모두에게서 자신의 모습을 발견할 수 있다. 그리고 아브라함 혈통이 아닌 욥의 이야기를 야훼 종교체계 안으로 적극 수용하는 히브리 문화의 탁월성을 엿볼 수 있다. 특히 그리스도인들에게는 죽음 이후의 세계와 부활 사상을 구약 가운데서 만날 수 있어 의의가 크다.

1. 배경

저자와 기록 연대, 장소, 문학 양식

욥기의 제목이 되는 욥의 이름은 '핍박받는 자' 혹은 '나의 아버지(하나님)가 어디 있는가?' 라는 의미를 가지고 있다. 욥이 실제 인물이었을 가능성에 대해서는, 겔 14:14, 20에서 노아, 다니엘과 함께 그의 이름을 언급하고 있으므로 재론의 여지가 없다. 또한 그가 동방의 우스에서 살았다고 한 점으로 보아 이스라엘 사람이 아닌 것이 확실하다. 욥(Iyyob)은 메소포타미야 지역에서는 흔한 이름이었다. 그가 살았던 우스는 창 10:23이나 22:20-23에 의하면 아람 사람들이 살던 지역이었다. 그러나 긴스베르크(H. H. Ginsberg) 같은 학자는 욥기의 저자가 불의에 대한 두려움이 있는 것으로 보아 유대인이 확실하다고 주장한다. 그리고 요하난과 엘리에젤 같은 랍비들은 욥을 포로에서 귀환한 무리 가운데 하나였다고 말한다(Pope, Job, p. 38).

그럼에도 불구하고 욥기 안에 국가로서의 이스라엘에 대한 언급과 관심이 전혀 없는 점으로 미루어 보아 저자를 이스라엘 계로 보기 어렵다. 그런데 욥이 동방에서 살았던 비 이스라엘 계 사람이라면, 욥기를 누가 썼느냐 하는 문제도 제기된다. 욥기의 저자 문제는 욥기의 저술 연대와 따로 떼서 생각할 수 없다. 욥기가 보여주는 저자의 교육정도는 솔로몬 시대의 현자들(하카밈)을 연상하게 한다. 그는 잠언(6:5,6), 수사적 질문(21:29), 수수께끼(5:5, 17:5) 등을 사용하는데 익숙하다. 그리고 식물과 야생동물에 대해 자세히 알고 있다. 그는 땅 속이 불을 뒤집는 것처럼 뜨겁다는 사실(28:5)을 알고 있으며, 금에 대해 13가지 다른 단어를 구사한다. 그는 인간의 태아가 형성되는 과정을 실감나게 묘사하며(10:8-10), 비와 폭풍 등의 기후현상(7:9, 36:27-37:20, 38:34-38), 별자리의 구성(9:9, 38:31-33)에 대해서도 알고 있으며, 피라밋(3:14), 하마(40:15-24), 리워야단 혹은 악어(40:25-41:26)에 대해 잘 알고 있다. 뿐만 아니라 그는 근동의 창조설화도 알고 있다(7:12, 38:4-11). 그는 173차례 하나님의 칭호를 사용하는 가운데 야훼와 엘로힘 뿐 아니라 엘, 엘로하, 샤다이 등 고대에 사용되던 이름을 함께 사용하고 있다.

욥기의 저술 연대에 대해 학자들은 흔히 '서술된 시기'와 '서술하는 시기'를 나누어 말하기 좋아한다. '서술된 시기'는 욥이 살았던 시대를 말하는 것이고, '서술하는 시기'는 욥기가 기록된 시대를 말하는 것이다. 그만큼 욥기에서 다양한 시대적 배경을 추론할 수 있다는 이야기가 된다. 먼저 욥기의 저술연대에 대한 견해들을 소개하자면 다음과 같다.

1) 족장시대에서 모세 이전까지(주전 2000~1500년대)

대개 랍비들이 제시하는 견해로서, 욥이 아브라함 시대에 살았던 사람이라는 이유를 들고 있다. 그 첫째 이유는 욥의 재산이 아브라함의 시대처럼 가축과 노예와 자녀들의 수로 표현되어 있다는 것이다. 둘째 이유는 스바 사람과 갈대아 사람들이 국가를 이루지 못하고 약탈을 일삼는 유랑민족들로 표현되어 있다. 셋째 이유로서 역사에 대한 이야기가 없는 것으로 보아, 아직 이스라엘이 민족 혹은 국가가 되기 전이다. 넷째는 욥과 세 친구들 사이의 토론에서 하나님의 이름이 전능자(샤다이)로 자주 등장한다. 다섯째, 가장인 욥이 제사를 직접 드리는 것은 성막이나 성전 시대를 배경으로 하고 있지 않다. 여섯째, 질병에서 회복된 뒤에도 140년을 살았다는 사실이 족장 시대의 수명과 같다(아브라함은 175세, 이삭은 180세, 야곱은 149세). 일곱째, 화폐 단위인 크쉬타와 금고리(42:11)가 창세기와 여호수아에만 나온다(창 33:19, 수 24:32). 칠십인 역의 외경 부록은 욥이 에서의 손자이자 아브라함의 증손자인 에돔 왕 요밥(창 36:33)과 동일 인물로 간주하고 있다.

2) 모세 시대(주전 1500~1400년대)

이 견해 역시 랍비들이 주장하는 것으로서 다음과 같은 이유를 제시하고 있다.

첫째, 바빌론 탈무드에는 모세가 미디안 광야에서 기록했다고 한다(TB, Baba, Bathra 14b). 둘째, 욥기에서 악인이 받는 벌에 대한 묘사(5:14)와 간음죄에 대한 규정(31:11)이 모세의 법과 매우 닮았다(신 28:29, 레 18:17). 셋째, 애굽에서 고난 받는 이스라엘과, 까닭 없이 고난 받는 욥의 주제가 유사하다. 넷째, 욥이 살았던 동방의 우스 땅은 모세가 미디안에서 동족의 고난을 생각하며 살았던 미디안과 가까이에 있다. 다섯째, 모세는 욥과 같은 이방인의 이야기를 이스라엘에 추천할 만한 권위의 인물이다.

3) 포로 시대 전후(주전 600~400년대)

대부분 독일계 비평학자들이 주장하는 이론으로서, 욥기에 국가적인 관심사가 빠져있는 것은 비 이스라엘인이 기록했기 때문이라고 하며, 다음과 같은 이유를 제시한다.

첫째, 욥기에는 주전 5~6세기에 만연했던 사해동포주의 분위기가 들어있다(M. F. Albright).

둘째, 사탄의 출현은 페르시아의 영향을 받은 것으로서 포로기 이후에나 가능한 것이다.

셋째, 용어와 단어들 가운데 후기 히브리어에 속하는 것들이 발견된다. 예를 들면 욥기에 자주 사용되는 일인칭 대명사 '아노키'는 주전 5세기 이후에 주로 사용되던 것이다.

위의 견해들을 종합해보면 욥기의 저술연대에 대해 다음과 같은 결론을 내릴 수 있다.

첫째, 욥기는 욥이 살았던 시대를 잘 아는 사람에 의해 이스라엘 계(아랍계) 사람을 주인공으로 최초로 기록된 것이다.

둘째, 욥기는 모세 시대에 이스라엘 문화 안으로 수용되었다.

셋째, 욥기가 오늘날과 같은 형태로 보존되는 과정에서 표현양식과 용어의 변화가 있었을 것이다.

욥기의 저작 연대를 추정하기 위해서, 무엇보다 욥기의 대부분을 차지하는 대화부분(3:1-42:6)은 히브리 시가체로 되어 있다는 사실에 주목해야 한다. 그리고 저자가 도덕과 법률 뿐 아니라 동식물 및 광물과 기후현상과 천문학에 밝은 현자였음을 고려해야 한다. 그렇게 볼 때 지혜문학이 왕성하게 일어났던 솔로몬 시대의 영향도 받았을 것으로 보인다. 그리고 욥기와 비슷한 내용의 고대 근동문헌들이 존재했던 것으로 보아, 원작은 고대에 만들어진 것으로 보인다. 예를 들면 주전 2000년대 작품으로 보이는 '이집트인 교훈 동화'에는, 주인공이 자살을 갈망하면서 신의 법정에서 자신의 송사를 호소할 계획이라고 말하고 있다. 그리고 주전 1000

년대 이집트의 '농부의 항변' 은 초반부가 욥기와 거의 흡사하다. 한 농부가 정의를 위해 항거하다가 결국 죽음을 갈망한다는 이야기의 논쟁부분이 운문으로 되어있고, 서문과 결어가 산문으로 되어있는 것도 욥기와 닮았다. 그리고 주전 1600~1200년대의 일명 '바벨론 욥' 으로 알려져 있는 이야기도 욥기와 비슷하다. 원래 부유하던 주인공이 갑자기 중병에 걸리고, 곤경에 처했을 때 기도와 제사가 소용없다고 불평한다. 그는 마침내 마르둑 신에게 무조건 용서를 빌고 건강이 회복된다. 마르둑 신이 고통을 준다고 생각하여 "그의 손이 나를 무겁게 누른다"는 표현은 욥기 23:2과 일치한다. 또한 주전 1000년대의 것으로 보이는 '바벨론 신정론' 은 바벨론의 전도서라고 할 만큼 생의 비관으로 가득 차있다. 이 이야기에서도 신의 정의에 대해 박식한 친구들과 대화로 논쟁을 벌이고 있다. 그렇다면 욥기의 연대는 족장 시대로까지 거슬러 올라갈 수 있는 것이다. 이것을 정리하자면 최초 욥에 의해 구술된 이야기가 아랍 세계에서 전승되어 오다가 모세에 의해 채록되었고, 이후 솔로몬 시대에 오늘날과 같은 형태로 완성되었다가, 포로기 이후 히브리어 문법체계에 맞게 부분적인 수정이 가해졌을 것으로 보는 것이 옳다.

욥기의 저술 장소 역시 한 군데를 지정하기 어렵다. 최초로 욥기의 원작이 만들어진 곳은 욥이 살았던 동방의 우스 땅이 될 것이며, 만약에 모세에 의해 채록되었다면 미디안 광야가 최초의 기록 장소가 될 것이고, 솔로몬 시대에 완성되었다면 아마도 예루살렘이 되어야 할 것이기 때문이다.

욥기에서 사용된 문학 양식은 산문(1:1-2:13), 운문(3:1-42:6), 산문(42:7-17)이며, 운문 부분은 법정 연설 형식을 띠고 있다. 쾰러(L. Koöler)는 욥과 세 친구의 논쟁이 법정 공방에서 패자가 할 말을 잃은 형태를 띠고 있다고 보았다. 그 결정적 증거는 세 번째 논쟁 마지막 토론자 소발의 발언이 생략된 것이다. 그리고 리히터(H. Richter)는 욥기에 사법 관련 용어가 444구절, 지혜 관련 용어가 346구절이나 된다는 통계를 이용해서 욥기의 법정 연설 양식을 밝혀냈다. 그와 반면 베스터 만(C. Westermann)은 욥기가 구체적이고 개인적인 실존의 문제를 다룬 시편이라고 주장했다. 그러나 많은 학자들은 욥기가 교훈적인 지혜문학이라는데 이의를 제기하지 않는다. 이상과 같은 내용들을 가지고 욥기의 문학적 장르를 규정하자면, 소위 종합적 장르 – 시편, 지혜문학, 법정 연설에 해당한다고 할 수 있다.

원 독자

앞서 살펴본 것처럼 욥기의 원 독자들을 특정 시대로 제한하기 어렵다. 그러나 모세를 통해 이 책이 이스라엘 민족 안으로 들어오게 되었다고 간주할 때, 원 독자들은 모세 시대의 이스라엘 백성들이 될 것이다. 다시 말해서 모세 오경이 인간 사회에 내려준 하나님의 통치 질서를 보여준 책이라고 한다면, 욥기는 그 질서 위에 있는 하나님의 주권을 선언하는 책이라고 할 수 있다. 그들은 의인의 불행, 고통당하는 자에 대한 처신, 인과응보의 논리 위에 계신 하나님의 주권, 삶의 의미와 개인의 책임 등 윤리적이고 신학적인 주제에 대해 더 알아야 했던 것이다.

주제들

욥기는 실용적 지혜를 말하는 잠언과 달리 불행 당한 자에 대한 사색적 지혜를 추구하는 책이다. 따라서 다음과 같은 주제들이 발견된다.

욥에게 질병을 붓는 사탄,
19세기 윌리엄 블레이크 작

첫째, 신정론(theodicy)이다.

신정론은 악도 하나님의 섭리에 포함된다는 이론이다. 다시 말해서 세상의 어떤 일도 하나님의 허락 없이 일어나지 않는다는 것이다. 이것은 "선하신 하나님이 어떻게 악한 일과 악인을 용납하실 수가 있는가?"라는 질문에 대한 대답이다. 말하자면 "여호와께서 온갖 것을 그 쓰임에 적당하게 지으셨나니 악인도 악한 날에 적당하게 하셨느니라"(잠 16:4)는 말과 같다. 그러나 하나님이 악을 조장하거나 악을 사용하신다는 의미가 아니다. 왜냐하면 하나님이 악을 미워하시며 심판하신다는 원리와 배치되기 때문이다. 그러면 의로운 자에게 불행이 닥칠 경우 인과응보의 원리가 훼손당하는 것은 어떻게 설명할 수 있는가? 결국에는 의인이 복을 받고 잃었던 것을 회복하게 하려고 잠시 인과응보의 원리가 보류되는 것인가? 만약 의인이 보상 받지 못한 채 종말을 맞는다면 하나님의 섭리는 과연 무엇이라고 보아야하며, 의롭게 사는 것은 어떤 가치가 있는가? 이런 가정에 대해 결국 신정론은, 의로운 자에게 닥치는 불행에 대해 온전한 대답을 내리지 못한다. 물론 욥기는 행복한 결말을 맺고 있으며, 고난당하는 자를 위로하는 야고보에 의해 인내의 실례로 제시된다. "보라 인내하는 자를 우리가 복되다 하나니 너희가 욥의 인내를 들었고 주께서 주신 결말을 보았거니와 주는 가장 자비하시고 긍휼히 여기는 이시니라"(약 5:11). 그리고 에스겔서에서 인류 역사의 3 대 의인 가운데 한 사람으로 묘사되고 있다(겔 14:14, 21). 그럼에도 불구하고 욥의 고난은 그의 선악 간 행동이나 하나님의 예정된 계획과 상관없이 사탄에 의해 시작되었다는 점에서, 욥기는 근동의 신정론과 맥을 같이 하고 있다. 그리고 단순히 욥이 잃었던 것을 모두 회복한 것으로 끝나지 않고, 욥과 하나님과의 대화를 통해 성숙한 신학의 경지에 이르게 되었다는 점을 강조하고 있다.

◘ 적용을 위한 묵상

신정론은 개인이나 민족에게 닥치는 불행과 하나님을 연관 짓는 것이다. 1차 대전 당시 1915-1922년 사이에 오스만 제국은 자국 내에 살고 있던 아르메니아인 150만 명을 학살했으며, 2차 대전 당시 독일은 유럽에 살고 있던 유대인 600만 명을 학살했다. 그 일은 하나님의 선한 의지와 어떤 관계가 있는가? 칼 융, 아들러와 함께 지그문트 프로이트를 사사한 유대인 심리학자 빅터 프랭클(Victor Frankl;1905-1997)은 죽음의 수용소에서 부모와 아내 모두를 잃었다. 그는 수용소에 갇힌 수많은 유대인들이 처음에는 신의 은총을 굳게 믿고 희망을 갖지만, 점차 인간성을 말살당하고 삶의 의미를 잃은 채 죽어가는 모습을 보았다. 그 역시 인간 이하의 학대를 받았지만, 희망을 잃지 않고 살아나와 의미요법(logo therapy) 이론의 창시자가 되었다. 그에 의하면 극한 상황 속에서 누구나 자신만은 살아남을 것이라고 막연한 기대-은사망상증에 걸리게 된다는 것이다. 그러다가 시간이 지나가면서 점차 신앙적 희망과 삶을 포기하고 정신적 죽음에 이르게 된다고 한다. 그는 수용소의 유대인들이 질병으로 죽은 것이 아니라 절망감으로 죽었다고 말한다. 그에 의하면 사람의 심리는 환경에 좌우되지 않고 의지의 선택에 달려있다고 한다. 다시 말해서 스스로의 의지로 선택한 희망과 용서와 사랑을 누구도 빼앗을 수 없다는 것이다. 그는 자신의 이론을 몸소 증명해 보였다. 그의 이론은 불행을 당한 사람이 신정론과 함께 생각해볼 수 있는 사고의 패러다임이라고 생각한다. 즉, 불행의 책임 소재를 가리는 것보다, 불행을 어떤 태도로 감당할 것인가를 먼저 생각하는 것이다. 그렇게 함으로써 최소한 하나님과 세상에 대한 분노를 극복할 수 있을 것이며, 자기 연민으로부터 벗어나 최선의 행동을 선택할 수 있게 될 것이기 때문이다.

둘째, 불행 당한 자의 삶에 대한 태도이다.

욥기에서 욥은 고난에 대해 이중적 태도를 가진다. 우선 서문에서 볼 수 있는 경건한 태도이다. 모든 재산과 자녀들을 잃었을 때 그의 태도에 대해 욥기는 "이르되 내가 모태에서 알몸으로 나왔사온즉 또한 알몸이 그리로 돌아가올지라 주신 이도 여호와시오 거두신 이도 여호와시오니 여호와의 이름이 찬송을 받으실지니이다 하고 이 모든 일에 욥이 범죄하지 아니하고 하나님을 향하여 원망하지 아니하니라"(1:21-22)고 묘사하고 있다. 그리고 건강까지 모두 잃고 아내가 하나님을 욕하고 죽으라고 했을 때도 "그대의 말이 한 어리석은 여자의 말 같도다 우리가 하나님께 복을 받았은즉화도 받지 아니하겠느냐 하고 이 모든 일에 욥이 입술로 범죄하지 아니하니라"(2:10)고 했다. 그러나 3장 이후 그는 자신의 삶을 저주하고 죽기를 바라며(6:8-9), 하나님께 대놓고 불평한다. "그런즉 내가 내 입을 금하지 아니하고 내 영혼의 아픔 때문에 말하며 내 마음의 괴로움 때문에 불평하리이다"(7:11). "내 영혼이 살기에 곤비하니 내 불평을 토로하고 내 마음이 괴로운 대로 말하리라"(10:1). 그의 불평은 세 친구들과의 논쟁이 끝나는 31장까지 지속된다. 뿐 아니라 그는 고난당한 자에게서 나오는 불평은 자연스러운 것이라고 항변한다(6:26). 결국 욥은 자신의 삶에 아무런 가치를 느끼지 못하게 되는데, 욥기의 저자는 이로써 인간의 연약함을 있는 그대로 드러내고 있다.

◘ 적용을 위한 묵상

맨하탄 이스트 34가 400번지에 자리 잡은 뉴욕대학교 부속병원 재활

센터 건물은 원래 자신의 장애를 극복하고 세계적인 명사가 된 호로비츠(Louis J. Horowitz)가 기증하여 세운 것인데, 1층 현관 로비 벽에는 무명의 작가가 쓴 시가 아래와 같이 동판에 새겨져 있다.

고통 받는 자들을 위한 강령

나는 무엇인가 성취할 수 있도록 하나님께 강건함을 구했지만 약하게 지음 받았다.
겸손히 복종함을 배우도록
나는 보다 위대한 일들을 이룩하고자 건강을 구했지만 병약함을 선물 받았다.
보다 선한 일을 하도록
나는 행복해지기 위해 부요함을 구했지만 가난하게 되었다.
지혜의 사람이 되도록
나는 사람들의 칭찬을 얻고 싶어 능력을 구했지만 열등함을 받았다.
하나님이 필요하다고 느끼도록
나는 삶을 누리기 위해 모든 것을 구했지만 삶을 선물로 받았다.
모든 것을 누리도록
내가 구하던 것들은 하나도 받지 못했지만 희망하던 것들은 모두 이루어졌다.
나는 보잘 것 없는 존재이지만 나의 말없이 드린 기도는 모두 응답되었다.
모든 이 가운데서 나는 가장 복 받은 사람이다. (김인철 역)

셋째, 불행 당한 자의 하나님께 대한 태도이다.

욥기에서 고난당하는 욥이 하나님께 불평을 하든지 하지 않든지, 소망을 하나님께 두고 있다. 그는 극심한 고통에도 불구하고 자살하려고 하지 않으며, 죄와 상관없이 고난당하지만 하나님을 떠나려고 하지도 않는다. 그는 의로우신 하나님의 이해할 수 없는 행동에 대해 대답을 듣기 원한다. 하나님이 왜 그를 공격하시는지, 왜 그를 고통으로부터 벗어나도록 죽음을 허락하지 않은지, 왜 그가 부르짖어도 대답하지 않은지, 그의 삶에서 어떤 행동이 하나님께 그토록 미움이 되었는지 알기 원한다. 그리고 여전히 응답하지 않는 하나님께 자신의 신앙을 고백한다.

> "내가 하나님께 아뢰오리니 나를 정죄하지 마시옵고 무슨 까닭으로 나와 더불어 변론하시는지 내게 알게 하옵소서"(10:2).
>
> "그리하시고 주는 나를 부르소서 내가 대답하리이다 혹 내가 말씀하게 하옵시고 주는 내게 대답하옵소서 나의 죄악이 얼마나 많으니이까 나의 허물과 죄를 내게 알게 하옵소서"(13:22-23).
>
> "지금 나의 증인이 하늘에 계시고 나의 중보자가 높은 데 계시느니라"(16:19).
>
> "내가 알기에는 나의 대속자가 살아 계시니 마침내 그가 땅 위에 서실 것이라 내 가죽이 벗김을 당한 뒤에도 내가 육체 밖에서 하나님을 보리라 내가 그를 보리니 내 눈으로 그를 보기를 낯선 사람처럼 하지 않을 것이라 내 마음이 초조하구나"(19:25-26).
>
> "그러나 내가 가는 길을 그가 아시나니 그가 나를 단련하신 후에는 내가 순금같이 되어 나오리라"(23:10).
>
> "나는 지난 세월과 하나님이 나를 보호하시던 때가 다시 오기를 원하노라"(29:2)

결국 욥기는 고난당하는 자가 하나님께 불평을 쏟아놓음에도 불구하고 하나님을 완전히 떠나지 않을 수 있다는 가능성을 제시하고 있다.

◘ 적용을 위한 묵상

호스피스 운동의 창시자 엘리자베스 퀴블러로스(Elizabeth Kübler-Ross)는 인간의 죽음(on death and dying)이라는 책에서 불치병으로 시한부 인생 선고를 받은 사람들의 심리를 네 단계로 묘사했다. 첫 번째는 <부정>의 단계로서 "그럴 리가 없다"며 의사의 오진이기를 바란다. 두 번째는 <타협>의 단계로서 "다시 건강을 회복한다면 좋은 일만 하며 살겠다"고 절대자와 협상하게 된다. 세 번째는 <분노>의 단계로서 "내가 왜 이런 일을 당해야만 하는가?"라는 질문과 함께 신과 세상에 대해 격노한다. 네 번째는 <수용>의 단계로서 "아무 것도 하고 싶지 않다"며 삶을 포기해버린다는 것이다. 네 종류의 심리 단계가 반드시 시간적인 순서대로 오는 것은 아니지만 그리스도인들을 포함해서 대부분의 사람들은 이런 심리상태를 경험한다.

중요한 것은 대부분의 사람들이 죽음을 준비하지 않고 살기 때문에, 막상 극한상황이 올 때 허둥대고 영악해지고 분노하고 체념함으로써 얼마 남지 않은 시간을 가치 있게 사용하지 못한다는 사실이다. 많은 사람들은 선행을 일종의 보험처럼 생각한다. 즉, 선하게 살았기 때문에 신으로부터 어려울 때 특별한 보상을 받을 것이라고 기대하는 것이다. 그러나 초자연적인 하나님께 인간의 선행이나 헌물이 이익이 되는 것은 아니다.

> "사람이 어찌 하나님께 유익하게 하겠느냐 지혜로운 자도 자기에게 유익할 따름이니라 네가 의로운들 전능자에게 무슨 기쁨이 있겠으며 네 행위가 온전한들 그에게 무슨 이익이 되겠느냐"(욥 22:2-3).

> "내가 가령 주려도 네게 이르지 아니할 것은 세계와 거기에 충만한 것이 내 것임이로다 내가 수소의 고기를 먹으며 염소의 피를 마시겠느냐"(시 50:12-13).

만약 우리가 언젠가 닥쳐올 죽음을 준비하고 산다면, 시한부 인생 선고를 받아도 시간을 낭비하지 않고 가치 있게 사용할 수 있을 것이며, 인간답게 종말을 맞이할 수 있을 것이다. 왜냐하면 삶에 집착하는 사람은 죽음을 피하고 싶은 <상실>로 여기지만, 죽음을 삶의 일부로 받아들이는 사람은 짧게 살아도 그것을 삶의 <완성>으로 여기기 때문이다. "마치 곡식 단을 제 때에 들어 올림 같으니라"(욥 5:26하)는 말씀과 같다.

넷째, 고난당하는 자에 대한 이웃의 태도이다.

욥의 고통을 가중시킨 사람들은 그의 아내와 세 친구들이었다. 특별히 욥의 세 친구들은 인과응보의 논리에 입각하여 그를 정죄했다. 그들은 결국 욥의 죄를 찾아내는데 실패했으며, 욥으로 하여금 자신의 허물을 고백하게 하지도 못했다. 욥기의 저자는 세 친구들의 변론을 통해 인과응보의 논리의 한계를 드러내며, 불행당한 이웃을 어떻게 대해야 하는가에 대해 커다란 질문을 던진다.

◘ 적용을 위한 묵상

불행 당한 자를 어떻게 도울 수 있는가?

욥기를 읽는 독자들의 마음에 생기는 한 가지 질문은, 왜 욥의 친구들이 불행 당한 욥을 죄인으로 몰아 부치는데 절망적으로 매달렸는가 하는 것이다. 얼핏 보면 그들은 욥을 위로하러 온 것이 아니라 정죄하러 온 것 같다. 그러나 그들이 욥을 조문하기 위해 각기 다른 곳으로부터 왔으며, 욥을 찾아온 뒤 7일간을 진심으로 애도하며 보냈던 것을 보면 처음부터 그럴 의도가 있었던 것 같지는 않다. 그럼에도 불구하고 그들은 욥이 불행으로부터 벗어나기 위해 회개하도록 끈질기게 요구함으로써, 욥의 불행이 죄 때문에 왔다는 논리를 고집했다. 자신들의 경험과 역사의 교훈과 철학적 사유를 총동원해서 욥의 유죄를 증명하고 그의 무죄주장을 반박하느라고, 욥을 위로하기는커녕 오히려 분노하게 만들었던 것이다.

그러면 왜 그들은 처음의 의도와는 달리 욥을 성가시게 만들고 말았는가? 여기에 대해 본문은 직접적인 답변을 제시하지 않고, 그들의 적절하지 못한 언행을 희화화 하고 있을 뿐이다. 따라서 그들이 인과응보 혹은 경험 논리에 매달려야 했던 이유를 추측해볼 수밖에 없다. 아마도 그들은 욥의 불행을 통해 대리만족을 얻고 있었던 것이 아닌가 한다. 다시 말해서 욥이 자신의 죄를 시인하고 회개했더라면, 그들은 의인이라는 안도감 속에 집으로 돌아갈 수 있었을 것이다. 만약에 불행이 죄와 상관없이 누구에게나 올 수 있는 것이라면, 자신들에게도 닥쳐올 수 있다는 이야기가 되므로 불안해 할 수밖에 없는 것이다. 따라서 그들은 처음부터 욥이 죄 때문에 불행을 당했으리라는 기대감 속에 온 것은 아니었을까? 불행 당한 친구를 못 본 척 하지 않고 찾아오는 의로움도 과시하고, 평소에 의로움의 대명사이던 친구에게 숨은 죄가 있었다는 것도 증명하고, 자신들에게 불행이 찾아오지 않으리라는 확신도 얻어간다면 그만한 장거리 여행의 수고는 치를 만한 가치가 있다고 생각하지는 않았을까?

이와 비슷한 이야기가 신약 성경에도 나온다.

태어날 때부터 장님이었던 거지의 불행한 삶이 누구의 죄 때문인가를 물어 온 제자들에게, 예수 그리스도는 다음과 같이 말했다. " 이 사람이나 그 부모가 죄를 지은 것이 아니라 그에게서 하나님의 하시는 일을 나타내고자 하심이니라"(요 9:3). 그리고 빌라도가 갈릴리 사람들의 피를 제물에 섞은 사건 소식을 들은 다음 "너희는 이 갈릴리 사람들이 이같이 해 받으므로 다른 모든 갈릴리 사람보다 죄가 더 있는 줄 아느냐 너희에게 이르노니 아니라 너희도 만일 회개하지 아니하면 다 이와 같이 망하리라 또 실로암에서 망대가 무너져 치어 죽은 열여덟 사람이 예루살렘에 거한 다른 모든 사람보다 죄가 더 있는 줄 아느냐 너희에게 이르노니 아니라 너희도 만일 회개하지 아니하면 다 이와 같이 망하리라"(눅 13:1-5)고 하셨다.

교회나 선교단체 등 신앙공동체 안에서 이와 비슷한 일이 너무나 자주 벌어지고 있다. 어려운 일을 당한 가정을 위로한답시고 찾아가서, 숨은 죄를 회개하라고 충고하는 일은 비일비재하다. 다른 사람의 불행을 통해 자신의 의로움을 확인하려는 순간, 우리는 율법주의자 이외의 아무것도 아니다. 불행당한 자에게 필요한 것은 불행의 원인에 대한 분석이 아니라, 불행당한 자의 고통을 공감(empathize)하고 연민으로 대하는 것이다. 그리고 자신을 불행당한 사람과 동일시(identify)하여 격려해주는 일이다.

다섯째, 하나님을 아는 인간 지식의 한계이다.

욥기의 말미에는 엘리후라는 젊은 신학자가 등장한다. 그는 욥의 세 친구들처럼 인과응보의 논리로 욥을 정죄하지 않는다. 그 대신 그는 마치 하나님과 하나님의 하시는 일을 잘 아는 것처럼 불평하는 욥의 태도에 일침을 가한다. 그의 발언은 일견 야박하고 무정해 보이지만 곧 이어 등장한 하나님의 변론도 그와 논리의 맥을 같이한다는 점에서 눈길을 끈다.

결국 인간이 가진 신지식-신학은 한계가 있으며, 그 한계를 인정하지 못할 때 고통의 심연에 빠져들게 된다는 것이다. 욥이 자신의 신학적 한계를 인정하면서 마음의 고통으로부터 자유로워진 것도 그런 이유 때문이다. 흥미로운 것은 욥이 하나님의 질문공세를 받으면서 마음속의 질문이 모두 사라졌다는 사실이다. 따라서 욥기는 인간이 하나님의 임재 아래 있을 때 즉, 하나님과의 교제를 통해서만 논리와 경험을 통한 인식의 한계를 극복할 수 있음을 보여준다.

기록 목적

위에서 살펴본 것들을 통해 욥기는 다음과 같은 목적으로 기록되었던 것으로 보인다.

첫째, 인간이 겪는 고난이 죄에 비례한다는 인과응보의 논리가 피상적이고 단편적임을 보여주기 위해,

둘째, 인간이 비록 약하고 무지하며 감정적인 혼란과 영적인 시험의 한 가운데 있을지라도, 욥처럼 하나님을 떠나지도 않고 도덕성을 잃어버리지도 않을 수 있다는 것을 보여주기 위해,

셋째, 비록 하나님이 악을 조장하지는 않는다고 할지라도, 하나님은 인간이 겪는 고난을 통해 더 높은 차원의 뜻을 성취한다는 것을 보여주기 위해,

넷째, 불행 당한 사람을 돕는 법을 보여주기 위해

다섯째, 인간의 하나님에 대한 지식에 한계가 있음을 보여줌으로써 하나님을 경외하도록 하기 위해

욥기의 특징

1. 인과응보의 도식에서 벗어난 방법으로 인간의 불행을 이해하려고 시도하고 있다. 그럼으로써 모세 오경이 말하는 규범, 잠언이 말하는 성공적 삶의 비결이 미처 담아내지 못하는 진실을 폭넓게 그려주고 있다.
2. 이스라엘의 혈통과 영토 바깥에도 욥처럼 하나님이 인정하시는 의

인이 있다는 것을 보여준다. 그럼으로써 선민사상의 한계를 극복하고 세계를 향해 사해동포주의로 나아가고 있다.

3. 신정론(Theodicy)을 다루면서도 하나님이 악을 조장하신다는 이교적 입장이나, 하나님이 인간의 고난과 아무 상관이 없다는 극단론을 피하고 있다. 더 나아가 하나님이 인간의 불행을 통해 더 높은 차원에서의 계획을 성취시킨다는 입장을 취하고 있다.
4. 질문과 대답 형식으로 이야기가 구성되어 있다. 고통당하는 욥은 침묵하시는 하나님께 수많은 질문을 던지며, 나중에는 하나님이 수많은 질문을 던져 욥의 질문을 잠재운다. 욥과 세 친구는 3 차례 질문과 대답을 주고받는다(마지막에 소발의 대답은 생략되어 있다).
5. 지혜문학에서 사용하는 다양한 기법과 화려한 수사법이 동원되어 있다.

2. 내 용

<구조와 요절>

전체 42장으로 구성되어 있으며, 욥의 불행을 다룬 서문(1:1-2:13)과 욥의 갈등을 다룬 본문(3:1-42:6)과 욥의 회복을 다룬 결어(42:7-17)로 나누어질 수 있다. 학자들은 원래 두 개의 이야기가 하나로 합쳐졌을 가능성에 주목한다. 그 이유로서 서문과 결어가 산문(prose)으로 되어 있는 반면 본문이 운문(poetry)으로 되어 있는 점, 욥이 서문에서는 부유한 유목민 족장으로 묘사되어 있지만 본문(29장)에서는 도시에 거주하는 지역 유지로 묘사되고 있는 점, 서문에서는 참고 인내하는 경건한 모습이지만 본문에서는 불평하며 절망하는 모습으로 묘사되는 점, 본문의 세 친구가 찾아오는 것과 결어에 친지들이 찾아오는 점, 서문과 결어는 시험에서의 승리를 말하지만 본문은 시험에서의 갈등을 말하고 있다는 점을 든다. 그런데 예언서의 경우 운문부와 산문부가 섞여 있는 경우가 많기 때문에 장르는 문제가 되지 않는다. 그리고 앞서 욥기의 연대를 추정하면서 본 것처럼, 욥기에 들어 있는 시대와 문화의 차이점들을 명확히 가려내기 어려운 만큼이나 원래의 이야기를 복원하기가 어렵다. 그것은 욥기의 사본들이 심하게 훼손되어 있어 원문을 제대로 복원하기 어려운 것과 같다. 그런데 현재의 모습대로라면, 욥기는 내용상 통일을 이루고 있다고 보여 지는 것이 사실이다.

서문　욥의 불행(1:1-2:13)

소단원 1 (1:1-2:13)　　사탄이 가져온 재앙

본문　욥의 갈등(3:1-42:6)

소단원 2 (3:1-14:22)　　친구들과의 첫 번째 논쟁

소단원 3 (15:1-21:34)　　친구들과의 두 번째 논쟁

소단원 4 (22:1-31:40)　　친구들과의 세 번째 논쟁

소단원 5 (32:1-37:24)　　젊은 신학자의 개입

소단원 6 (38:1-42:6)　　야훼와 욥의 대화

결어　욥의 회복(42:7-17)

소단원 7 (42:7-17)　　하나님의 회복시키는 은혜

요절

"내가 주께 대하여 귀로 듣기만 하였사오나 이제는 눈으로 주를 뵈옵나이다 그러므로 내가 스스로 거두어들이고 티끌과 재 가운데에서 회개하나이다"(42:5-6).

〈욥기 구조〉

<table>
<tr><th>대단원</th><th>소단원</th><th>문체</th><th>대주제</th><th colspan="3">소주제</th><th>기록 장소</th><th>기록 연대</th></tr>
<tr><td>욥의 불행</td><td>1:1-2:13
사탄이 가져온 재앙</td><td>산문</td><td></td><td>불행의 원인</td><td>욥의 순결</td><td>소유의 한계</td><td></td><td></td></tr>
<tr><td rowspan="4">욥의 갈등</td><td>3:1-14:22
친구들과의 첫번째 논쟁</td><td rowspan="4">히브리 시가</td><td rowspan="4">신정론 <Theodicy></td><td rowspan="4">실패한 위로자들</td><td rowspan="4">욥의 인내</td><td rowspan="4">관계의 한계</td><td rowspan="4">동방의 우스</td><td rowspan="4">주전 2000년경</td></tr>
<tr><td>15:1-21:34
친구들과의 두 번째 논쟁</td></tr>
<tr><td>22:1-31:40
친구들과의 세 번째 논쟁</td></tr>
<tr><td>32:1-37:24
젊은 신학자의 개입</td></tr>
<tr><td>욥의 회복</td><td>38:1-42:17
하나님의 회복시키시는 은혜</td><td>산문</td><td></td><td>불행의 결말</td><td>욥의 성숙</td><td>지식의 한계</td><td></td><td></td></tr>
</table>

〈해 설〉

서문: 욥의 불행(1:1-2:13)

소단원 1 (1:1-2:13) 사탄이 가져온 재앙

◘ 줄거리 요약

여섯 개의 주요 장면 즉, 욥에 대한 소개(1:1-5), 제 1차 천상회의(1:6-12), 지상에서 벌어지는 첫 번째 일들과 욥의 반응(1:13-22), 제 2차 천상회의(2:1-6), 지상에서 벌어지는 두 번째 일들과 욥의 반응(2:7-10), 욥의 세 친구의 위문(2:11-13)으로 구성되어 있다. 욥기의 저자는 욥의 고난이 역설적으로 그의 의로움 때문에 왔음을 말하고 있다. 하나님이 그의 의로움을 사탄에게 자랑했기 때문에 시험을 받게 된 것이다. 욥은 그의 경건이 하나님이 주신 풍요로움과 건강 때문인지 아닌지 혹독한 시련을 겪는다. 그러나 그는 전 재산과 자녀와 건강을 다 잃어버리는 두 번의 시험 속에서도 하나님을 원망하지 않는다. 그때 친구들이 찾아온다.

◘ 관찰과 해석

ℵ. 욥의 불행을 통해서 다음과 같은 주제들을 시사하고 있다.

1) 욥이 당한 재앙은 죄에 대한 징계가 아니었으므로, 모든 재난이 죄 때문에 왔다고 여겨서는 안 된다.
2) 욥이 재앙을 당하고도 하나님을 경외하며 순결을 지켰으므로, 불행을 당한 누구든 하나님께 대한 믿음을 지킬 수 있다.
3) 욥에게는 재앙의 원인이 알려지지 않았으며 오직 순종과 인내만이 요구되었으므로, 누구든 불행을 당할 때에 하나님의 주권을 인정하고 받아들여야 한다.
4) 하나님이 인정하시고 복 주신 의인 욥에게도 불행이 찾아왔으므로 누구든 불행을 피할 수 없다.
5) 하나님이 사탄으로 욥을 제한적으로 시험하도록 허락하셨으므로,

하나님은 악을 조장하시거나 악을 통제하기에 무능하신 분이 아니다.

ב. 사탄의 존재에 대해 흥미로운 묘사가 나와 있다.

욥기에 의하면 사탄(שטן)은 하나님의 명을 받아 온 땅을 두루 다니며 사람들을 살피는 영적 존재이다. 그는 다른 영적 존재들(하나님의 아들들)과 함께 왕이신 하나님의 어전회의에 참석하여, 겉으로 의로워 보이지만 실상은 죄인인 자들이 심판 받도록 하나님께 고소한다. 사탄이라는 이름의 어원이 '배회하다'는 의미의 단어 '슈트'에서 왔다면 더욱 그의 역할이 분명해진다. 스가랴에서 그는 대제사장 여호수아를 야훼 하나님께 고소하며(슥 3:1), 요한계시록에는 그리스도인들을 밤낮으로 하나님께 참소하는 자로 나와 있다(계 12:9-10). 그는 하나님이 온 세상을 의롭게 통치하도록 돕는 역할을 하고 있으며, 인간 세계에 재앙을 가져오더라도 하나님의 허락하신 범위 안에서만 가능할 뿐이다. 사탄에 대한 성서 저자들의 이런 묘사는 1) 땅의 왕들이 각 나라를 통치하는 것처럼 온 세상이 하나님의 통치 아래 있으며 2) 땅의 왕들이 어전회의를 하는 것처럼 하나님도 천상회의를 하며(왕상 22:19) 3)왕들이 민정시찰을 위해 밀정을 파견하는 것처럼 하나님도 사탄을 내어보내며 4) 천사와 사탄을 포함 모든 영적 존재들이 하나님을 섬긴다는 히브리인들의 사고를 반영하고 있는 것이다. 그러니까 사탄도 하나님의 아들들(브네 하엘로힘 בני האלהים)의 일원으로 취급되고 있다. 그러면 하나님의 아들들은 누구를 가리키는가? 욥 38:7에서 그들은 천지창조 때 하나님을 찬양한 영적 존재들이기도하며, 창 6:2,4에서 창조의 질서를 어기고 사람의 딸들을 임신시켜 세상으로 홍수심판을 받게 만든 장본인들로 묘사되고 있다. 천사들이지만 악한 일을 하는 영적 존재들을 가리키기 위해 '하나님의 아들들'이란 용어를 사용하고 있다. 성서의 저자들은 모든 영적 존재들이 다 하나님 아래 있다는 점을 강조하기 위해, 근동의 신화에 등장하는 신적 존재들의 위상을 깎아내려 하나님의 아들들로 불렀다(모세오경 교재 참조). 그러니까 선한 일로 심부름하는 영적 존재들-가브리엘, 미가엘, 그룹, 스랍 등은 천사(말라크, מלאך)와 명칭이 다르다.

ג. 해석 혹은 번역 상 흥미로운 표현들이 나와 있다.

첫째, '욕하다' 는 단어이다. 욥은 자녀들이 하나님을 욕되게 하였을까 염려하여 제사를 드렸고(1:5), 사탄은 욥이 재물과 건강을 잃게 되면 하나님을 욕하게 될 것이라고 고소했으며(1:11, 2:5), 욥의 아내는 하나님을 욕하고 죽으라고 충고했다(2:9). 그런데 히브리어 사본에는 이 단어가 '축복하다(바라크 ברך)' 로 되어 있다. 그것은 하나님을 욕하거나 저주한다는 것을 상상조차 할 수 없었던 히브리인들의 사상을 반영하고 있다. 그러니까 그런 경우에도 '축복하다' 는 단어로써 완곡하게 표현했던 것이다(왕상 21:10-13, 시 10:3).

둘째, '모태' 라는 단어이다(1:21). 욥은 모태에서 알몸으로 나왔기 때문에 알몸이 그리로 돌아간다고 했다. 그러나 사람이 죽어서 어머니의 뱃속으로 다시 돌아갈 수 없다. 그것은 사람이 어머니의 뱃속에서 나오지만 근본적으로 흙으로 만들어진 존재라는 신앙을 반영하고 있는 표현이다. 그러니까 대지도 상징적인 의미에서 모태가 되는 것이다. 시편 저자는 그것을 "내가 은밀한 데서 지음을 받고 땅의 깊은 곳에서 기이하게 지음을 받은 때에"(시 139:15상)라고 묘사했다.

셋째, '가죽으로 가죽을 바꾸다' 는 표현이다. 이것은 유목민들의 물물교환 풍습을 배경으로 한 속담이다. 물론 유목민들은 가죽으로 가죽을 바꾸지 않고 곡물과 같은 식품으로 바꾼다. 따라서 사탄이 말한 두 번의 '가죽' 은 먼저 '욥의 재산과 자녀' 그리고 '욥의 건강' 을 가리키는 것으로 보인다.

ㄱ. 욥이 당한 질병의 종류이다.

학자들은 욥이 일종의 종기와 같은 질병을 앓았을 것으로 본다. 욥의 질병은 발바닥에서 정수리까지 심한 가려움증을 유발하고 고름을 흐르게 했으며(2:8), 형체를 알아보기 어렵게 모습이 변했고(2:12), 식욕이 없으며(3:24), 구더기가 살에 박혔고 피부가 들어붙었다가 터지며(7:5), 악몽으로 잠을 청할 수 없고(7:4, 14), 심한 몸 냄새(17:17), 뼈가 쑤시는 고통(7:15, 30:17), 피부가 검게 되고 벗겨지는 증상(30:30)을 동반했다. 그는 그 질병으로 마치 문둥병자처럼 주거지에서 격리되어 거름더미에 앉았다(2:8). 한마디로 그는 질병으로 인해 밤낮으로 고통을 받았고, 죽음을 유일한 휴식으로 사모하게 되었던 것이다(7:15).

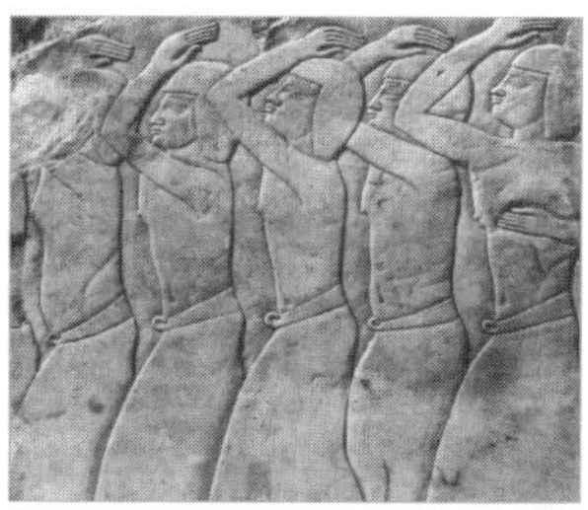

이집트 26왕조 티끌을 끼얹는 풍습(2:12)

◘ 적용을 위한 묵상

어찌 까닭 없이 하나님을 경외하리이까(1:9)

사탄은 욥이 하나님을 경외하는 이유가 남달리 복을 받았기 때문이라고 했다. 만약 하나님이 그에게서 모든 것을 가져가시면 경외심을 버리고 오히려 욕할 것이라고 말했다. 우리가 이 주제를 묵상하고 적용할 만한 때는 바로 재앙과 불행이 닥치기 전이다. 왜냐하면 준비되지 않은 고통의 와중에서 우리가 어떤 반응을 보일지 모르기 때문이다. 그런데 욥이 당한 시험은 사실상 아브라함이 이삭을 바치도록 명령받은 것과 같은 성격의 것이다. 다시 말해서 선물을 주신 분(giver)과 선물(gift) 중 어느 쪽을 더 사랑하느냐는 것이다. 아브라함이 사흘 동안 고통 받았던 것에 비해 욥은 그보다 더 오래 고통에 시달렸던 것뿐이다. 그런데 언제나 시험이 욥과 아브라함처럼 잃었거나 잃을 뻔했던 것을 되찾게 되는 식으로 오지는 않는다. 많은 경우에 있어서 시험은 영원히 되찾지 못하게 되는 방식으로 온다. 그렇다고 해서 삶의 행복을 추구하지 않고 염세적으로 살 필요는 없다. 주어진 삶을 즐기되 오늘의 감사를 내일로 미루지 않으면 된다. 왜냐하면 오늘의 감사가 내일의 집착으로부터 우리를 지켜줄 수 있기 때문이다.

본문 욥의 갈등(3:1-42:6)

운문체로 되어 있는 본문은 욥과 친구들과의 논쟁 형식으로 진행되어 나간다. 먼저 욥은 1) 나는 무죄하다 2) 하나님이 나를 까닭 없이 괴롭게 하고 있다 3) 나는 하나님께 나의 의로움을 호소하고 싶다고 주장한다. 그와 반면 친구들은 1) 악인은 벌을 받는다(하나님이 까닭 없이 징계하시지 않는다) 2) 의인은 행복하게 된다(죄인도 회개하면 행복하게 된다) 3) 하나님 앞에서는 아무도 의롭지 않다는 논리를 펴나간다. 욥과 친구들과의 논쟁에 뒤늦게 뛰어든 젊은 신학자 엘리후는, 인간은 아무도 의롭지 않으며 오직 하나님만이 의로우시다는 논리를 편다. 마지막으로 하나님이 욥에게 직접 나타나 말씀하시며 욥은 겸손히 자신의 무지와 불의를 고백하는 것으로 욥기는 끝을 맺는다. 그런데 욥과 친구들과의 논쟁을 보면 언제나 욥의 변론이 더 길고, 친구들은 논쟁이 진행되어 가면서 점점 말수가 줄어든다. 마지막 논쟁에서는 소발의 변론 자체가 생략되고 있다.

소단원 2 (3:1-14:22)　친구들과의 첫 번째 논쟁

줄거리 요약

폐허(피라미드)를 일으킨 왕들 (3:14)

전체 7개의 단락 즉, 욥의 원망(3:1-26), 엘리바스의 충고(4:1-5:27), 욥의 대답(6:1-7:21), 빌닷의 충고(8:1-22), 욥의 대답(9:1-10:22), 소발의 충고(11:1-20), 욥의 대답(12:1-14:22)으로 구성되어 있다. 먼저 욥을 위문하러 온 친구들은 말문을 닫은 채 일주일을 금식한다. 그런데 욥이 자신의 생일을 저주하며 죽기를 바라는 말을 꺼내면서 침묵이 깨진다. 친구들은 불행이 죄로 말미암은 것이라는 관점에서 욥에게 회개할 것을 충고하며, 욥은 그들의 발언에 일일이 대꾸하면서 자신의 의로움을 주장한다.

관찰과 해석

ℵ. 일곱 개의 단락을 요약하면 아래와 같다.

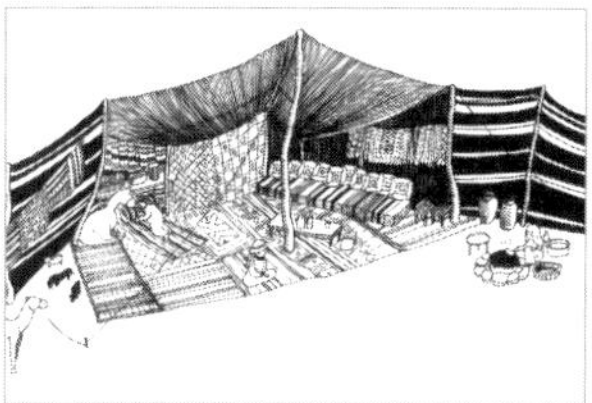

장막줄(4:21)

1. 욥의 원망 ; 욥은 자신의 생일을 저주하며 죽어서 태어나지 않았음을 원망한다(3:1-19). 그리고 현재의 고통스러운 삶보다 죽음을 원한다(3:20-26).

2. 엘리바스의 충고 ; 엘리바스는 먼저 욥이 약한 말을 하는 것을 꾸짖는다(4:1-6) 그리고 "생각하여 보라 죄 없이 망한 자가 누구인가 "(4:7)라는 말로서 불행이 죄악의 결과라고 주장한다(4:7-11). 그는 자신의 영적 체험을 소개하면서 사람은 하나님 앞에서 의로울 수 없다고 단언한다(4:12-21). 그리고 하나님은 어떠한 불행으로부터도 인간을 구원할 능력이 있으므로(5:1-16), 회개하면 행복이 다시 찾아올 것이라고 충고한다(5:17-27).

레세프 신(불꽃) 5:7

쇠비름 (6:6) 달걀 흰자는 쇠비름 즙으로 번역하는 것이 옳다

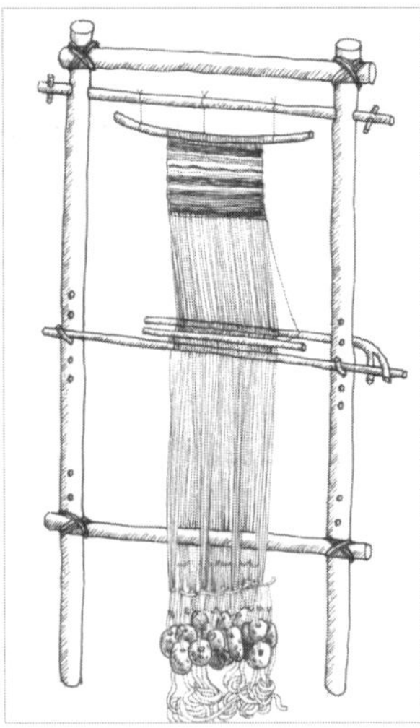
베틀(7:6)

3. 욥의 대답 ; 욥은 자신의 원망하는 말에 대해 변명한다(6:1-7). 하나님의 계속되는 공격을 견딜 만큼 강하지 않기 때문에 차라리 죽음을 간구할 수밖에 없다고 한다(6:8-13). 그리고 친구들의 태도에 실망했다고 불평한다(6:14-30). "내가 거룩하신 이의 말씀을 거역지 아니하였음이니라… 너희도 허망한 자라"(6:10, 21). 욥은 자신의 무죄와 원망의 정당함을 주장하며, 친구들의 충고가 아무런 도움이 되지 않음을 선언하고, 자신을 죽이지 않고 극심한 고통 가운데 있게 하시는 하나님의 다스리심에 의문을 제기한다.

4. 빌닷의 충고 ; 빌닷은 "네 자녀들이 주께 득죄하였으므로 주께서 그들을 그 죄에 버려두셨나니"(8:4)라고 말한다. 욥의 불행이 자녀들의 죄 때문에 왔지만, 회개하면 "네 시작은 미약하였으나 네 나중은 심히 창대하리라"(8:7)고 충고한다. 그는 "청하건대 너는 옛 시대 사람에게 물으며 조상들의 터득한 일을 배울지어다"(8:8)라고 하며, 욥이 지혜를 얻기 위해 성현의 가르침에 귀를 기울이도록 요구한다(8:8-10). 그리고 하나님을 잊어버린 악인의 길이 멸망으로 가는 것을 염두에 둘 것과(8:11-19), 하나님이 회복시키시는 것을 생각하도록 요구한다(8:20-22).

5. 욥의 대답 ; 욥은 자신도 하나님이 누구신지 안다는 사실을 보여준다. 그는 먼저 하나님의 위대하심과 세상을 주관하심을 말한다(9:1-24). 그런 다음 자신에 대한 하나님의 판결은 공평하지 않다고 불평한다(9:25-35). "내가 눈 녹은 물로 몸을 씻고 잿물로 손을 깨끗하게 할지라도 주께서 나를 개천에 빠지게 하시리니 내 옷이라도 나를 싫어하리이다"(9:30-31) "하나님은 나처럼 사람이 아니신즉 내가 그에게 대답할 수 없으며 함께 들어가 재판을 할 수도 없고 우리 사이에 손을 얹을 판결자도 없구나"(9:32-34)그러면서 욥은 하나님이 자신을 왜 세상에 보내셨는지 궁금해 한다(10:1-22). "주께서 주의 손으로 지으신 것을 학대하시며 멸시하시고 악인의 꾀에 빛을 비추시기를 선히 여기시나이까"(10:3) "주께서 나를 태에서 나오게 하셨음은 어찌함이니이까"(10:18상).

6. 소발의 충고 ; 그는 먼저 욥이 스스로 의롭다고 말하는 것은 무지의

소치라고 책망한다. 그리고 욥이 회개할 것을 충고하면서 의인의 미래가 행복할 것이라고 주장한다(11:13-20). "말이 많은 사람이 어찌 의롭다 함을 얻겠느냐…하나님의 벌하심이 네 죄보다 경하니라"(11:2, 6). 소발은 현재 욥이 죄를 짓고 있는 것을 보아 과거에도 죄를 지었음에 틀림없다고 단정하고 있다. 그도 역시 엘리바스와 빌닷처럼 인과응보의 논리에 집착하고 있다.

파피루스(8:11)

7. 욥의 대답 ; 소발의 논리에 대해 욥은 자신에게도 지혜가 있으며, 모든 지혜가 하나님께 있음을 고백한다(12:1-25). 그리고 친구들의 충고가 하나님이 하시는 일-욥이 당하는 고난에 대한 무지에서 나왔음을 주장한다(13:1-19). "너희는 거짓말을 지어내는 자요 다 쓸모 없는 의원이니라… 너희의 격언은 재 같은 속담이요 너희가 방어하는 것은 토성이니라"(13:4, 12). 그리고 욥은 하나님께 모든 소망을 두고 변론하며 구원을 간구한다(13:20-14:22).

훌레 파피루스(8:24)

ㄹ. 창조 이야기와 관계된 용어들이 나와 있다. 욥기가 창세기 다음으로 창조에 관한 묘사가 많다는 것은 잘 알려져 있다. 특히 창세기에서 언급되지 않았거나 절제된 표현으로 다루어진 용어들에 대해 더 많은 자료를 제공해준다.

첫째, 바다와 관계된 단어들-바다(7:12, 9:8), 리워야단(3:8), 바다 괴물(7:12), 라합(9:13)을 살펴본다. 흥미로운 것은 바다와 관계된 단어들이 하나님의 대적들로 묘사되고 있다는 점이다. 욥은 "내가 바다니이까 바다 괴물이니이까?"(7:12)라고 반문했고, 하나님은 바다 물결을 밟으시는(다스리시는) 분으로 묘사되고 있다(9:8, 38:8-11). 그리고 리워야단은 가나안 신화에 나오는 바다의 용(사 27:1)으로서 바다 괴물(창 1:21)의 이름이며, 꼬불꼬불한 뱀(사 27:1), 날렵한 뱀(욥 26:13) 혹은 라합이라고 불려진다(욥 26:12, 시 87:4, 89:10, 사 30:7, 51:9). 그런데 라합은 바벨론 신화에서 마르둑 신에 의해 무찔러진 바다의 여신 티아맛의 또 다른 이름에 불과하다. 마르둑이 티아맛과 그녀를 돕는 괴물들을 다 물리친 것처럼, 라합과 그를 돕는 자들을 하나님이 물리치시는 것으로 묘사되고 있는 것이다(9:13).

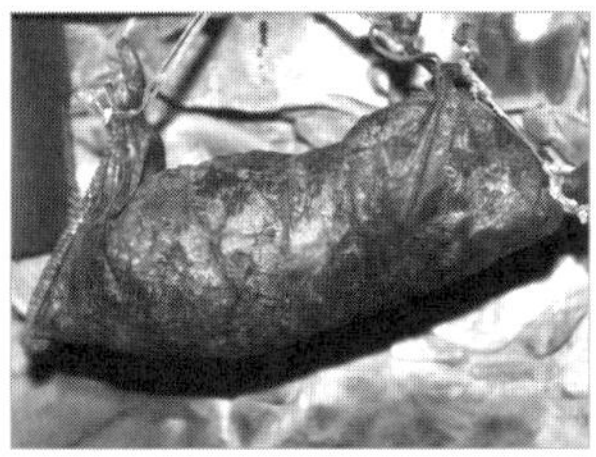

젖을 응고시키는 교유기(10:10, 32:19)

둘째, 하나님이 해(헤레스 חרס)를 명하여 뜨지 못하게 하시며, 별들을

주전 3200년대 이집트 화장판에 그려진 사자(10:16)

가두시는 분으로 묘사되고 있다(9:7). 그런데 해(세메쉬 שֶׁמֶשׁ)라는 단어를 두고 굳이 '헤레스'를 쓰는 이유는 세메쉬가 가나안 신화에서 태양신을 의미하기 때문이다. 그렇기 때문에 창세기 창조 이야기에서 해(세메쉬)라는 단어를 쓰지 않고 '큰 광명체'라고 했던 것이다. 태양신 숭배에 대한 경계는 욥 31:26-28에도 잘 나타나 있다. 그러니까 욥기의 저자는 창세기의 저자와 마찬가지로 태양이 신이 아니며, 단순히 하나님의 피조물로서 다스리심을 받는 존재로 묘사하고 있는 것이다.

이처럼 욥기에 나오는 창조 이야기들은, 이스라엘 민족이 근동의 창조 설화로써 야훼 신앙을 정립하는데 변용했음을 보여준다. 엘리바스의 충고 가운데 "사람은 고생을 위하여 났나니 불꽃이 위로 날아가는 것 같으니라"(5:6)는 표현도 근동 신화의 잔재를 보여준다.[36)]

36) '불꽃'은 문자 그대로 '레셉의 아들들'이다. 레셉은 북서 셈 족의 '질병의 신'으로 지하에서 살며 '레셉의 자녀들'이 인간세계에 질병을 가져온다고 믿어졌다.

ג. 욥기의 중요 주제 가운데 하나인 내세의 소망이 나와 있다. 비록 직접적인 부활 사상을 말하고 있지는 않다 하더라도, 죽은 후에라도 하나님을 만나기 원하는 소망이 강력히 피력되어 있는 것이다. "사람이 누우면 다시 일어나지 못하고 하늘이 없어지기까지 눈을 뜨지 못하며 잠을 깨지 못하느니라 주는 나를 스올에 감추시며 주의 진노를 돌이키실 때까지 나를 숨기시고 나를 위하여 규례를 정하시고 나를 기억하옵소서 장정이라도 죽으면 어찌 다시 살리이까 나는 나의 모든 고난의 날 동안을 참으면서 풀려나기를 기다리겠나이다 주께서는 나를 부르시겠고 나는 대답하겠나이다 주께서는 주의 손으로 지으신 것을 기다리시겠나이다"(14:12-15)라는 말이 그것을 말해주고 있다.

소단원 3 (15:1–21:34)　친구들과의 두 번째 논쟁

◘ 줄거리 요약

전체 6 개의 단락-엘리바스의 두 번째 충고(15:1-35), 욥의 대답(16:1-17:16), 빌닷의 두 번째 충고(18:1-21), 욥의 대답(19:1-29), 소발의 두 번째 충고(20:1-29), 욥의 대답(21:1-34)로 구성되어 있다. 욥과 친구들과의 두 번째 논쟁은 첫 번째 것보다 훨씬 더 격렬해지고 있다. 자신들의 충고를 거부하고 하나님께 회개하기를 거절한 욥에 대해, 친구들은 더 이상 회개를 촉구하지 않는다. 그 대신 그들은 악한 자의 운명에 대해 말하며, 욥을 조롱하는 등 인신공격도 서슴지 않는다. 이제 그들은 욥을 위문하고 그의 삶이 회복되기를 바랐던 의도에서 벗어나게 된다.

◘ 관찰과 해석

여섯 개의 단락을 요약하면 다음과 같다.

1. 엘리바스의 경고 ; 엘리바스는 욥을 어리석은 자로 책망하면서 욥이 조상들보다 나이가 많지 않다는 점과(15:7-10) 사람은 누구나 의로울 수 없다는 점(15:14)을 지적한다. 그는 조상들로부터 받은 지혜를 소개하면서 악인의 앞날이 멸망에 이르게 된다고 장황하게 설명한다(15:17-35). 엘리바스는 " 참으로 네가 하나님 경외하는 일을 폐하여 하나님 앞에 묵도하기를 거치게 하는 구나"(4, 17)라고 하면서, 욥이 종교를 해치고 있다고 경고한다.

2. 욥의 대답 ; 욥은 엘리바스의 경고를 거절한다. 그 이유는 엘리바스가 하는 말이 새로운 것이 아니며, 욥도 그렇게 말할 수 있기 때문이었다(16:1-5). 한마디로 엘리바스가 문제의 핵심을 놓치고 있다는 것이다. 욥은 하나님께로부터 고통을 받고 있지만, 기도와 행위에 거리낌이 없다고 말한다(16:17). 그러면서 "지금 나의 증인이 하늘에 계시고 나의 중보자가 높은 데 계시느니라 나의 친구는 나를 조롱하고 내 눈은 하나님을 향하여 눈물을 흘리니 사람과 하나님 사이에와 인자와 그 이웃 사이에 중재하시기를 원하노니"(16:19-20)라고 하며, 자신의 결백을 알아주실 하나님이 침묵하고 계심에 대하여 절규한다. 욥이 비록 고통스럽게 사는 것보다 죽음을 원하고 있지만 하나님을 떠난 것이 아니었다. 그러므로 욥이 종교를 파괴하고 있다는 엘리바스의 말은 아무런 도움이 되지 못할 뿐 아니라, 문제의 핵심을 파악하고 있지 못한 것이었다. 욥은 마침내 친구들이 떠나가기를 원하게 된다. "너희는 모두 다시 올지니라 내가 너희 중에서 지혜

자를 찾을 수 없느니라"(17:10).

3. 빌닷의 경고 ; 빌닷의 경고는 첫 번째 논쟁에서 말했던 충고와 별로 다르지 않다. 예를 들어 "어느 때까지"라는 표현을 쓰는 것이 특징이다(8:2, 18:2). 그리고 욥의 자녀들이 죽은 것에 대해 재차 언급하고 있다(8:4, 18:19). 그러면서 자손을 잃어버리는 불의한 자를 쇠약해진 식물에 비유하고 있다(8:12-13,16-19, 18:16). 그리고 악한 자의 장막에 대해 언급한다(8:22, 18:15). 회개하는 자가 받을 은총의 회복을 말하고는 있지만 욥에게서 기대하지는 않고 있다. 뿐만 아니라 그의 발언은 엘리바스의 말과 많은 점에서 닮아 있다. 예를 들면 어둠이 불의한 자에게 온다(15:22-23, 18:5-6), 불의한 자는 잘 자라지 못하는 식물과 같다(15:30-33, 18:16), 불꽃이 불의한 자를 삼킨다(15:30,34, 18:15), 번뇌가 불의한 자를 두렵게 한다(15:21, 18:15-16), 불의한 자는 하나님을 알지 못한다(15:4,25-26, 18:21)라고 한다. 한마디로 그의 경고는 앞서 한 충고와 엘리바스의 경고를 합친 것으로 새로운 내용이 아니었다. 게다가 그의 경고는 자녀를 잃은 욥의 가슴에 못질을 하기에 충분했다. "그는 그의 백성 가운데 후손도 없고 후예도 없을 것이며 그가 거하던 곳에는 남은 자가 한 사람도 없을 것이라…참으로 불의한 자의 집이 이러하고 하나님을 알지 못하는 자의 처소도 이러하니라"(18:19, 21).

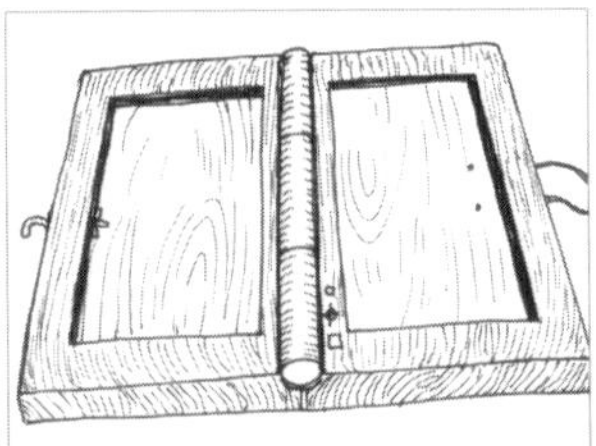

밀납을 입힌 필기구(19:23)

4. 욥의 대답 ; 빌닷에게서 "어느 때까지 말을 하겠느냐"고 공박당한 욥은 "어느 때까지 내 마음을 괴롭히며 나를 짓부수겠느냐"(19:2)며 응수한다. 그는 친구들에게서 버림 받았으며(19:1-6), 하나님께로부터 고통을 당했고(19:7-12), 가족과 친지들로부터 철저히 외면당했다(19:13-22). 마침내 그는 생존 세계에서가 아닌 사후 세계에서 의로움을 인정받기 원한다. 이제 그의 신앙은 죽음 너머의 세계를 바라보게 되는 것이다. " 내가 알기에는 나의 대속자가 살아 계시니 마침내 그가 땅 위에 서실 것이라 내 가죽이 벗김을 당한 뒤에도 내가 육체 밖에서 하나님을 보리라 내가 그를 보리니 내 눈으로 그를 보기를 낯선 사람처럼 하지 않을 것이라 내 마음이 초조하구나"(19:25-27) 욥의 이 신앙 고백은 어떤 극심한 시험과 오해도 하나님의 사람을 영적 혹은 도덕적으로 파괴시킬 수 없다는 것을

보여준다. 여기서 '대속자(고엘)가 땅 위에 서실 것이라'는 말은 하나님께서 기업 무를 자처럼 자신을 위해 변호하실 것이라는 뜻이며, '가죽이 벗김을 당한 후에 육체 밖에서 하나님을 보리라'는 말은 죽은 후에 하나님의 심판을 받을 것이라는 뜻으로서 놀라운 신앙고백이 아닐 수 없다.

수금을 연주하는 이집트 악사 (20:12)

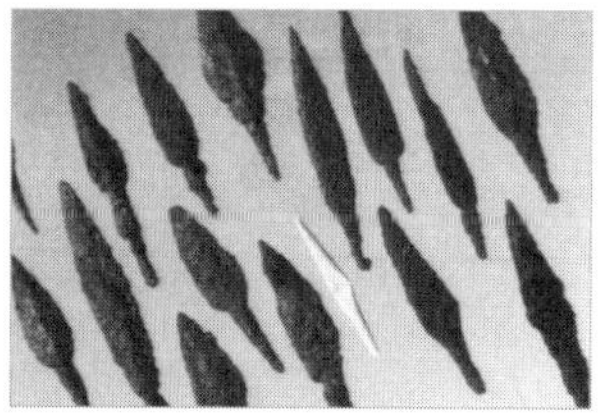
놋 화살촉(20:24-25)

5. 소발의 경고 ; 소발의 두 번째 발언 역시 새로운 것이 없다. 다만 세 친구 중 가장 독설적인 말로 욥을 공격하고 있는 것이 특징이다. 그는 악인이 벌을 받게 된다는 종래의 주장을 되풀이 하면서 "하늘이 그의 죄악을 드러낼 것이요 땅이 일어나 그를 칠 것인즉"(20:27)이라는 말로써 악인이 받을 보응이 욥의 몫이라고 경고한다.

6. 욥의 대답 ; 욥은 드디어 인과응보의 논리를 정면으로 공박한다. 즉, 악인이 오래 살면서 세력을 떨치고, 하나님의 벌을 받지 않는다(21:7, 9). 그들의 재산은 형통하고 자녀들은 즐겁게 살며, 하나님을 경외하지 않고도 이익을 챙길 수 있다고 말하며 산다(21:10-16). 그들은 죽을 때까지 고통을 받지 않으며(21:23), 영광스럽게 무덤에 들어간다(21:27-33). 따라서 악인이 장수하지 못하며, 벌을 받아 후손이 망하고, 재산을 다 잃어버리게 된다는 친구들의 논리는 거짓이라는 것이다(21:34).

적용을 위한 묵상

나의 대속자가 살아계시니

하나님이 자신의 무죄를 증명해주지 않는다고 불평하면서, 언젠가 살아계신 대속자를 통해 하나님 앞에 서게 될 것이라는 욥의 고백은 분명히 역설적이다. 그런데 루마니아의 공산 치하에서 14년 동안 옥고를 치렀던 리차드 범브란트 목사도 이와 비슷한 간증을 한 적이 있다. 투옥되기 전 성경구절을 많이 암송했던 그는, 성경책이 없는 감방에서도 묵상을 통해 영적 양식을 공급받을 수 있었다. 그러나 그것은 오래가지 못했다. 왜냐하면 간수들이 그에게 세뇌공작을 가했기 때문이다. 그가 당했던 세뇌고문 중의 하나는 스피커에서 흘러나오는 무신론 선전을 계속 듣게 되는 것이었다. 처음에는 말씀 암송을 통해 무신론 선전이 머리에 남게 되

고뇌하는 욥

는 것을 막을 수 있었지만, 시간이 흐름에 따라 점점 스피커에서 흘러나오는 메시지가 뇌리에 각인되었다. 마침내 그는 자신도 모르게 "예수 그리스도는 부활하지 않았다. 더 이상 예수 믿는 사람은 없다. 이제 아무도 성경을 읽지 않는다"라고 중얼거리는 자신을 보며 소스라치게 놀랐다. 그의 머릿속에 있던 성경구절이 지워지고 공산당 선전 메시지가 새겨진 것이었다. 그는 좌절감에 시달려 몹시 울었다. 그런데 한참을 울고 난 그의 마음속에 한 가지 생각이 떠올랐다. "나는 예수 그리스도의 빈 무덤 앞에서 울고 있던 막달라 마리아 같구나. 비록 그녀가 예수 그리스도의 부활을 믿지 못한 채 울고 있었음에도 불구하고 그리스도가 살아계셨던 것처럼, 나도 비록 머릿속에 부활의 메시지가 지워져서 울고 있지만 그리스도는 살아계실 것이고, 언젠가 나를 만나주실 것이다" 그렇다! 때때로 신앙고백은 역설적이다.

소단원 4 (22:1-31:40) 친구들과의 세 번째 논쟁

◘ 줄거리 요약

욥과 세 친구와의 세 번째 논쟁은 전체 5단락 – 엘리바스의 정죄(22:1-30), 욥의 대답(23:1-24:25), 빌닷의 정죄(25:1-6), 욥의 대답(26:1-28:28), 욥의 탄식과 고백(29:1-31:40)으로 구성되어 있다. 이 단원의 특징은 소발이 더 이상 발언하지 않는 대신 욥의 독백이 길게 소개되고 있다는 점이다.

◘ 관찰과 해석

א. 다섯 개의 단락을 요약하면 다음과 같다.

1. 엘리바스의 정죄 ; 엘리바스는 삶의 일반적 원리로 욥의 고난을 유추하거나, 욥이 특수한 상황에서 한 말을 일반화시키는 우를 범하면서 논쟁을 이어나가려고 한다. 예를 들면 의인의 의나 지혜자의 지혜도 하나님께 아무런 유익이 되지 못한다는 일반적 원리로부터 욥의 삶을 유추하면

서, "네 악이 크지 아니하냐 네 죄악이 극하니라 까닭 없이 형제의 물건을 볼모 잡으며 헐벗은 자의 옷을 벗기며 갈한 자에게 물을 마시우지 아니하며 주린 자에게 식물을 주지 아니하였구나"(22:5-7)라고 말한다. 그는 마치 욥이 과거에 죄를 지었기 때문에 벌을 받고 있는 것처럼 정죄한다. 그리고 하나님이 고통 받는 욥을 위해 아무것도 하지 않으신다는 말에 대해, 하나님은 악인을 심판하시며 회개하는 자에게 복을 내리신다는 일반론을 되풀이한다(22:12-30).

2. 욥의 대답 ; 욥은 엘리바스의 말에 대응하지 않는 대신 하나님과의 관계에 매달린다. 우선 그는 하나님을 만날 수만 있다면 자신의 무죄가 밝혀질 것이라며 "그가 큰 권능을 가지고 나와 더불어 다투시겠느냐 아니로다 도리어 내 말을 들으시리라"(23:6)고 한다. 그러나 문제는 하나님을 만날 수 없다는 것이다(23:7). 하지만 그는 자신의 결백을 고백한다. "나의 가는 길을 그가 아시나니 그가 나를 단련하신 후에는 내가 순금같이 되어 나오리라…그런즉 내게 작정하신 것을 이루실 것이라 이런 일이 그에게 많이 있느니라"(23:10, 14) 하지만 하나님의 심판이 악인과 의인에게 공평하게 이루어지지 않은 것을 탄식한다(24:1-25). 예를 들어 3대 악인 – 땅을 빼앗고, 양떼를 빼앗고, 고아와 과부를 학대하는 사람들이 결과적으로 심판을 받는다고 하더라도 한동안 형통하게 산다는 것이다. 욥의 탄식은 세 친구들의 견해-악인은 즉시 베임을 당한다는 주장과 다르다.

3. 빌닷의 정죄 ; 욥기에서 가장 짧은 이 본문은 친구들의 논리가 이제 바닥나고 있음을 보여준다. 빌닷은 하나님이 위엄의 높은 곳에 계시며 화평을 베푸신다는 일반론을 편 다음, 이미 엘리바스가 했던 말 "그런즉 하나님 앞에서 사람이 어찌 의롭다 하며 부녀에게서 난 자가 어찌 깨끗하다 하랴"(4:17)는 주장을 인용해서 욥을 공격할 뿐이었다(25:4).

4. 욥의 대답 ; 욥은 먼저 친구들의 지혜를 비웃는다(26:1-4). 그런 지혜는 하나님께로부터 난 것이 아니라 그들이 만들어낸 것이기 때문이다. 오히려 이제는 욥이 친구들의 어리석음을 하나님의 창조의 지혜와 비교한다(26:5-14). 5절의 '죽은 자의 영들' 은 히브리어로 거대함을 뜻하는 '르파

주전 6-4세게 유리(수정)병들 (28:17)

이집트 고왕국 시대 유리 세공업자(28:17)

대싸리(30:4)

임(רפאים)' 이며, 원래 우가리트 문헌에서 신들의 우두머리 혹은 전사를 의미했다. 이 단어를 죽은 자의 세계에 적용할 때는, 죽은 자들 가운데 하나로 간주된다. 욥은 인간이 하나님의 창조의 지혜에 대해 알고 있다고 하더라도 단편적일 뿐이며, 세미한 음성을 통해 들은 것에 불과하다고 하면서 친구들의 지혜의 한계를 공격한다. 27장에서 욥은 한 번 더 자신의 의로움을 주장한다. 자신을 공격하는 친구들이 악인들이며(27:1-7) 악인의 받을 벌을 열거한다(27:8-22). 마치 이전에 친구들이 자신을 악인으로 몰아세우며 악인의 받을 벌을 들먹였던 것과 같다. 28장에서 욥은 지혜의 현주소에 대해 논하기 시작하여 "주를 경외함이 지혜요 악을 떠남이 명철이니라"(28:28)는 말로 끝을 맺는다. 결국 그는 친구들에게 지혜가 없는 이유가 하나님을 경외하지 않기 때문이라는 논리를 편 것이다.

5. 욥의 독백 ; 욥은 과거의 영광을 떠올리며**(29:1-25)** 현재의 고난을 탄식한다(30:1-31). 그리고 자신의 삶에서 악행이 없었다는 사실을 자문자답식으로 독백한다(31:1-40). 따라서 29장에는 과거의 영광을 회상하는데 어울리도록 "그 때에는"이라는 표현을 반복하고 있으며(3, 5, 7), "나는 지난 세월과 하나님이 나를 보호하시던 때가 다시 오기를 원하노라"(29:2)는 말로써 자신의 심경을 토로하고 있다. 30장에는 현재의 고난을 탄식하는데 어울리도록 "이제는"이라는 표현을 반복하고 있으며(1, 9, 16), 욥을 괄시하는 이웃들이 원래 비천했던 자들이었음을 상기시킨다. "이제는 그들이 나를 노래로 조롱하며 내가 그들의 놀림거리가 되었으며 그들이 나를 미워하여 멀리 하고 서슴지 않고 내 얼굴에 침을 뱉는도다"(30:9-10)라는 말로써 고통을 호소한다. 31장에는 자신의 무죄를 스스로 입증하는데 어울리도록 "내가 언제…하였던가"(16, 29, 33, 34), "만일…하였다면"(5, 7, 9, 13, 19, 20, 21, 24, 25, 26, 38, 39), "실상은…하였노라"(18, 30, 32)는 표현을 반복하고 있다. 그는 "누구든지 나의 변명을 들어다오 나의 서명이 여기 있으니 전능자가 내게 대답하시기를 바라노라 나를 고발하는 자가 있다면 그에게 고소장을 쓰게 하라 내가 그것을 어깨에 메기도 하고 왕관처럼 머리에 쓰기도 하리라 내 걸음의 수효를 그에게 알리고 왕족처럼 그를 가까이하였으리라"(31:35-37)고 부르짖으며 의로움을 호소한다.

흥미로운 것은 욥이 자연숭배를 하지 않았다고 고백한 것이다. "만일 해가 빛남과 달이 밝게 뜬 것을 보고 내 마음이 슬며시 유혹되어 내 손에 입맞추었다면 그것도 재판에 회부할 죄악이니 내가 그리하였으면 위에 계신 하나님을 속이는 것이니라"(31:26-28). 마치 다신교 문화에서 태어나 자랐음에도 유일 신 하나님만 섬겼던 아브라함처럼, 이방세계에 살았으면서도 유일 신 하나님만 경외한 특이한 인물이었던 것이다.

두 줄 피리를 연주하는 이집트 악사(30:31)

소단원 5 (32:1-37:24)　젊은 신학자의 개입

◘ 줄거리 요약

욥과 세 친구들의 끈질긴 인과응보 논쟁은 마침내 끝이 났다. 친구들은 더 이상 할 말을 잃었으며, 욥은 여전히 자신의 결백과 하나님의 불공평을 주장하고 있다. 그 때 지금껏 침묵을 지키던 엘리후라는 젊은 신학자가 끼어든다. 그가 갑자기 등장하게 된 점과 하나님이 그를 책망하지 않으시는 점을 들어 학자들은 엘리후 이야기가 후대의 삽입으로 보기도 한다. 그러나 그가 처음부터 있었든지 하나님께 책망을 받았든지 여부와 상관없이, 그의 등장은 하나님의 최종 판결로 가는 과정에서 자연스럽다. 그리고 사탄이나 욥이 책망을 받지 않았다는 사실에 비추어 볼 때 엘리후가 책망 받지 않은 사실이 특별히 문제될 것이 없어 보인다. 어쨌거나 엘리후는 욥의 세 친구들과 여러 면에서 논점이 달랐다.

바빌론의 국경 표지석. 이로부터 별(이쉬타르), 달, 해, 전갈(이쉬타르), 여인(이쉬타르) 31:26-27)

첫째, 욥의 세 친구들은 욥이 죄 때문에 고난을 받는다고 말했지만, 그는 욥이 고난 때문에 죄를 짓고 있다고 말한다. 둘째, 세 친구들은 현재 욥이 전혀 회개하지 않는다고 말했지만, 그는 욥이 당하는 고통 때문에 교만 죄를 회개하고 있다고 말한다. 셋째, 세 친구들은 욥이 하나님을 두려워해야 한다고 말했지만, 그는 욥이 이미 고난을 통해 하나님을 두려워하고 있다고 말한다. 다만 그는 하나님이 선인과 악인에 대해 공평하게 심판하지 않으신다고 한 욥의 발언과 태도를 문제 삼고 있을 뿐이다. 그는 욥의 발언이 인간으로서의 마땅히 취할 수위를 넘었다고 지적한다. 그의 발언은 욥을 향한 네 차례 발언을 합쳐 총 다섯 번-대화에 참여하게

이집트 도공(33:6)

후기 청동기 이집트 거울(37:18)

된 경위와 자기소개(32:1-22), 첫 번째 발언(33:1-33), 두 번째 발언(34:1-37), 세 번째 발언(35:1-16), 결론(36:1-37:24)으로 구성된다.

◘ 관찰과 해석

엘리후의 발언 다섯 단락을 요약하면 다음과 같다.

1. 엘리후의 등장 ; 엘리후(אליהוא 그는 나의 하나님)라는 이름은 다윗 시대에 유행하던 이름 가운데 하나였다(삼상 1:1, 대상 12:20, 26:1,4,7, 27:18). 그의 아버지 바라겔은 '하나님이 복 주시다' 는 뜻의 이름을 가지고 있다. 엘리후는 부스 사람이었는데 부스는 우스의 형제로서 나홀의 아들이었다. 나홀은 아브라함의 형제였다(창 22:20-21). 람 종족이라는 말은 엘리후가 다윗의 선조였을 가능성을 시사해준다(룻 4:19-22). 그는 처음에 자신보다 연로한 자들이 더 지혜로울 것으로 생각하여 대화에 참여하지 않았다. 그러나 그들이 도리어 욥을 화나게 하고 하나님을 향해 불평하게 만드는 것을 보고 용기를 냈던 것이다(32:6-16).

2. 엘리후의 첫 번째 변박 ; 엘리후는 자신의 말에 욥이 귀 기울여야 할 이유로서, 자기도 욥처럼 전능자의 기운으로 살고 있기 때문이라고 말한다(33:1-7). 그는 지금까지 욥의 한 말을 요약한다. 즉, 욥은 불의한 일을 행하지 않았음에도 하나님이 악인처럼 고통을 주신다는 것이다(33:8-13). 그러나 하나님은 침묵하시지 않고 교통하시며(33:14-22), 천사 중 하나라도 그를 위해 중보하면 고통의 구덩이에서 나올 수 있다(33:23-28). 그러므로 하나님의 계시를 깨달아 알 필요가 있다(33:29-33)는 말로 일차 변박을 맺는다.

3. 엘리후의 두 번째 변박 ; 엘리후는 먼저 욥의 세 친구들에게 욥이 자신의 의로움을 입증하기 위해 하나님의 의를 공격하는 일이 옳은 것인지 판단하라고 요구한다(34:1-9). 그리고 하나님이 세상을 의롭게 심판하고 계시며(34:10-15), 그의 의로운 행동은 의로운 성품에서 나오는 것이라고 말한다(34:16-26). 그 예로서 악인이 멸망하는 이유를 든다(34:27-30). 그는

욥이 하나님의 의를 깨닫지 못하고 악을 행했다고 말하지 못하는 한 계속해서 시험 가운데 있기를 원한다며 공박한다(34:31-37).

4. 엘리후의 세 번째 변박 ; 엘리후는 다시 욥이 했던 말 "나는 의로우며, 내가 죄 짓지 않은 것이 아무 유익이 없다"는 주장이 의롭다고 생각하느냐는 질문을 던진다. 거기에 대한 답은 그렇지 않다는 것이다(35:1-5). 그 이유로서 사람이 행하는 죄와 악이 하나님께 유익이 되거나 해가 되는 것이 아니라, 그 자신에게 영향을 줄 뿐이라는 것이다. 그리고 욥과 같은 사람 - 선한 사람이든 악한 사람이든 세상에 많다는 것이다(35:6-8). 그 예로서 세상에는 억울하게 학대당하며 하나님께로부터 도움을 받지 못하는 사람이 많다는 것이다. 그러나 그 중에 누구도 욥처럼 하나님이 어디 계시느냐고 외치는 자가 없다는 점을 부각시킨다. 뿐 아니라 욥은 하나님을 끝까지 기다리지도 않는 우를 범하고 있다고 지적한다(35:9-16).

5. 엘리후의 네 번째 변박 ; 엘리후는 지금까지의 논리를 좀 더 세련되게 반복해서 전개한다. 즉, 하나님은 악인과 고난당하는 자를 모두 다루신다(36:1-25). 그런데 악인은 심판하실 것이며, 고통 가운데서 회개하는 악인과 고통 중에서 도움을 간구하는 의인은 구원하실 것이다(36:6-12). 그런데 고통 중에도 회개하지 않는 악인이나 고통 중에 도움을 간구하지 않는 의인은 망할 것이다(36:13-16). 그런데 욥은 후자에 속한다(36:17-23). 욥이 할 일은 고통 중에도 하나님이 하시는 일들을 찬양하는 것이다(36:24-33). 따라서 엘리후는 "그대는 밤을 사모하지 말라 인생들이 밤에 그들이 있는 곳에서 끌려가리라…그대는 하나님께서 하신 일을 기억하고 높이라 잊지 말지니라 인생이 그의 일을 찬송하였느니라"(36:20,24)고 충고한다. 이어서 그는 욥이 하나님을 찬양할 수 있도록 창조의 신비를 열거하며(37:1-13) 욥의 결단을 촉구한다(37:14-24).

◘ 적용을 위한 묵상

고통 가운데서 삼갈 것과 행할 것

엘리후의 충고에 욥은 할 말을 잃었다. 물론 욥이 답변할 시간적 여유가 없이 하나님이 나타나신 탓도 있었을 것이다. 그러나 엘리후의 충고는 고난 때문에 자기연민(self sympathy)에 빠진 사람이 한 번쯤 적용해볼 만한 것이라고 생각된다.

1. 고통에는 하나님의 뜻이 들어 있다.
2. 고통을 주시는 하나님은 틀렸고, 내가 옳다는 생각을 버려야 한다.
3. 나의 의가 하나님께 유익이 되지는 않는다. 따라서 내가 의롭게 산 것에 대해 하나님께 보상해달라고 요구할 이유가 없다.
4. 나처럼 불행을 당했지만 하나님께 반항하지 않는 사람들도 있다.
5. 고통이 심하지만 아직 인생이 끝난 것은 아니다. 더 기다려 볼 수도 있다.
6. 죄 때문에 고난이 오지 않았다 하더라도 고난 때문에 죄를 지을 수도 있다. 회개할 것이 없을 정도로 의롭다면 겸손히 하나님의 은총을 구하는 태도라도 보여야 한다. 다시 말해 고난 중에 하나님의 도움을 청하지 않는 의인은 의인이 아니다.
7. 고난 중에 죽음을 원할 수도 있고, 하나님의 위대하심을 찬양할 수도 있다. 즉, 선택의 문제이다.

소단원 6 (38:1–42:6) 야훼와 욥의 대화

◘ 줄거리 요약

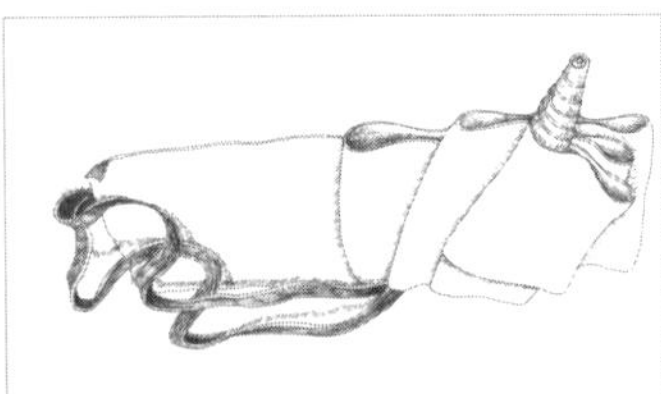
강보(38:9)

욥은 고난 중에 간절히 하나님을 만나기 원해왔다. "그리하시고 주는 나를 부르소서 내가 대답하리이다 혹 내가 말씀하게 하옵시고 주는 내게 대답하옵소서"(13:22) "주께서는 나를 부르시겠고 나는 대답하겠나이다 주께서는 주의 손으로 지으신 것을 기다리시겠나이다"(14:15) "지금 나의 증인이 하늘에 계시고 나의 중보자가 높은 데 계시니라….사람과 하나님 사이에와 인자와 그 이웃 사이에 중재하시기를 원하노니"(17:19, 21) "내가 알기에는 나의 대속자가 살아 계시니 마침내 그가 땅 위에 서실 것이라 내 가죽이 벗김을 당한 뒤에도 내가 육체 밖에서 하나님을 보리라 내가 그를 보리니 내 눈으로 그를 보기를 낯선 사람처럼 하지 않을 것이라 내 마음이 초조하구나"(19:25-26) "내가 어찌하면 하나님을 발견하고 그의 처소에 나아가랴 어찌하면 그 앞에서 내가 호소하며 변론할 말을 내 입에 채우고 내게 대답하시는 말씀을 내가 알며 내게 이르시는 것을 내가 깨달으랴 그가 큰 권능을 가지시고 나와 더불어 다투시겠느냐 아니로다 도리어 내 말을 들으시리라"(23:3-6) 그런데 마침내 하나님이 나타나셨다. 그것도 '엘' '엘로하' '엘 솨다이' 등의 일반적인 이름이 아닌 '야훼'로 나타나셨다. 하나님은 단순히 욥의 질문에 대답하거나 욥을 선악 간에 판단하시지 않고, 70여개의 질문을 던지시며 그의 상처 입은 영혼을 치유하신다. 욥과 하나님과의 대화는 4개의 단락-야훼 하나님이 욥에게 나타나 질문하심(38:1-39:30), 욥의 대답을 촉구하시는 야훼와 욥의 대답(40:1-5), 야훼 하나님이 두 번째 나타나 질문하심(40:6-41:34), 욥의 두 번째 대답(42:1-6)로 구성되어 있다.

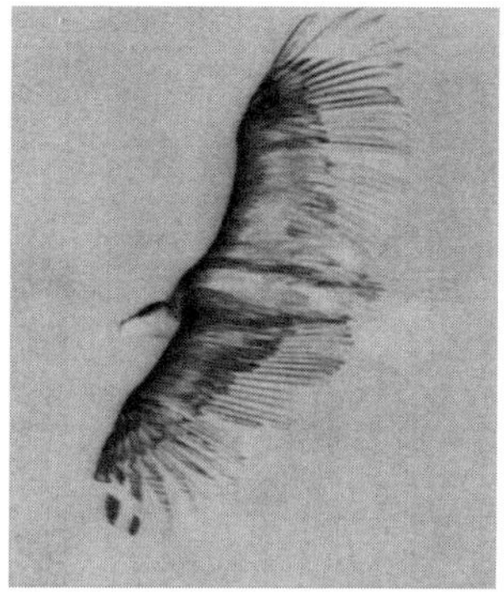
독수리(vulture) 39:27

베헤못(40:15)

관찰과 해석

א. 욥과 하나님과의 대화를 요약하면 다음과 같다.

1. 야훼 하나님이 욥에게 나타나 질문하심 ; 야훼 하나님은 욥이 뱉은 무지한 말에 스스로 생각이 묶였다고 진단한다. 그리고 하나님이 창조하신 우주와 동물들의 세계가 조화롭게 돌아가도록 부여하신 질서에 대해 욥이 얼마나 아는지 질문 공세를 퍼부어 댄다. 이처럼 자연 세계에 대한 지식을 지혜의 척도로 삼는 것은 근동 세계 지혜자들에게서 보편적인 것이었다(왕상 5:32-34). 그러니까 욥이 하나도 대답하지 못했다는 것은 무지함을 드러낸 것이었다. 욥에게 필요한 것은 자신의 무지를 깨닫고 입을 막는 일이었던 것이다. 따라서 그는 "보소서 나는 비천하오니 무엇이라 주께 대답하리이까 손으로 내 입을 가릴 뿐이로소이다 내가 한 번 말하였사온즉 다시는 더 대답하지 아니하겠나이다"(40:4-5)라고 대답했던 것이다. 그러나 하나님은 그의 문제를 드러내면서 또 한 번의 질문공세를 퍼부었다. "네가 내 공의를 부인하려느냐 네 의를 세우려고 나를 악하다 하겠느냐"(40:8). 욥은 마침내 완전히 거꾸러지게 된다. "무지한 말로 이치를

베니화산 고분에 그려진 셈족 상인들이 사냥용 몽둥이를 들고 있다(41:29)

가리는 자가 누구니이까 나는 깨닫지도 못한 일을 말하였고 스스로 알 수도 없고 헤아리기도 어려운 일을 말하였나이다…그러므로 내가 스스로 거두어 들이고 티끌과 재 가운데에서 회개하나이다"(42:3,6).

ㄹ. 야훼 하나님의 유일성을 입증하기 위해 천체에 대한 묘사가 나와 있다.

"네가 묘성(Pleiades)을 매어 묶을 수 있으며 삼성(Orion)의 띠를 풀 수 있겠느냐 너는 별자리들(열두 궁성)을 각각 제 때에 이끌어 낼 수 있으며 북두성(Bear)을 다른 별들에게로 이끌어 갈 수 있겠느냐 네가 하늘의 법도를 아느냐 하늘로 하여금 그 법칙을 땅에 베풀게 하겠느냐"(38:31-33).

이처럼 하나님이 별들과 천체의 법칙을 주관하신다는 표현은 별들이 숭배의 대상-신적 존재가 아니라 하나님의 피조물에 불과하다는 것을 보여주는 것이다.

아멘호텝 2세의 주치의였던 네바문이 새 사냥하는 고분벽화에 던지는 몽둥이(토타흐)가 등장한다(41:29)

◘ 적용을 위한 묵상

생각의 굴레에서 벗어나기

하나님이 욥에게 하신 첫 마디는 "무지한 말로 생각을 어둡게 하는 자가 누구냐?"(38:1)이었다. 그러니까 욥은 스스로 뱉은 말로 자신의 생각을 묶고 있었다는 것인데, 고통으로부터 벗어나기 위해 불평하면서 하나님이 불의하시다는 생각을 키워나갔던 것이다. 그리고 하나님이 불의하시다는 생각은 다시 더 과격한 표현의 말들을 생산해내었다고 볼 수 있다. 예컨대 말이 우리 사고과정에서부터 나온 것이지만, 일단 발설이 되고 나면 그것이 도리어 사고과정을 지배하게 되는 식이다.

우리가 잘못된 생각의 굴레에서 벗어나는 것은 자기중심의 사고를 탈피하는 것이다. 세상과 하나님에 대한 불평의 대부분은 자기중심적 사고 결과이다. 예컨대 그리스도인은 누구나 인간이 하나님의 피조세계의 일부가 아니라 중심이며, 인간 세계에서 그리스도인들이 불신자보다 먼저 하나님의 은총을 받아야 하고, 그 가운데서도 내가 가장 많은 혜택을 누려야 한다는 생각에 잡혀있기가 쉽다. 따라서 그 기대와 상반되는 결과가 나타날 때 실망하고 불평하게 되는 것이다. 그러나 내가 우주와 세계의 중심이라는 생각은 망상과 착각이다. 오늘 내가 죽어도 내일 세상은 큰 영향을 받지 않고 돌아가며 그렇게 되어야 한다. 그리고 하나님이 내 기대에 부응해서 움직이셔야 한다는 생각이야말로 위험천만하기 짝이 없는 것이다. 하나님은 무슨 부탁이나 들어주시는 램프의 요정이 아니라, 내가 복종해야 할 초월적 존재이시다. 더 나아가 나 중심의 세계관은 종교적 우월주의, 인종차별주의, 물질만능주의로 이어지기 쉽다.

하나님의 창조세계를 묵상하는 것은 우리 본연의 모습을 되찾는데 도움을 준다. 우리는 자연의 일부이며, 나의 존재는 66억 명 가운데 한 사람으로서, 하나님이 하시는 가치 있는 일 가운데 하나일 뿐이다. 그런 나를 하나님이 기억하시고 돌보시는 것이 감사할 뿐이다. 내가 기대하는 모든 것이 이루어지는 것보다 더 큰 일은, 하나님이 하고자 하시는 일이 이 세상에 온전히 이루어지는 일인 것이다. 그 가운데는 내게 일어나는 크고 작은, 행운과 불행이 포함되어 있는 것이다.

결어: 욥의 회복(42:7-17)

소단원 7 (42:7–17) 하나님의 회복시키는 은혜

◘ 줄거리 요약

욥이 하나님께 불평하기를 포기함에 따라 사태는 급진전 되었다. 그는 자신의 의로움에 대한 보상으로서가 아니라 은혜로 모든 것을 되찾았다. 욥의 세 친구들은 하나님께 사죄하며 번제를 드리므로 욥의 명예가 회복되었고(42:7-9), 욥의 재산, 친척, 자녀, 건강을 모두 되찾게 되었다(42:10-17).

◘ 적용을 위한 묵상

욥 이야기의 시작과 끝은 매우 흡사하다. 그 중에서 눈길을 끄는 것은 하나님의 욥을 향한 호칭이다. 욥 이야기의 서두에서 하나님은 사탄에게 "내 종 욥을 유의하여 보았느냐"(1:8)고 물으셨다. 욥 이야기의 끝에도 하나님은 욥의 친구들에게 "내 종 욥이 너희를 위하여 기도할 것인즉…내 종 욥의 말같이 옳지 못함이라"(42:8)고 하신다. 이처럼 야훼 하나님이 내 종이라고 부르는 인물은 구약 성경을 통 털어 아브라함(창 26:24), 모세(출 14:31), 갈렙(민 14:24), 다윗(삼하 3:18), 이사야(사 20:3), 그리스도(사 53:11), 선지자들(렘 7:25), 스룹바벨(학 2:23)과 욥이다. 욥은 고난 중에 하나님께 불평했지만 여전히 그를 "내 종 욥"이라고 불러 주신다. 이처럼 하나님은 우리가 고난 때문에 불평하더라도 회개하면 여전히 "사랑하는 자녀"로 불러주신다.

◘ 적용을 위한 묵상

욥의 세 친구들처럼 되지 않으려면

욥의 세 친구들은 좋은 뜻으로 출발했다. 그들은 먼 거리 여행을 마다하지 않았으며, 욥을 위해 일 주일 금식하며 고통에 동참했다. 그러나 그들은 욥을 위로하지도 회개시키지도 못했다. 그들이 인과응보 논리와 율법주의 관점에서 욥에게 충고했기 때문이라는 것을 이미 우리는 알고 있다. 그들은 어떻게 했어야만 하는가? 만약에 우리가 그들이라면 어떻게 해야 하겠는가? 답은 오직 하나-성령의 인도하심을 받는 것이다. 우리는 그들의 충고가 자신들의 경험과 지식에서 나온 것일 뿐 하나님에게서 오지 않았다는 것을 안다. 만약 우리가 곤경에 처한 사람을 돕는 과정에서 기도로 인도하심을 받는다면 서로가 상처받게 될 일이 없을 것이다. 먼저 자기가 곤경에 처한 사람을 도와야 할 적임자인지 하나님께 물어야 한다. 그리고 어떤 식으로 어디까지 도와야 하는지, 어떤 관점에서 접근해야 하는지, 해야 할 말과 삼가야 할 말은 무엇인지 물어야 할 것이다. 그러면서 한 걸음 한 걸음 하나님의 인도하심을 받는다면 하나님의 의가 이루어질 것이 분명하다. 그와 반대로 하나님의 인도하심을 받지 못할 때 자신의 의가 드러나며, 도움 받는 사람에게 수치심과 굴욕감을 불러일으키게 되는 것이다.

전도서

헛되고 헛되며 헛되다

전 도 서

히브리 성서에 '코헬렛(קהלת)' 으로 제목이 붙어 있는 이 책은 아가, 에스더, 룻기, 애가와 함께 다섯 권의 축제 두루마리에 속하며 장막절에 애독된다. 그리고 성문서 가운데서 잠언, 욥과 함께 3대 지혜문학으로 손꼽히고 있다. 이 세 권의 책을 비교해보자면, 잠언이 인과응보의 법칙을 통해 실용적 지혜를 말하고 있는데 비해, 욥기는 인과응보와 무관하게 찾아오는 불행에 대처하는 사색적 지혜에 대해 말하고 있다. 그리고 전도서는 이 둘을 함께 아우르는 성찰의 지혜를 논하고 있다. 예를 들어 전도서에는 잠언의 이분법-지혜자와 우매자를 이야기하면서 욥기의 일반론-의인이나 악인이 똑같이 당하는 불행을 다루고 있다. 그러나 전도서는 성공의 지혜나 불행에 대처하는 법을 말하지 않고, 삶의 의미 그 자체를 말한다. 피상적으로 받아들이는 삶의 진정한 의미를 비판적 성찰을 통해 찾아가게 만들어 주는 것이다.

한글 성경에 전도서라는 제목이 붙여지게 된 것은 원 제목 '코헬렛'에 대한 해석 때문이다. 코헬렛은 '소집하다(카할 קהל)' 는 단어에 어원을 둔 명사로서 '소집하는 자' 로 해석될 수 있다. 그러니까 회중을 소집하는 자 즉, 제자들을 가르치기 위해 소집하는 지혜자로 볼 수 있는 것이다. 이것이 70인역 성경에서 '에클레시아스테스(Εκκλησιατης)' 로 번역되었고, 히에로니무스가 라틴어로 번역하면서 지나치게 의역하여 '연사(콘치오나또르 Contionator)' 로 번역하였다. 마틴 루터가 이것을 '설교자(Prediger)' 로 재번역하는 바람에 한글 성경에서 '전도자' 라는 말로 바뀌게 된 것이다. 따라서 한글 성경에 '전도자(1:1, 2, 12, 7:27, 12:8, 9, 10)로 번역된 것은 오역을 따른 것이므로 '코헬렛' 으로 부르는 것이 낫다.

코헬렛을 어떤 책으로 생각하느냐에 따라 내용이 완전히 달라 보이므로 주의를 요한다. 안토니오 보노라는 그의 탁월한 저서 '코헬렛'에서 다음의 세 견해를 소개하고 있다.[37)]

37) 안토니오 노보라, 코헬렛, 성서와 함께 p. 90-102.

첫째, 전도서가 삶의 허무를 말한다고 생각하는 견해가 있다. 제임스 크렌쇼(James L. Crenshaw)는 자신의 저서 '구약 지혜문학의 이해'에서 다음과 같이 전도서의 다섯 중심 주제를 말했다. 1) 죽음은 지혜자의 모든 것-쾌락, 노동, 부, 명성을 없앤다. 2) 지혜는 자신의 목표를 이루지 못한다. 결국 하나님이 하고자 하시는 의도대로 세상이 움직여질 뿐이다. 3) 하나님은 알 수 없는 분이다. 다만 하나님을 경외할 수 있을 뿐이다. 4) 세상은 구부러져 있으며, 누구도 그 구조를 벗어날 수 없다. 5) 인생이 헛되기 때문에 쾌락은 진정한 만족을 주지 못한다. 이러한 견해는 전도서의 저자 코헬렛이 회의주의자 혹은 신앙적 허무주의자이며, 이성과 신앙을 분리시키고 있다는 관점을 반영하고 있다. 비록 코헬렛이 하나님의 하시는 일을 알 수 없다고 말하고 있지만, 회의주의를 넘어 지성과 신앙의 조화를 말하고 있다는 점을 알 필요가 있다. 한마디로 그는 지성적 신앙인이다. 그리고 삶의 허무를 소재로 하고 있는 이유가, 허무주의를 넘어 삶의 진정한 의미를 발견하도록 지성적 성찰을 유도하는데 있다는 점이다.

둘째, 전도서가 중용의 철학을 말한다고 생각하는 견해로서, 그 대표적인 학자가 사키(P. Sacchi)이다. 그는 전도서에 드러난 종교의 특성은 이상적인 종교인에 대한 개념으로서 지나치게 선하지도 악하지도 말아야 한다는 것이라고 주장한다. 그 근거로서 전 7:16-18을 제시한다.

"지나치게 의인이 되지도 말며 지나치게 지혜자도 되지 말라 어찌하여 스스로 패망하게 하겠느냐 지나치게 악인도 되지 말며 지나치게 우매자도 되지 말라 어찌하여 기한 전에 죽으려고 하느냐 너는 이것도 잡으며 저것에서도 네 손을 놓지 아니하는 것이 좋으니 하나님을 경외하는 자는 이 모든 일에서 벗어날 것임이니라"(7:16-18).

그러나 코헬렛이 7:16-17의 상황윤리를 말하려고 하지 않고 7:18처럼 하나님을 경외하는 가운데 윤리적 판단기준을 찾도록 하려했다는 사실을 알 필요가 있다.

셋째, 전도서가 삶의 기쁨(심하 שמחה)을 노래하고 있다는 견해이다. 이것은 유대교의 전통적 견해로서, 전도서가 추수의 기쁨을 노래하는 장막절에 읽혀졌다는 사실을 통해서도 확인된다. 대표적인 학자로서 안토니오 보노라, 고르디스 등이 있다. 이 견해는 기쁨이야 말로 인간을 향한 하나님의 명령으로서 육체적 쾌감과 정신적 만족을 모두 포함한다는 것이다. 이 견해에 의하면, 전도서의 저자는 인간의 불행이 삶 그 자체에 있지 않고 제대로 살 줄 모른다는데 있다. 부, 명성, 육체적 쾌락, 노동, 성취 속에서 삶의 의미를 찾는다는 것 자체가 불행이라는 것이다. 한마디로 진정한 행복은 하나님을 경외하므로 헛된 욕망의 유혹에서 벗어나, 주어진 삶을 누리는 데 있다는 것이 전도서의 주제라는 것이다.

1. 배경

저자와 기록 연대, 장소, 문학 양식

코헬렛의 저자와 기록 연대를 알아내기란 쉽지 않다. 왜냐하면 이 책 속에 최소한 한 명 이상의 저자가 발견되며, 그들이 살았던 시대 또한 왕국 시대에서 포로 이후까지 추정될 수 있기 때문이다. 먼저 저자 가운데 한 사람은 다윗의 아들 예루살렘 왕이라고 소개하고 있다(1:1, 12). 그는 자기보다 먼저 예루살렘에 있던 모든 사람들보다 지혜가 뛰어났다고 한다(1:16, 2:9). 그는 재산정도와 부인들의 숫자에 있어서 솔로몬을 연상하게 만든다(2:4-8). 그는 잠언을 많이 지어 백성들을 가르쳤다(12:9-10). 그런데 솔로몬은 잠언 3000을 짓고, 근동에서 그의 지혜를 배우러 왔으며, 성전을 건축하고 백성들을 불러 모았다. 그리고 그의 말년에 어리석은 아들 르호보암에게 권좌를 물려주어야 하는 딜레마에 빠졌던 점에서, 지나간 영화에 대한 추억과 노년의 괴로움을 토로하는 본문의 배경과 어울린다.

그럼에도 불구하고 코헬렛의 저가가 살았던 시대에는 가난한 자들에 대한 학대와 사회적 불의가 횡행하였다(3:16-17, 4:1-3, 5:8). 그는 왕정시대를 살았으며(8:2-5, 10:16-17, 20), 가난한 지혜자가 큰 공로를 세워도 인정하지 않는 풍토를 개탄했다(9:13-16). 무엇보다도 다윗의 아들이라는 표현은 직계 뿐 아니라 후손도 포함되므로 반드시 솔로몬을 가리킨다고 볼 수 없다. 더구나 코헬렛보다 앞서 예루살렘에 있었던 왕들을 언급하는 것을 볼 때, 다윗이 예루살렘에서 통치를 시작한 이후 여러 세대가 흘러간 것으로 보인다. 이처럼 코헬렛에 두 개의 시대적 배경이 나오는 것을 볼 때 이 책의 저자가 솔로몬과 또 다른 지혜자 두 사람이라고 생각할 수 있다.

코헬렛의 이중 저자를 뒷받침하는 증거 가운데 하나는 본문에 사용된 히브리어가 포로 이후의 후기 히브리어에 가깝다는 점이다. 그리고 삶의 진정한 쾌락을 추구한다는 점에서, 영원하고 초월적인 실재를 추구하던 데서 벗어나 개인의 행복을 추구하던 헬라의 쾌락학파(에피큐러스 학파)의 영향을 받았다고도 볼 수 있다. 예를 들면 "이미 있던 것이 후에 다시 있겠고 이미 한 일을 후에 다시 할지라 해 아래에는 새 것이 없나니"(1:9)는 표현은, 에피큐러스 학자들의 "지금처럼 모든 것이 항상 있었고, 그렇게 항상 있을 것이다. 왜냐하면 변화될 수 있는 것이라고는 하나도 없기 때문이다"는 말을 연상하게 한다. 그리고 "빛은 실로 아름다운 것이라 눈으로 해를 보는 것이 즐거운 일이로다"(11:9)는 말은 헬라 철학자 에우리피데스가 삶을 찬미하면서 "빛을 보는 일은 감미롭다"라고 선언했던 것과 비슷하나. 그와 반면 코헬렛에 인용된 잠언 혹은 수사적 표현은 고대 근동의 문헌과도 비슷하다. 예를 들어 "이미 있던 것이 후에 다시 있겠고 이미 한 일을 후에 다시 할지라 해 아래에는 새 것이 없나니"(1:9)는 주전 1700년대의 아카드어로 된 격언 "어제 전의 삶이 매일의 삶이다"를 떠올리게 한다. 그리고 "노동자는 먹는 것이 많든지 적든지 잠을 달게 자거니와 부자는 그 부요함 때문에 자지 못하느니라"(5:12)는, 고대 수메르의 격언 "돈을 많이 가진 자는 행복한 것이 확실하고, 많은 보리를 가진 자도 의심할 바 없이 행복하다. 그러나 아무 것도 가진 것이 없는 자는 잠을 잘 수가 있다"는 것과 닮았다. 특히 노년의 삶을 묘사한 12:1-7은, 프타호텝의 지혜서라고 부르는 이집트의 문헌과 비슷하다.

"노년에 이르러 무르익던 청춘이 기울었다. 허약함이 다가와 다시금 어린아이가 되게 한다. 심장은 매일 곤하게 잠이 든다. 눈이 희미해지고, 귀가 먹고, 심장의 소모로 기력은 사라져가고, 입이 다물어져 더 이상 말을 하지 못한다. 정신이 희미해져 어제의 일도 기억하지 못한다. 뼈들도 노년을 괴로워한다. 좋은 것은 나쁜 것으로 변해버리고, 모든 기호가 사라져 버린다. 노년이 인간에게 하는 것이라고는 모든 면에서 다 나쁜 것뿐이다. 코가 막혀 숨도 쉬지 못하게 된다. 그저 일어나 있거나 앉아 있

38) 안토니오 보노라, 앞의 책, p. 82.

는 것조차 어렵게 된다"[38]

그리고 코헬렛에는 잠언에서 볼 수 있는바 "보다 더 낫다"는 표현이 사용되고 있다. 예를 들면 "학대 받으며 살아있는 자보다 죽은 자가 더 복되도다"(4:2-3) "두 손에 가득하고 바람을 잡는 것보다 한 손에만 가득하고 평온한 것이 낫다"(4:6) "두 사람이 한 사람 보다 낫다"(4:9) "가난하지만 지혜로운 청년이 충고를 받지 않는 늙고 어리석은 임금보다 낫다"(4:13)는 식이다. 이런 격언들은 코헬렛의 연대가 잠언이 만들어지던 연대로 거슬러 올라갈 수 있음을 보여준다. 이와 같은 문헌적인 증거들은 코헬렛의 원 저자가 이집트와 활발하게 문학적 교류가 이루어지던 솔로몬 시대 사람일 수 있다는 추측을 가능하게 해준다.

코헬렛의 일부가 쿰란 제 4 동굴에서 발견되었고, 주전 180년에 기록된 벤 시라서(집회서)에도 인용되고 있는 점을 미루어 볼 때 적어도 오늘날과 같은 형태로 남게 된 것은 주전 3세기 이전으로 보인다. 이런 사실들로 미루어 볼 때 코헬렛은 솔로몬에 의해 예루살렘에서 940-931년 최초로 기록된 내용을 바탕으로 왕정 시대 또 한 명의 저자에 의해 완성되었으며, 주전 4-3 세기에 후기 히브리어를 사용하는 어떤 필생에 의해 개작된 것으로 보인다.

원 독자

솔로몬의 시대는 사회 전반에 걸쳐 명암이 짙게 드리우던 때였다. 눈에 보이는 장엄한 건축물들 - 궁전들과 요새화 된 성들 - 밑에는 백성들의 어깨에 부과된 세금과 노역이 깔려 있었으며, 친선정책의 결과로 쏟아져 들어오는 각국의 문물 뒤에는 국제화의 미명 아래 치러야 하는 이방문화와의 혼합이 숨겨져 있었다. 겉보기에 화려한 솔로몬 왕국은 눈에 띠지 않는 커다란 문제점들로 인해, 다음 세대에 치명적 상처를 남기게 될 질병을 앓고 있었던 것이다. 이것을 누구보다 잘 알았던 사람은 바로 솔로몬 자신이었던 것 같다. 그가 일평생 즐긴 부귀영화 뒤에 찾아온 허무감은, 자신이 탐욕을 부린 모든 것들로부터 얻어진 것이었기 때문이다. 그가 하나님을 떠나 탐욕을 추구하자 모든 것이 달라졌다. 한 때 성전을 지은 그가 우상숭배에 빠졌으며, 지혜의 대왕인 그가 여인들의 꼬임에 빠졌고, 근동의 패자로 군림하던 그가 이방 처첩들에게 무릎을 꿇었다. 이런 사실은 솔로몬으로 하여금 패배감과 상실감을 갖게 하기에 충분했을 것이다. 거기에다 천문학적인 액수의 재산을 관리할 마땅한 후계자가 없었고, 잠언 삼천을 말하던 지혜는 삶의 부조리들을 깨닫게 해 괴롭혔다. 군대와 재물과 외교를 축으로 움직이는 나라를, 다시 율법과 성전과 열두 지파의 단합 중심으로 다스리기에는 너무 늦었던 것이다.

따라서 이 책의 원 독자는 아마도 솔로몬의 후계자가 될 이스라엘의 왕과 그 백성들일 것이다(8:2-4, 10:16-17). 무엇보다도 그들은 솔로몬의 영광 뒤에 감춰진 문제점들을 이해할 필요가 있었다. 그럼으로써 솔로몬이 범했던 실수들을 되풀이하지 않을 것이었다. 따라서 이 책에는 원 독자와 관련된 다음의 이슈들 즉, 쾌락을 추구하는 삶, 사업 성취를 추구하는 삶, 재물을 추구하는 삶, 권력을 추구하는 삶, 지혜를 추구하는 삶, 의를 추구하는 삶, 하나님을 경외하는 삶, 죽음과 삶의 부조리 등이 기록되어 있다.

코헬렛에서 발견되는 문학 양식은 다음과 같다.

- 산문: 1:1, 12-14, 16-17, 2:1-26, 3:1, 3:10-6:12, 7:14-29, 8:2-9:17, 10:5-7, 11:5-12:14
- 히브리 시가 : 1:2-11, 15, 18, 3:2-9, 7:1-13, 8:1, 9:18-10:4, 11:1-4,

주제들

코헬렛의 대 주제는 삶의 의미에 대한 지혜이다. 그 지혜는 성공과 실패, 행복과 불행에 대한 단편적인 지식이 아니라 해 아래에서 일어나는 모든 일에 대한 통합적인 지혜였다. 코헬렛에 '모든(하콜 הכל)' 이라는 단어가 '모든 것' '모든 학대' '모든 백성' '모든 수고' '모든 재주' '모든 소원' '모든 말' '모든 일' '모든 사람' '모든 은밀한 일' 등 53번이나 반복되어 있는 것을 보면 알 수 있다. 그는 그 지혜를 얻기 위해 전심으로 애썼다. 그는 37번이나 '보다(관찰하다)' 라는 단어를 사용했으며, 조사하고, 연구하고, 마음을 기울이고, 알려고 노력했다.

첫째, 삶의 허무함을 아는 것이 지혜이다.

저자가 자주 사용하는 '헛되다(헤벨 הבל)' 라는 단어는 '숨' '바람' '수증기' '안개' 와 같은 것을 묘사할 때 쓰는 말이다. 삶은 영원하지 않으며, 욕망은 만족할 만큼 채워지지 않고, 의로움이 불행을 면하게 해주지 못하며, 지혜로도 세상의 부조리를 해결하지 못하며, 명성은 잠시 있다가 사라지게 된다. 저자의 표현을 빌리자면 그것들은 '바람을 잡으려는 것' 과 같다. 그런데 삶이 허무하다는 것을 깨닫지 못하는 자들은 바람을 잡으려다 좌절하게 된다.

> "내가 해 아래에서 행하는 모든 일을 보았노라 보라 모두 다 헛되어 바람을 잡으려는 것이로다"(1:14).

둘째, 삶의 소중함을 깨닫는 것이 지혜이다.

비록 삶이 숨결처럼 헛되지만 하나님이 주신 선물로서 소중한 것이다. 마치 살아있는 개가 죽은 사자보다 나은 것처럼 살아있다는 것만으로도 소중한 것이다(9:4). 그런데 코헬렛은 하나님의 이름-야훼를 한 번도 사용하지 않고, 엘로힘으로만 사용한다. 그 엘로힘의 하나님은 세상 모든 사람들에게 삶을 선물로 주신 분이다(1:13, 2:26,3:10,11, 5:18, 9:9). 코헬렛은 현재의 삶을 강조한다. 과거와 미래는 실재하지 않는 시간으로서 헛된 것이다. 그러나 현재의 삶을 하나님이 주신 선물로 여기고 즐겁게 누릴 수 있는 것이다. 비록 오늘의 즐거움이 내일의 만족으로 이어지지 않는다 하더라도 매일 매순간 주어진 삶을 즐거움으로 누릴 수 있다는 것이다.

> "사람이 먹고 마시며 수고하는 것보다 그의 마음을 더 기쁘게 하는 것은 없나니 내가 이것도 본 즉 하나님의 손에서 나오는 것이로다" (2:24).

> "너는 가서 기쁨으로 네 음식물을 먹고 즐거운 마음으로 네 포도주를 마실지어다 이는 하나님이 네가 하는 일들을 벌써 기쁘게 받으셨음이니라 네 의복을 항상 희게 하며 네 머리에 향 기름을 그치지 아니하도록 할지니라 네 헛된 평생의 모든 날 곧 하나님이 해 아래에서 네게 주신 모든 헛된 날에 네가 사랑하는 아내와 함께 즐겁게

> 살지어다 그것이 네가 평생에 해 아래에서 수고하고 얻은 네 몫이니라"(9:7-9).

셋째, 하나님을 경외하는 것이 지혜이다.

하나님이 하시는 일을 사람의 지혜로 알 수 없으며, 더더욱 미래의 일은 알 수 없는 것이다. 그리고 삶의 혼돈과 부조리를 파헤치는 것은 지혜자의 과업이 아니다. 하나님은 세상을 창조하셨으며, 다스리고 계신다. 하나님께서 행하시는 모든 일은 영원하며 아름다운 것이다. 인생으로서 할 수 있는 일은 하나님을 경외하므로 기쁘게 그의 뜻을 행하며 사는 것이다. 즉, 인생으로서 분수를 지키는 것이 지혜이다.

> "하나님이 모든 것을 지으시되 때를 따라 아름답게 하셨고 또 사람들에게는 영원을 사모하는 마음을 주셨느니라 그러나 하나님이 하시는 일의 시종을 사람으로 측량할 수 없게 하셨도다 사람들이 사는 동안에 기뻐하며 선을 행하는 것보다 더 나은 것이 없는 줄을 내가 알았고 사람마다 먹고 마시는 것과 수고함으로 낙을 누리는 그것이 하나님의 선물인 줄도 또한 알았도다 하나님께서 행하시는 모든 것은 영원히 있을 것이라 그 위에 더할 수도 없고 그것에서 덜 할 수도 없나니 하나님이 이같이 행하심은 사람들이 그의 앞에서 경외하게 하려 하심인 줄을 내가 알았도다"(3:11-14).

기록 목적

유대인의 문헌에 의하면 코헬렛의 정경성(canonicity)에 대해 주후 150년까지 토론이 있었다고 한다. 샴마이 학파 바리새인들은 코헬렛이 삶의 헛됨을 강조했다는 이유로 정경에 넣기를 꺼려했다. 힐렐 학파들은 코헬렛의 첫 마디가 "말씀"(1:1)으로 시작하여 "악함"에 대한 심판으로 끝난다는 사실을 들어 정경에 넣을 것을 고집했다고 한다. 그러나 외경과 가경이 전혀 발견되지 않았던 쿰란 문헌들에 코헬렛이 들어 있었던 것으로 보아, 이미 주전 2세기에 이 책이 경건한 유대인들에 의해 정경으로 간주되어 있었던 것이 분명하다. 라틴어로 성경을 번역했던 히에로니무스는 코헬렛이 새신자들을 위해 좋은 책으로 간주했다. 그 이유는 세상으로부터 벗어나 신앙의 길에 들어서게 해주는데 유익하다는 것이었다. 어쨌거나 코헬렛이 마치 삶의 아름다움을 부정하는 금욕주의를 조장하기 위해 기록되었다고 보는 것은 옳지 않다. 이미 코헬렛의 주제들을 살펴보는 가운데 나왔던 것처럼, 이 책은 다음과 같은 목적으로 기록되었을 것이다.

첫째, 욥기와 잠언에서 해결하지 못하는 삶의 이슈들에 통합적인 지혜를 주기 위하여 기록되었을 것이다.

둘째, 삶의 의미와 목적을 바로 깨달아 하나님을 경외하며 살도록 훈계하기 위해 기록되었을 것이다.

전도서의 특징

1. 이스라엘의 공동체와 역사에 대해 큰 관심이 없으며, 예언자들의 예언과 성격을 달리한다. 다시 말해 코헬렛에는 출애굽 사건이나 모세 오경에 대한 언급이 없다. 미래의 청사진을 제시했던 예언자들의 메시지와 달리, 어두운 현실을 극복할 미래의 소망을 제시하지 않는다. 예를 들면 과거의 역사는 멀고 깊어서 알 수 없고(7:24) 미래는 하나님의 손에 달려 있으므로 알 수 없다는 식이다(11:8). 그와 반면 개인들의 현재와 장래에 대해 마땅히 취해야 할 태도에 초점을 맞춰 말하고 있다.

2. 하나님은 창조주이며 모든 인간을 다스리시는 분이라는 보편적 진리가 강조되어 있다. 하나님은 창조자이며(3:11), 사람들은 흙으로 만들어졌기 때문에 흙으로 돌아가게 된다(3:20). 따라서 아직 젊을 때 창조주 하나님을 기억해야 한다(12:1, 7). 왜냐하면 사후에는 심판만이 기다리고 있기 때문이다(12:14).

3. 인과응보의 논리로부터 초월해 계신 하나님을 말하고 있다.

> "모든 사람에게 임하는 그 모든 것이 일반이라 의인과 악인, 선한 자와 깨끗한 자와 깨끗하지 아니한 자, 제사를 드리는 자와 제사를

드리지 아니하는 자에게 일어나는 일들이 모두 일반이니 선인과 죄인, 맹세하는 자와 맹세하기를 무서워하는 자가 일반이로다" (9:2).

"악한 일에 관한 징벌이 속히 실행되지 아니하므로 인생들이 악을 행하는 데에 마음이 담대하도다 죄인은 백 번이나 악을 행하고도 장수하거니와 또한 내가 아노니 하나님을 경외하는 자들은 잘 될 것이요 악인은 잘 되지 못하여 장수하지 못하고 그 날이 그림자와 같으리니 이는 하나님을 경외하지 아니함이니라"(8:11-13).

4. 예수 그리스도는 코헬렛의 구절들을 인용하여 말씀하셨다.

재물을 쌓기만 하고 써보지도 못하고 죽는 어리석은 부자의 비유(눅 12:13-21)는 재물의 복을 받았으나 누리지 못하고 죽는 사람에 대한 이야기와 같다(6:1-2). 하나님이 해를 악인과 선인에게 일반으로 비추게 하시며 의로운 자와 불의한 자에게 비를 함께 내리신다는 가르침(마 5:45)은, 선한 사람과 악한 사람에게 일어나는 일이 일반이라는 코헬렛의 주장과 같다(9:2). 뿐 아니라 그리스도는 내일 일을 위하여 염려하지 말라고 가르쳤는데(마 6:34), 장래 일을 알지 못하므로 오늘의 삶을 기쁘게 누리라는 코헬렛의 주장과 닮아 있다(8:7, 9:7). 그리고 기도할 때에 이방인처럼 말을 많이 하지 말라고 한 가르침(마 6:7)은 하나님 앞에서 마땅히 말을 적게 할 것이라는 코헬렛의 가르침을 연상하게 한다(5:2).

5. 신약의 저자들도 코헬렛의 가르침을 인용하고 있다.

"항상 기뻐하라"(살전 5:16).

"주 안에서 항상 기뻐하라 내가 다시 말하노니 기뻐하라"(빌 4:4)

"내일 일을 너희가 알지 못하는도다 너희 생명이 무엇이냐 너희는 잠깐 보이다가 없어지는 안개니라 너희가 도리어 말하기를 주의 뜻이면 우리가 살기도 하고 이것이나 저것을 하리라 할 것이거늘 이제도 너희가 허탄한 자랑을 하니 그러한 자랑은 다 악한 것이라 그러므로 사람이 선을 행할 줄 알고도 행하지 아니하면 죄니라"

(약 4:14-17).

"피조물이 다 이제까지 함께 탄식하며 함께 고통을 겪고 있는 것을 우리가 아느니라"(롬 8:222, 전 1:8)

"모든 사람이 죄를 범하였으매 하나님의 영광에 이르지 못하더니" (롬 3:23, 전 7:20)

2. 내용

<구조와 요절>

이 책은 전체 12장 222절로 구성되어 있으며, 코헬렛의 말을 인용한 편집자의 서론(1:1-11)과 코헬렛의 가르침(1:12-12:7)과 편집자의 결론(12:8-14)로 나누어 볼 수 있다.

서론 (1:1-11) 코헬렛은 이렇게 말했다
- 소단원 1 (1:1-11) 헛된 인생에 만족은 없다

본론 (1:12-12:7) 나 코헬렛은 이렇게 말한다
- 소단원 2 (1:12-3:15) 즐거움에는 끝이 있다
- 소단원 3 (3:16-6:12) 삶은 고통으로 가득 차 있다
- 소단원 4 (7:1-8:17) 하나님의 행하시는 일을 알 수 없다
- 소단원 5 (9:1-12:7) 즐겁게 살라

결론 (12:8-14) 코헬렛의 말을 들으라
- 소단원 6 (12:8-14) 하나님을 경외하며 살라

요 절

"일의 결국을 다 들었으니 하나님을 경외하고 그의 명령들을 지킬지어다 이것이 모든 사람의 본분이니라 하나님은 모든 행위와 모든 은밀한 일을 선악 간에 심판하시리라"(12:13-14).

〈전도서 구조〉

<table>
<tr><th>대 단 원</th><th>소 단 원</th><th>저 자</th><th colspan="2">주제별 분류</th><th>기록 장소</th><th>기록 연대</th></tr>
<tr><td>전도자는 이렇게 말했다</td><td>1:1-11
인생은 짧고 만족은 없다</td><td>편집자</td><td>서론</td><td>선언</td><td></td><td></td></tr>
<tr><td rowspan="4">나 전도자는 말한다</td><td>1:12-3:15
즐거움에는 끝이 있다</td><td rowspan="4">코헬렛 <전도자></td><td rowspan="4">본론</td><td>논술 Ⅰ</td><td rowspan="5">예루살렘</td><td rowspan="5">주전 940–931년경</td></tr>
<tr><td>3:16-6:12
즐거움에는 고통이 뒤따른다</td><td>논술 Ⅱ</td></tr>
<tr><td>7:1-8:13
인간의 지혜는 상대적이다</td><td>논술 Ⅲ</td></tr>
<tr><td>8:14-12:7
인간의 지혜는 부분적이다</td><td>논술 Ⅳ</td></tr>
<tr><td>전도자의 말을 들으라</td><td>12:8-14
하나님을 경외하며 살라</td><td>편집자</td><td>결론</td><td>권고</td></tr>
</table>

〈해 설〉

서론(1:1-11): 코헬렛은 이렇게 말했다

소단원 1 (1:1-11) 헛된 인생에 만족은 없다

매일 순환주기를 반복하는 해 (1:5)

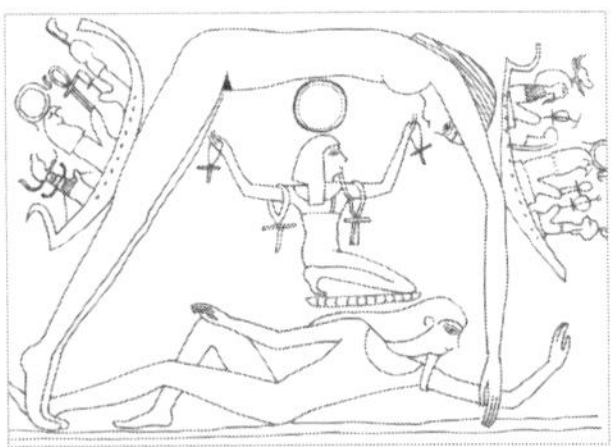

고대 이집트인들이 상상하던 태양의 순환주기(1:5)

고대 이집트 제19왕조 서기관 네바몬의 고분벽화에 그려진 정원과 연못(2:5)

이 책의 최종 편집자가 코헬렛의 가르침을 인용하면서 삶은 헤벨(הבל)이라는 사실을 다섯 번 반복해서 강조하고 있다(1:2). 삶이 헤벨인 첫 번째 이유는 일생 동안 수고해도 다음 세대를 위한 것일 뿐이기 때문이다(1:3-4). 그리고 언제나 변함없이 뜨고 지는 해, 왔다가 사라지는 바람, 오랜 세월 흐르는 강물 모두 더 이상 움직이지 않아도 될 만큼 만족하게 운행되지 않았다는 사실을 들어 삶에는 만족이 있을 수 없다는 것을 말하고 있다. 그리고 다음 세대 사람들 역시 만족이 없을 것인데, 이미 이전에 있던 것을 되풀이할 뿐 새로운 것이 아니기 때문이다.

소단원 2 (1:12-3:15) 즐거움에는 끝이 있다

지혜와 지식의 헛됨(1:12-18), 성취의 허무함(2:1-3:9), 진정한 즐거움은 하나님을 경외하며 현실을 누리는 것(3:10-15)을 논하고 있다.

간증(I) - 지혜와 지식의 헛됨(1:12-18) ; 평생 지혜와 지식을 얻는 과정 자체가 큰 수고였으며, 깨닫는 즐거움도 잠간일 뿐 그것 때문에 불필요한 걱정과 갈등에 빠지게 되므로 지혜와 지식은 헛된 것이다.

간증(II) - 성취의 허무함(2:1-3:9) ; 지혜와 부를 가지고 성취한 모든 즐거움도 잠간 뿐 그것 때문에 바로 허무감이 찾아왔다(2:11). 생각해보니 그의 위업을 후대에 기억해줄 사람이 없을 것이고(2:16,17), 자신의 뒤를 이을 후계자가 그것을 제대로 관리할 지 알 수 없으며(2:19), 밤잠을 설쳐가며 고생하여 얻은 성취의 즐거움도 나 자신의 힘으로 된 것이 아니라 하나님의 선물이기 때문이다(2:23-24). 돌이켜 생각해보니 하나님이 정하신 때와 기한의 순리를 따른 것일 뿐 순수한 자신의 창작은 아니었던 것이다(3:1-9).

고대 이집트 데이르 엘 메디나에 그려진 무희(3:4)

소결론 - 진정한 즐거움(3:10-15) ; 자신의 힘으로 무엇인가를 성취하거나 알아내는 것보다 영원을 사모하는 마음으로 선을 행하고(11, 12), 주어진 삶을 하나님의 선물로 즐기며(13), 창조주 하나님을 경외하는 것이 최고의 가치이자 즐거움이다(14).

소단원 3 (3:16-6:12) 삶은 고통으로 가득 차 있다

삶의 불평등과 죽음의 평등함(3:16-22), 혼돈과 모순으로 가득 찬 세상(4:1-5:17), 진정한 즐거움(5:18-20), 모순과 헛됨으로 가득 찬 세상(6:1-12)에 대해 말하고 있다.

삶의 불평등과 죽음의 평등함(3:16-22) ; 정의가 실행되지 않는 이생의 삶은 불평등하며, 죽음만이 사람들을 평등하게 한다. 그러나 영원한 삶을 준비하지 못한 사람의 운명은 짐승과 다를 바 없다.

혼돈과 모순으로 가득 찬 세상(4:1-5:17) ; 살아있는 사람이 죽은 사람보다 낫지만, 학대 받으면서 위로 받지 못할 바에는 죽었거나 출생하지 않은 것이 더 낫다는 것이 모순이다(4:1-3). 그리고 다른 사람보다 잘 사는 즐거움에 시기 받는 아픔이 뒤따르는 것이 혼돈이고(4:4-5), 남보다 더 가지고도 오히려 평안이 없는 것 또한 모순이다(4:6). 그런가하면 뜻한 바를 성취하여도 가족이나 친구가 없으면 외로우며(4:7-12), 탁월한 정치가(요셉?)일지라도 다음 세대에 의해 명예가 훼손될 수 있고(4:13-16), 하나님께 서원하는 즐거움 뒤에는 지켜야 하는 수고가 뒤따르며(5:1-7), 정의의 실현을 기다리는 즐거움에는 인내의 고통이 뒤따르고(5:8-9), 부자의 배부름 뒤에는 소화불량으로 인한 불면증이 있고, 재산을 지키려다 오히려 재난으로 모두 잃어버리는 슬픔이 있는 것도 즐거움과 고통이 뒤섞인 삶의 혼돈을 보여주는 것이다(5:10-17).

진정한 즐거움(5:18-20) ; 삶을 하나님이 주신 선물로 받아들이고, 주어진 현실을 누리며 즐겁게 사는 것이 진정한 즐거움이다.

모순과 헛됨으로 가득 찬 세상(6:1-12) ; 부귀영화를 하나님께로부터 받았지만 다른 사람이 누리게 되면 진정한 즐거움이 아니며(1-2), 오래 살아도 마음에 즐거움이 없고, 자녀를 많이 낳았어도 장례 치러줄 사람이 없다면 차라리 태어나지 않은 것보다 못하며(3-6), 식욕도(7), 지혜도(8), 관광도(9), 헛되며, 과거사의 반복이고(10), 미래의 일을 알지 못하므로 삶은 모순과 헛된 것으로 가득 차 있다(11-12).

소단원 4 (7:1–8:17) 하나님의 행하시는 일을 알 수 없다

지혜의 유용함과 한계(7:1-14), 의로움의 한계(7:15-22), 본성의 한계(7:23-29), 권력의 한계(8:1-8), 하나님을 아는 지혜의 한계(8:9-17)에 대해 말하고 있다.

지혜의 유용함과 한계(7:1-14) ; 지혜는 재물처럼 삶에 큰 힘이 된다. 그러나 하나님이 하시는 일을 지혜로써 막지 못하며, 미래에 하실 일들을 알아내어 대비하지도 못한다는 점에서 한계가 있는 것이다. 다만 인간은 주어진 상황에서 기뻐하거나 성찰할 뿐이다.

◘ 적용을 위한 묵상

장래 일을 알 수 없는 축복

> "형통한 날에는 기뻐하고(좋게 있고) 곤고한 날에는 되돌아보아라(보라). 이 두 가지를 하나님이 병행하게 하사 사람이 그의 장래 일을 능히 헤아려 알지 못하게 하셨느니라"

사람이 할 수 있는 것은 기쁜 날에 기뻐하고, 힘든 날에 성찰하는 것이다. 이 두 가지만 하기에도 우리 삶은 벅차다. 그리고 이 두 가지는 우리로 하여금 미래에 대해 희망과 겸손함을 갖게 해준다. 게다가 미래를 알 수 없는 한계(축복)가 주어졌다. 만약에 우리가 5분 뒤에 일어날 일을 미리 알 수 있다면 어떤 결과를 초래하게 될까? 저마다 불행을 피하기 위해 수단 방법을 가리지 않게 되거나, 자포자기식으로 자신과 타인에 대해 악을 저지를지 모른다. 주어진 현실을 누리거나 감사하지 못하고, 미래의 삶에만 골똘한 나머지 더 탐욕스럽게 될 지도 모른다. 그런 의미에서 미래에 대한 인지능력의 한계는 축복이 아닐 수 없다. 그럼에도 불구하고 종종 우리는 자신과 이웃의 미래에 대해 알고 싶어 한다. 베드로는 자신이 순교할 것을 알게 되었을 때, 요한은 어떻게 될 것인가에 관심을 가졌다(요 21:18-21). 때때로 우리가 하나님의 원하시는 것을 예측해서 행동할 수도 있지만, 때가 되기까지 겸손히 기다릴 필요도 있는 것이다. 그런 의미에서 가장 인간적인 삶이 영적인 삶이 될 수 있다.

의로움의 한계 (7:15-22) ; 의로운 사람이라고 불행을 피할 수 있는 것이 아니며, 악인이라고 당장에 심판을 받는 것이 아니다. 왜냐하면 세상이 인과응보의 논리에 지배를 받지 않고, 전능하신 하나님의 지배 아래 있기 때문이다. 다시 말해서 하나님이 악인에 대해 언제 심판하실지 모르며, 하나님의 심판을 받지 않아도 될 만큼 의로운 인간도 없다.

본성의 한계(7:23-29) ; 인간의 지혜는 악한 본성에 지배를 받으므로 오히려 사악한 일을 꾸며내는 도구가 된다. 죄인들이 음녀에게 유혹을 당하는 이유가 거기에 있다.

권력의 한계(8:1-8) ; 왕의 권위에 복종하는 것이 지혜이지만, 권력이 언제나 지혜로운 자를 지켜주지는 못한다. 왜냐하면 삶에서 일어나는 불행은 권력으로도 막을 수 없기 때문이다.

하나님을 아는 지혜의 한계(8:9-17) ; 하나님은 언제나 인과응보의 논리대로 악인에게 징벌을 내리고 의인들에게 상을 내리시지는 않는다. 때때로 하나님은 악인들에게도 관용을 베풀어 주시고, 의인의 고난에도 즉시 개입하지 않는다. 그러므로 하나님이 하시는 일에 대해 신경을 쓸 필요가 없다. 내가 할 수 있는 것은 오늘 주어진 음식을 즐기며, 하나님을 경외하는 것이다.

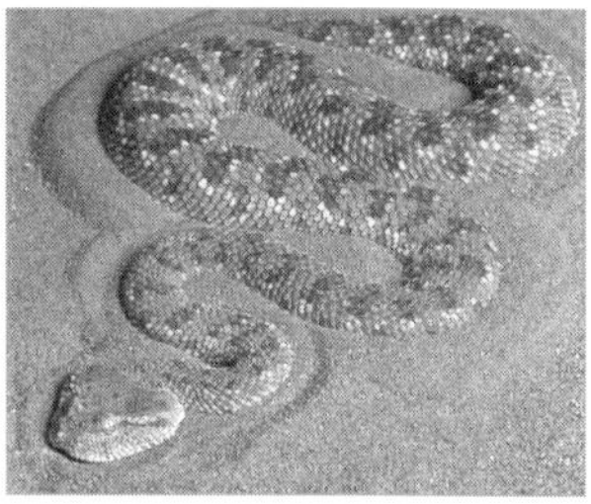

담을 허는 자는 뱀에게 물리리라 (10:8)

소단원 5 (9:1-12:7) 즐겁게 살라

다른 사람보다 특별히 나을 것이 없는 삶(9:1-18), 삶의 모순(10:1-20), 삶의 불확실성(11:1-8), 한 번밖에 없는 인생(11:9-12:7)에 대해 지혜를 논하고 있다.

지붕 수리 롤러(10:18)

공동 운명(9:1-18) ; 모든 사람은 죽음 앞에서 평등하다(1-6), 죽음이 오기 전에 누구나 주어진 삶을 즐길 수 있다는 점에서도 평등하다(9:7-10). 예측하지 못한 불행 앞에서는 모든 사람이 꼭 같고(11-13), 후세 사람들에 의해 이름이 잊어지기는 지혜자라고 해서 다르지 않다(13-18).

모순(10:1-20) ; 지혜자가 천대 받고 우매자가 대우 받는 모순(10:1-7), 남이 갖지 못한 기술(지혜)을 가진 자가 오히려 그것 때문에 재앙을 당하는 모순(10:8-11), 어리석은 왕이 아첨꾼들의 농간에 넘어가 부를 허비하게 되는 모순(10:12-20)을 이야기함으로써 지혜의 한계를 보여준다.

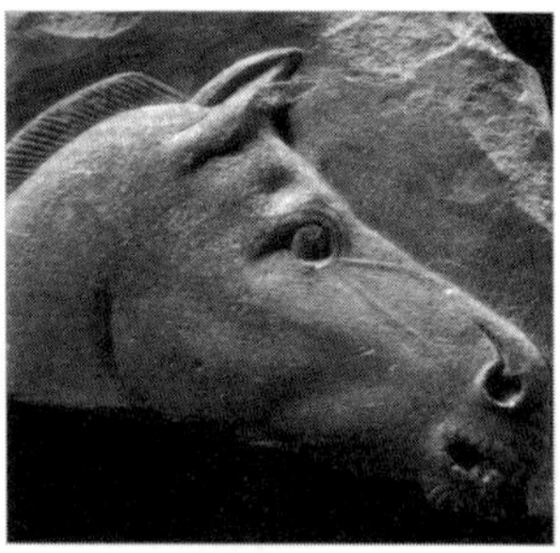

빛은 실로 아름다운 것이라(11:7) 이집트 아마르나 시대 예술의 특징은 빛이 비취는 순간의 아름다움을 묘사하는데 있었다.

삶의 불확실성(11:1-8) ; 선행에 대한 보상이 언제 어떤 식으로 오게 될 것인지 모르기 때문에 기회 있을 때마다 선을 베풀어야 하고(11:1-6), 언제 불행이 닥칠지 모르기 때문에 주어진 삶을 즐길 수 있어야 한다(11:7-8).

한 번 밖에 없는 인생(12:1-7) ; 젊고 건강할 때의 지혜는 늙고 병들어 죽음에 이르렀을 때에 더 이상 쓸모없게 된다. 한 가지 확실한 것은 누구나 사람은 늙고 병들어 죽게 된다는 것이다. 젊었을 때 사람이 할 일은 주어진 삶을 즐기면서 하나님의 심판대 앞에 서기를 준비하는 것이다. 저자가 노인의 건강상태와 죽음에 이르는 과정을 상세히 묘사한 것은 젊음이 언제나 함께 할 줄로 생각하는 어리석음을 깨우쳐주기 위한 것이다. 5절에서 '정욕이 그치리니(desire shall fail)'의 히브리어 본문은 '아비요나가 흩어지며(תפר האבונה)'이다. 이때 '아비요나'는 유대인들이 식물 중의 식물로 꼽는 꽃이다.

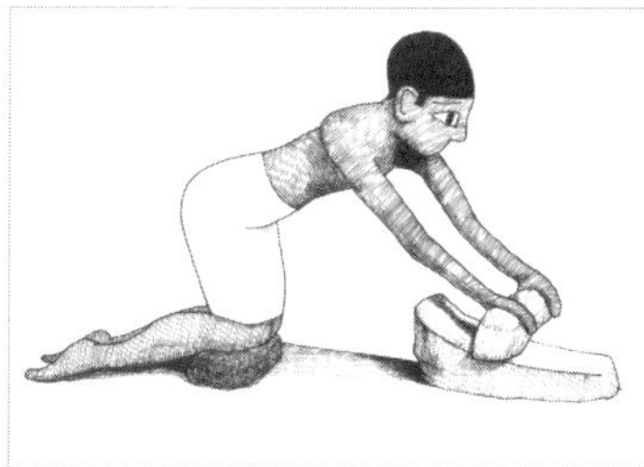

맷돌질 하는 이집트 여종(12:3)

◘ 적용을 위한 묵상

죽음은 준비되어야 한다

죽음을 준비하는 것은 남은 생애를 행복하게 사는 것과 다르지 않다. 죽음은 누구에게나 찾아오지만 준비된 사람에게는 삶의 완성을 의미하고, 준비되지 못한 사람에게는 상실과 공포 그 자체이다. 그런데 죽음을 준비하기 위해서는 무엇보다도 혼자 떠날 준비를 해야 한다. 우리들은 이 세상에 혼자 왔는데도 오랜 세월 누군가와 함께 사는 데 더 익숙해져 있고, 모든 사람과 이별하고 혼자 떠날 준비가 되어 있지 않다. 만약 우리가 혼자 떠날 준비가 된다면, 함께 있는 사람들을 더욱 소중하게 여길 수 있게 될 것이다. 그리고 삶을 정리할 준비가 된다면 남은 생애 시간을 허비하지 않고, 소중히 사용할 수도 있게 될 것이다. 왜냐하면 죽음을 염두에 두고 남은 생애를 계획할 때, 이전과는 다른 관점을 가지게 되기 때문이다. 자신의 죽음에 대해 가까운 사람들과 이야기하는 것도 도움이 된다. 언젠가 다가올 자신의 죽음이 그들에게 견디기 어려운 충격이 되지 않기 때문이다.

정욕(아비요나 꽃)이 그치고 (떨어지고)(12:5)

이집트 서기관(12:12)

결론(12:8-14) : 코헬렛의 말을 들으라

소단원 6 (12:8-14) 하나님을 경외하며 살라

이 책의 최종 편집자는 코헬렛이 지금까지 논증한 것을 정리하며 하나님을 경외하도록 결론을 내린다.

〈참고도서〉

〈외서〉

Crenshaw, J. L. Old Testament Wisdom, Westminster John Knox Press
H. L. Ginsberg, The Ugaritic Texts and Textual Criticism, JBL 62, 1943
Michel Dahood, Psalms I, II, III, Doubleday, 1968

〈국내 서적〉

김영진, 크투빔, 한들출판사
김영진 외, 구약성서개론, 대한기독교서회
김정우, 시편주석 I, II, III, 총신대학교 출판부
박동현, 아쉬레 하이쉬, 비블리카 아카데미아
박 요한 영식, 코헬렛의 지혜와 즐거운 인생, 성서와 함께
양명수, 욥이 말하다, 분도출판사
이군호, 욥기, 대한기독교서회
이남표, 의미요법, 학지사
하경택, 질문과 응답으로서의 욥기 연구, 한국성서학연구소

〈외서 번역본〉

H. –J. Kraus, 시편의 신학, 신윤수 옮김, 비블리카 아카데미아

데릭 키드너, 유 윤종, 어떻게 지혜서를 읽을 것인가? IVP
레슬리 알렌, 시편, 솔로몬
리런드 라이컨, 문학에서 본 성경, 크리스챤 다이제스트
마빈 윌슨, 이 진희, 기독교와 히브리 유산, 컨콜디아사
마빈 E. 테이트, 시편, 솔로몬
빅터 프랭클, 죽음의 수용소에서, 청아출판사
안토니오 보노라, 코헬렛, 성서와 함께
엘리자베스 퀴블러로스, 인간의 죽음, 분도출판사

엘리자베스 퀴블러로스, 인생수업, 이레
엘리자베스 퀴블러로스, 상실수업, 이레
제시 팬 루이스, 고난과 승리, 엠마오
제임스 L. 크렌쇼, 강 성열, 구약 지혜문학의 이해, 한국장로교출판사
제임스 쿠걸, 구약성경개론, CLC
트렘퍼 롱맨, 한 화룡, 어떻게 시편을 읽을 것인가? IVP
피터 크레이기, 시편, 솔로몬

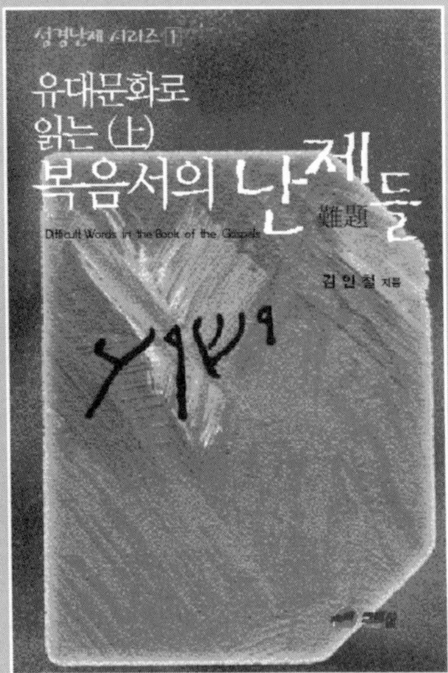

김인철 지음 / 143*210mm / 반양장 / 240면

복음서는 영적 순례의 종착점이다.

히브리 속담과 숙어가 자주 사용되는 그리스도의 가르침을 이해하기가 쉽지 않다. 왜냐하면 현대 독자들은 21 세기 삶과 사고방식에 갇혀 있으며, 그리스도의 언어 또한 소박한 외국어-코이네 헬라어로 번역되어 버렸기 때문이다. 대부분의 그리스도인들이 가지고 있는 복음서는 거기에서 몇 번 더 번역과 편집과정을 거쳐 나온 것들이다. 복음서를 제대로 이해하려면 1 세기 유대 사회의 언어와 역사 속으로 들어가야 한다.

존 H. 왈튼 / 김인철 역 / 반양장 / 256면

- 창세기의 첫 장과 과학에 대해 새롭게 말할 것이 없다고 생각될 때, <창세기 1장의 잃어버린 세계>가 온다.
- 여기 진지한 그리스도인들, 질문하는 과학자들, 고등학교 과학교사들과 학생들이 폭넓고 사려 깊게 읽고 토의하도록 외치는 책이 있다. 창조와 진화 논쟁의 토의의 양쪽에 자리 잡은 사람들은 존 왈튼의 증거, 논증, 통찰력과 탁월한 결론을 읽고 주의 깊게 토의하도록 자신들과 다른 사람들에게 빚진 자들이다.
- "창세기 1장에 대한 왈튼의 우주 성전 낙성식 견해는 획기적 연구이다.... 7일이 하나님이 거처로 삼으시고 거기서 세계를 운영하시는 기능적 성전으로서의 우주 낙성식에 대한 언급이라는 견해는 아브라함의 하나님을 사랑하는 모든 이들이 심사숙고할 만 한다." Bruce K. Waltke, 리폼드 신학교, 창세기 주석 저자

김인철 지음 / 120*220mm / 반양장 / 384면

그리스도교의 기원을 찾는 사람들에게 세례자 요한은 특별한 의미의 인물임에 틀림없다. 비록 그리스도와 바울에 관한 분량에는 미치지 못하지만 학자들은 역사적 세례자 요한에 대해 오래 전부터 연구해왔다.
이 책은 그리스도교의 기원을 찾는 사람들이 역사적 요한의 모습을 재구성하는데 도움을 주기 위해 씌어졌다. 물론 이 책이 단순히 세례자 요한의 생애와 사역에 대해 전체적인 윤곽을 잡는 자료로 사용될 수도 있을 것이다. 그리스도교의 기원을 찾는 사람들에게 세례자 요한은 특별한 의미의 인물임에 틀림없다. 비록 그리스도와 바울에 관한 분량에는 미치지 못하지만 학자들은 역사적 세례자 요한에 대해 오래 전부터 연구해왔다.

김인철 지음 / 반양장 / 256면

이 글은 2011년 4월 9일 인천 공항을 떠나 이스라엘 이곳저곳을 12박 13일 다닌 이야기이다. 성지 순례에서 빠져 있는 주요 지역들을 사진 자료와 함께 소개하고 있다.

두루마리성경 시리즈 01
구약편
모세오경
תורה
김인철 지음
그리심

두루마리성경 시리즈 02
구약편
이스라엘의 역사
היסטוריה
김인철 지음
그리심